Elisabeth
von Österreich

Franz Xaver Winterhalter: Elisabeth von Österreich. Bildnis mit aufgelöstem Haar. Öl/Lwd. 1864. Kunsthistorisches Museum, Wien

Juliane Vogel

Elisabeth von Österreich

Momente aus dem Leben einer Kunstfigur

Mit einem kunstgeschichtlichen Exkurs von Gabriela Christen

Mit 56 Abbildungen

Verlag Christian Brandstätter · Wien

Bildquellennachweis:
Archiv Dr. Christian Brandstätter, Wien: S. 13, 119, 156, 206; Archiv Verlag Christian Brandstätter, Wien: S. 27, 35, 51, 56, 67, 147, 150, 175, 178, 179, 193, 194, 195, 207; Privat-Fotoarchiv Dr. Michael Salvator Habsburg-Lothringen, Persenbeug: S. 65; Werner Bokelberg, Hamburg: S. 112, 113; Historisches Museum der Stadt Wien: S. 8, 17, 40; Institut für Geschichte der Medizin, Universität Wien: S. 122; Anselm Kiefer, Buchen: Schutzumschlag; Kunsthistorisches Museum, Wien: S. 2, 79, 184, 185, 189; Musée Gustave Moreau, Paris: S. 117; Bildarchiv der Österreichischen Nationalbibliothek, Wien: S. 21, 24, 31, 60, 70, 72, 77, 82, 93, 97, 107, 109, 135, 137, 168, 176; Privatbesitz, Wien: S. 6; Archiv Dr. Mara Reissberger, Wien: S. 141, 208; Collection Roger – Viollet, Paris: S. 158; Archiv Annelore Schlösser, Worms: S. 63, 102, 145.

1. Auflage

Der Entwurf des Schutzumschlages – unter Verwendung des Bildes „Elisabeth von Österreich“ von Anselm Kiefer (1988, säurebehandeltes Blei auf Photo im Stahlrahmen, 170 × 130 cm, Collection Mr. and Mrs. David Pincus, Wynnewood, Pennsylvania) – und die graphische Gestaltung stammt von Christian Brandstätter. Das Lektorat besorgte Christine Wessely, die technische Betreuung Susanne Rüsch.
Die Reproduktion der Abbildungen, Druck und Bindung erfolgten bei Theiss Druck in Wolfsberg, gesetzt wurde in der Walbaum, 10 auf 11 Punkt, bei datacon in Wien.

ISBN 3-85447-416-4

Christian Brandstätter Verlagsgesellschaft m. b. H.
A-1080 Wien, Wickenburggasse 26, Telephon (0222) 408 38 14

Das Werk wurde mit Unterstützung des Bundesministeriums für Unterricht, Kunst und Sport, Wien, gedruckt.

Inhalt

Franz von Matsch: Totenmaske der Kaiserin Elisabeth. Öl/Lwd.
Um 1918

Ansichten einer Kunstfigur

Walhalla

Zwischen 1830 und 1842 errichtete König Ludwig I. von Bayern den großen Männern des Geistes und der Geschichte einen monumentalen Tempel: die oberhalb der Donau gelegene, in gewaltigen Stufen zu ihr hinabführende und weit ins Land schauende Walhalla. Recken, sterbend, siegend, den Tod sich gebend, zieren den Giebel der Tempelfront. Wer hineintritt in die kühle Halle, gewahrt hundertzwanzig Heldenbüsten. In zwei umlaufenden Reihen stehen sie neben- und untereinander. Leere Heldenaugen, römische oder nazarenische Haartracht, kühn geschnittene Züge sind die physiognomischen Kennzeichen der historischen Persönlichkeiten, die in Walhalla aufgenommen sind. Ihre Büsten bezeichnen dem patriotischen Pilger des 19. Jahrhunderts das ideologische Programm des Auftraggebers: jene männliche und vorzugsweise deutsche Größe vorzuführen, in der sich – so der Historiker Jacob Burckhardt – die „Weltbewegung" vorübergehend konzentriert.[1]

Wer hier indessen nach weiblicher Stellvertretung sucht, muß lange suchen. Den Frauen steht die klobige Welt Walhalls nur ausnahmsweise offen: allein Katharina die Große von Rußland und Maria Theresia sind hier zugelassen, sie als einzige geschichtsmächtige Frauen nehmen die Hürde der historischer Bedeutsamkeit.

Doch auch hier, auf den Simsen des Tempels, wirkt sich das Mißverhältnis der Geschlechter aus. Die beiden Kaiserinnen werden in anderer Weise stilisiert als die Helden an ihrer Seite. Während sich Wesen und Ringen der Männer in markigen Falten ausdrückt, sind die Züge bedeutsamer Weiblichkeit geglättet. Gleich unbewegten Masken starren sie in die Runde. Mögen ihre Taten auch männlichen Maßstäben genügen, ihre Physiognomie trägt keine Spuren davon. Allein mit idealischen Eigenschaften versieht sie der Bildhauer.[2] So schweigt die weibliche Büste nicht nur von Taten, sondern auch von jeglicher Individualität. Dazu noch tragen beide Kaiserinnen die gleichen byzantinisch stilisierten Diademe. Den imaginären Schatzkammern des 19. Jahrhunderts und nicht den dynastischen entnommen, verleihen sie der Trägerin hieratische, nicht politische Würde. In solchem zeitlosen Schmuck scheinen sie jener „weltgeschichtlichen Bewegung“ entrückt, die den Büsten männlicher Grö-

Kolossalbüste der Kaiserin Elisabeth. Unausgeführter Entwurf für die Wiener Weltausstellung von 1873. Holzschnitt von Franz Hampel

ßen das Gepräge gibt. Frauen passen nicht in die illustre Reihe, keine künstlerische Verlegenheitslösung vermag darüber hinwegzutäuschen.

Anders steht es mit den sechs Siegesgöttinnen, die sich hier ebenfalls befinden. Ihre lieblichen Statuen fügen sich weit besser ins walhallische Ganze. Als Mittelpunkte je einer Büstengruppe verkörpern sie jene abstrakte Weiblichkeit, die immer im allegorischen Gefolge bedeutender Männer anzutreffen ist, die niemals sich selbst repräsentiert, sondern stets die zeitlos gültigen Tugenden der bekränzten Helden. Die geflügelte Victoria nimmt sich dessen an, was nicht ihres ist – des männlichen Ruhms –, und weist ihm den Weg hinaus aus der Geschichte, hinauf zur „höheren Sphäre", zur Wohnstatt der Ideale, die auch die Wohnstatt des idealischen Weibes ist. Die „ruhelose Dramatik der Männergeschichte"[3] kennt sie nicht. Entrückung ist ihr Amt und ihr Medium. Allein die Höhe, der wolkenumspielte Brückenbogen, der den großen historischen Moment überwölbt, ist ihr rechtmäßiger Aufenthalt. So wird sie immer im Aufschwung sein – das Rauschen der Flügel, die gen Himmel zeigende Hand, das verzückte, aufwärts gedrehte Auge deuten auf den himmlischen Posten, der dem geschichtsfernen Weibe zugedacht ist. Ihr geringes spezifisches Gewicht weist ihr die steigende Bahn der Verklärung.

Den Frauenbildern wird jedoch nicht nur, wie in Walhalla, die ätherische Leichtigkeit des Ideals angedichtet, sondern auch die erdhafte Schwere des fruchtbaren Mutterleibes. Läßt man sie einerseits in den Äther entschweben, bringt man andererseits die „natürlichen" Funktionen des Weibes ins Spiel, die Zeiten der *Gravidität,* wie man die Schwangerschaft nannte, die große und langsame Arbeit des Gebärens, die die Natur ihr auferlegt und die ebenfalls für freie geschichtliche Betätigung untauglich macht. Dem in allzu leichte und allzu schwere Geschöpfe geteilten Geschlecht werden demnach nur bestimmte Aufgaben zuteil: den „großen, einfachen Grundlagen der Gattung" sich zu widmen[4] oder als ein Stern über dem Pfad des Helden zu leuchten. Auf diese Weise aber sieht sich der betriebsame Mann von zwei Seiten umfangen. Die Mutter entsendet ihn in die geschichtliche Welt, die Siegesgöttin nimmt ihn entgegen, wenn er seinen Platz in Walhalla erkämpft hat.

Ein Frauenleben. Biographie und Verklärung

Elisabeth Amalia Eugenia, Herzogin in Baiern, wurde am Weihnachtsabend 1837 als drittes Kind von Max, Herzog in Baiern, und Ludovika, Tochter des bayerischen Königs

Max I., geboren und entstammte somit einer Seitenlinie der Wittelsbacher. Der Vater, General der bayerischen Armee, bewegte sich jedoch weniger in aristokratischem Milieu als in unkonventionellen bürgerlichen Kreisen. Künstler und Gelehrte bildeten seinen bevorzugten Umgang. Diesem familiären Hintergrund verdankte Elisabeth eine für adelige Verhältnisse vergleichsweise freie Erziehung, die ihr der Wiener Hof jedoch als mangelnde Bildung auslegen sollte. Elisabeths Mutter, Ludovika, mochte ihre Ehe mit dem Herzog in Baiern als gesellschaftlichen Abstieg empfunden haben, waren ihre Schwestern Elise, Amalie und Sophie doch sämtlich kaiserliche oder königliche Verbindungen eingegangen. Vor allem die letztere, Sophie, hatte eine große eheliche Karriere eingeschlagen und 1824 den (geistesschwachen) österreichischen Erzherzog Franz Carl geheiratet. Als dieser 1848 den österreichischen Kaiserthron hätte besteigen können, verzichtete er zum Wohl des Reiches auf die Thronfolge und machte damit seinen achtzehnjährigen Sohn Franz Joseph zum Kaiser. Sehr zum Schaden Elisabeths galt Sophie jedoch bis Ende der fünfziger Jahre als die wahre Herrscherin in der Wiener Hofburg. Sie nahm es auch in die Hand, dem Kaiser eine Kaiserin an die Seite zu geben, und beschloß – nach mehreren mißglückten Heiratsprojekten –, den Sohn mit Helene, der ältesten Tochter ihrer Schwester Ludovika, zu verbinden. Während der kaiserlichen Sommerfrische in Ischl im Salzkammergut sollte das Paar zusammengeführt und die Verlobung besiegelt werden. Der Vorsatz scheiterte jedoch an der jüngeren Schwester Helenes, Elisabeth, in die sich Franz Joseph entgegen den mütterlichen Plänen verliebte. Am 24. August 1853 wurde die Verlobung offiziell bekanntgegeben, daran schloß sich eine traumatische, neun Monate währende Brautzeit, in der die sechzehnjährige Elisabeth ihre Bildung erweitern, in der sie sich auf ihre künftige Stellung als Kaiserin vorbereiten sollte.

Im Frühjahr 1854 bricht sie mit großem Gefolge von München nach Wien auf, um dortselbst am 23. April mit Franz Joseph getraut zu werden. Wegen ihrer vergleichsweise geringen Herkunft und ihrer Jugend kann sie sich bei Hof nur schwer behaupten, von Beginn an leidet sie unter der Hierarchie bei Hof, dem spanischen Protokoll und den zeremoniellen Vorschriften, nach denen sie ihr Leben regeln soll. Da der Kaiser ständig mit seinen Verwaltungstätigkeiten beschäftigt ist, da die Schwiegermutter ihr mehr Erziehung als Liebe zuteil werden läßt, vornehmlich Strenge, Gehorsam, Disziplin und Verzicht von ihr fordernd, fühlt sie sich schnell vereinsamt. Nichtsdestoweniger versucht sie über einige Jahre hinweg, dem höfischen Leben zu genügen. Wie von ihr verlangt, bringt sie dem Kaiser die nötigen Nachkommen zur Welt – vorerst zwei Prinzessinnen, deren erste in früher Kindheit unter unglücklichen Umständen stirbt, und 1858 den ersehnten Thronfolger Rudolf. Als die Mutter des Kaisers, Sophie, eigenmächtig die Erziehung der Kinder übernimmt, setzt sich Elisabeth zum erstenmal zur Wehr. Als Ende der fünfziger Jahre auch das Verhältnis zu Franz Joseph ins Wanken gerät – seine lange Abwesenheit während des Italienfeldzuges, seine Hörigkeit gegenüber der Mutter und schließlich seine Untreue tragen zur Verschlechterung der Ehe bei –, revoltiert die Kaiserin offen gegen die Zwänge ihrer Rolle. Da sie Kinder geboren hat, von deren Erziehung aber ausgeschlossen ist, da sie von ihrem Mann beiseite geschoben wird, da sie noch keine persönlichen Interessen entwickelt hat und für die traditionellen Aufgaben einer Kaiserin nicht zu erwärmen ist, muß sie der Leere begegnen, die sich nun in ihr ausbreitet. Von 1860 an begibt sie sich auf eine doppelte Flucht – sie zieht sich in Krankheiten zurück, die ihr als Entschuldigungen für ausgedehnte Auslandsaufenthalte dienen: zunächst in Bayern, sodann in Madeira, in Korfu und Venedig. In Wien wird sie es niemals mehr lange halten. Nachdem Elisabeth 1865 bemerken muß, daß der Kronprinz an seinen militaristischen Lehrmeistern beinahe zugrundegeht, erzwingt sie sich nicht nur Einfluß auf die Erziehung, sie sichert sich auch in einem regelrechten Eheabkommen größtmögliche Freiheit und Unabhängigkeit. Der Kaiserinnenrolle genügt sie seitdem ausschließlich nach Belieben, die meiste Zeit befindet sie sich auf Reisen. Seit 1866 allerdings engagiert sie sich auch als Vermittlerin in der Frage des österreichisch-ungarischen „Ausgleichs“. Sie unterstützt die seit dem ungarischen Aufstand von 1848 aufgekommene Forderung nach der weitgehenden Selbständigkeit Ungarns gegenüber den übrigen Ländern der Monarchie und nach der konstitutionellen Beschränkung der kaiserlichen Macht in allen Teilen des Reiches.[5] Ihre Bemühungen verlaufen erfolgreich: Am 8. Juni 1867 wird das Kaiserpaar mit der ungarischen Krone gekrönt. Eine dritte Tochter, Marie Valerie, entspringt der vorübergehenden Versöhnungszeit.

Mit der Rebellion entwickelt Elisabeth ein neues Selbstbewußtsein. In ihrer erstaunlichen Schönheit entdeckt sie ein Machtmittel, das sie mit großer Intelligenz und nicht geringerem Egoismus zur Erfüllung ihrer Wünsche einsetzt. Leidenschaftlich widmet sie sich ihrer Pflege. Strenge Fastenkuren, Gymnastik und das starke Schnüren der Taille nehmen viele Stunden des Tages in Anspruch. So leidenschaftlich betreibt sie ihre Schlankheit, daß sie auf Dauer Hungerödeme und schwere Ischiasleiden in Kauf nimmt. Ebenso leidenschaftlich aber geht sie auch anderen, neu entdeckten Passionen nach – sei es, daß sie ihre internationale Karriere als Springreiterin betreibt, sei es, daß sie in stundenlangen Wanderungen ihre Hofdamen ermüdet. Außerdem erweitert sie ihre Sprach- und Literaturkenntnisse – sie engagiert ungarische und griechische Sprachlehrer und bildet sich zu einer profunden Heine-Kennerin heran. Auch als Dichterin in der Nachfolge des begünstigten Dichters betätigt sie sich insgeheim, wenn vielleicht nicht rühmlich, so doch beharrlich.

Bei allen Aktivitäten nehmen ihre Melancholie, ihre Menschenfurcht und Weltverachtung stetig zu, seit den siebziger Jahren zieht sie sich noch weiter zurück. Indem sie auf Reisen ihr Inkognito aufrecht erhält, indem sie ihr Gesicht hinter Schirmen und Fächern verbirgt, forciert sie ihre Anonymität bis zur Unsichtbarkeit. Als sich 1889 der Thronfolger Rudolf in Mayerling das Leben nimmt, beschleunigt sie ihre Umlaufbahn, sie verschwindet von den Bildflächen und kommt der Öffentlichkeit fast ganz abhanden. Am 10. September 1898 wird sie am Ufer des Genfer Sees, kurz bevor sie einen Dampfer besteigen kann, von dem Anarchisten Luigi Luccheni mit einer Feile erstochen, ein zufälliger Tod, da der Mörder ursprünglich den Herzog von Orléans zu treffen beabsichtigte, ein Tod jedoch, der sie als Märtyrin in die Legende einschrieb.

So sind die Gründe dafür, daß Elisabeth von Österreich,

Enkelin Ludwigs I., in Walhalla keine Büste hat, nicht nur in ihrer späten Geburt zu finden. Ihr Leben, ihre Gestalt entbehrt der kathartischen Wirkungen jener Größe, die die Geschichte nach Jacob Burckhardt von der Stelle bewegen. Da sie sich mit Maria Theresia nicht messen kann, bleibt ihr der Tempel männlichen Ruhmes verschlossen. Die Bedeut-

Tableau mit den Bildnissen der Kaiserin in verschiedenen Lebensaltern. Photographie. Nach 1890

samkeit, die sie für sich beanspruchen kann, genügt den walhallischen Maßstäben nicht.

Dennoch ist die Kaiserin von Österreich alles andere als vergessen. Zahlreiche schriftliche Zeugnisse, eine umfangreiche Erinnerungsliteratur, zahlreiche Bilder und Statuen bewahren ihr Gedächtnis. Doch auch diese überliefern nicht Charakter und Werdegang einer geschichtlichen Persönlichkeit, sie umschreiten vielmehr die verklärte Gestalt. Früh beginnen sie ihre Huldigungen, denn schon mit der Verheiratung an den Kaiserhof im Jahr 1854 geht Elisabeth in eine höhere Sphäre ein. In Hinkunft wird ihre Biographie aus idealischen Verstrickungen nicht mehr zu lösen sein. Von Anfang an unterliegt das erinnerte Bild der Kaiserin einer Verklärung, die von der Forderung historischer Ähnlichkeit entbindet.

Das heißt nun nicht, daß man nicht wenigstens versuchen sollte, die Fassaden des Ideals abzureißen und die dahinter gelagerte „historische Wahrheit" einzusehen. Brigitte Hamann hat in ihrer umfangreichen Biographie „Elisabeth. Kaiserin wider Willen" die elisabethanische Realgeschichte genau rekonstruiert.[6] Minutiös führt sie die historische Elisabeth vor, Lebenslauf und Lebensstil der Kaiserin bettet sie in die politischen Komplexitäten des 19. Jahrhunderts ein und korrigiert damit die Verkürzungen und Vereinfachungen, die die Legende bezüglich geschichtlicher und privater Ursachen vornimmt.

War es Brigitte Hamann darum zu tun, mit einer Biographie die mythologischen Überlieferungen, die sich um Elisabeth lagern, auf ihre Stichhaltigkeit zu überprüfen, so soll hier die entgegengesetzte Richtung eingeschlagen werden. Die andere – imaginäre – Seite der Biographie ist aufzusuchen und die systematische Konstruktion eines Ideals, seiner Gestalt und seiner Handlungen anhand jenes pseudobiographischen Materials zu verfolgen, das in Schriften und Bildern die Gestalt und das Leben Elisabeths zu Lebzeiten und in den ersten Jahren nach ihrem Tod verklärte. Die Mythenbildung an einer realen weiblichen Persönlichkeit, die Schichtungen von Fiktion und Historie sind der Gegenstand der vorliegenden Studie. Seine politisch-sozialen Aspekte sind dabei nur insofern zu berücksichtigen, als sie auch die hagiographischen Materialien, die Schriften und Gemälde beeinflussen, die die Kaiserin zeigen. Aber auch die persönlichen bzw. pyschologischen Seiten ihrer Biographie werden im folgenden vernachlässigt, keine Rekonstruktion der Psyche soll hier unternommen und keine „persönliche Wahrheit" ausgeforscht werden. Statt dessen ist der Prozeß der Imagination zu beschreiben: die phantastische Präsenz, die der Frau auf der Bühne der Historie eingeräumt ist, und die Schatten und Farben jenes Trugbildes, das sie auf der geschichtlichen Szene vertritt. Der Fortgang der Untersuchung ist dabei an jenen Knotenpunkten auszurichten, an denen die kaiserliche Biographie ihre unverkennbare Gestalt gewinnt. Jene Gelenkstellen ihres Lebens mögen ins Licht gerückt werden, welche die Einbildungskraft der Verfasser magisch anziehen und die Gliederung idealischer Lebensläufe im voraus bestimmen.

Weibliche Momente

Dabei ist zunächst zu bedenken, daß sich die biographischen Gelenkstellen des weiblichen Lebens von denen des männlichen Werdegangs grundlegend unterscheiden. Das traditionelle Dasein einer Frau ordnet sich nach immer denselben Punkten an, die Abfolge seiner Stadien, die die Kindheit mit der Verlobung, die Hochzeit mit der Ehe, die Mutterschaft mit dem Leiden und dieses mit dem Tod verbindet, ist kanonisch festgelegt. Zudem bringt die offizielle Geschichtsschreibung für die verbindliche Chronologie des weiblichen Lebens keinerlei Interesse auf. Gemeinhin entgehen gerade die „weiblichen Momente" der historischen Aufmerksamkeit. Ihr Ereignischarakter genügt den Anforderungen nicht, die an den prägnanten Höhepunkt eines geschichtlichen Verlaufs gestellt werden. Sie folgen einer anderen Dramaturgie und appellieren an die Vorstellungskraft in anderer Weise. Lebt der von „großen Männern" gestaltete „historische Moment", den die Geschichtsschreibung und die Historienmalerei des 19. Jahrhunderts kultivieren, aus der Einmaligkeit, aus der Unwiderruflichkeit einer politisch-militärischen Geste, aus der „Anschaulichkeit des Momentes gedrängtester Spannung"[7], so wird dem weiblichen Moment der entgegengesetzte Charakter zugeschrieben. Seine Darstellung fordert literarische Fertigkeiten, die dem sogenannten Genrebild mehr als der krisenträchtigen Dynamik männlicher Geschichte entgegenkommen und dem Betrachter nicht Spannung, sondern Entspannung bieten. Beruhigtes Szenenspiel, sorgfältige Pflege empfindsamer und rührender Augenblicke erweisen sich als die dem Weiblichen angemessene Kunst.

Dabei bilden insbesondere die häuslichen vier Wände den bevorzugten Rahmen malerischer Arrangements, so daß der Biograph das „andere" Geschlecht nicht draußen im Schlachtenspiel, sondern bei sich zuhause aufsucht.

Besonderes Augenmerk schenkt er dabei jenen – weiblichen – Momenten, die einen neuen Zustand herbeiführen, die von einer Phase zur nächsten überleiten. Dies sind nun nicht etwa Augenblicke von historischer Bedeutung – alle Veränderungen, die sie bringen, halten nur den Kreislauf des Ewigweiblichen in Bewegung –, es sind festliche Momente (hochzeitliche vor allen anderen), und in der Ausgestaltung dieses oder ähnlicher Ereignisse kann sich eine Kaiserin vor allen anderen hervortun. Hier ist sie Frau vor anderen Frauen. Wenn sie sich den dynastischen und den weiblichen Aufgaben stellt, verleiht sie den Stationen des weiblichen Lebens den Anschein geschichtlicher Bedeutung. Ihre Hochzeit, ihre Niederkünfte reichen über den natürlichen Kreislauf hinaus und interessieren den Chronisten, der sonst die Geschicke des anderen Geschlechtes vernachlässigt. Was den sterblichen Frauen sonst die Bahn ihres Verschwindens vorzeichnet – die immergleiche Abfolge der Lebensmomente und ihrer Übergänge –, nimmt im dynastischen Fest, im zeremoniellen und materialen Aufwand repräsentativen Charakter an. Die prächtige Feier rechtfertigt, daß beschrieben wird, was sonst dem Vergessen anheimfällt.

Rebellion und Trauer: ein biographischer Engpaß

Im großen und ganzen halten sich die Biographien, die das Leben Elisabeths schildern, an das gültige Modell des vorbildlichen Lebenslaufes und seiner Feste. Auch sie zeichnen die biographische Linienführung perfekten weiblichen Seins nach. Sie versetzen die Kaiserin fast immer in die Mitte des Kreises, zu dem sich der weibliche Lebenslauf zusammenschließen soll. Elisabeths Rang ergibt sich nicht nur aus ihrer Wohlgeborenheit, sondern auch aus dem musterhaften Abschreiten dieses Zirkels. An herausragender Stelle absolviert sie die gezählten Phasen, die die Erhaltung der „großen, einfachen Gattungsgrundlagen" bedingen.

Andererseits aber stellt das Leben Elisabeths noch beson-

Portrait der Kaiserin aus Schriftzügen, die von ihrer Biographie berichten. Schriftbild von Heinrich Spitzer

dere diplomatische und besondere erzählerische Anforderungen. Zu einem bestimmten Zeitpunkt nämlich flieht die Kaiserin den Pflichtenkreis weiblicher Zuständigkeiten und damit das alte, aus weiblichen Momenten erbaute biographische Gebäude. Sie rebelliert gegen jene Zumutungen, die bis dahin ihre Würde bildeten. Kinder und Gemahl läßt sie zurück, im Theater der Zeremonien und der Repräsentation verweigert sie den Auftritt. Im Zuge ihrer Verweigerung entwickelt die Kaiserin einen eigenen – rebellischen – Selbstdarstellungsstil, der nicht mehr anhand der Kategorien herrscherlicher Repräsentation oder des familiären Genrebildes zu beschreiben ist.

Ein solcher erklärungsbedürftiger Schritt fordert die Biographen in besonderer Weise. In ihrer Darstellung haben sie den Makel der Pflichtvergessenheit, der das reine Bild Elisabeths zu trüben droht, auszulöschen und die biographischen Abweichungen zu rechtfertigen, die sich aus der Flucht der Kaiserin ergeben: dabei beschwören sie besonders jenen Beweggrund, der allein die Unregelmäßigkeiten der späteren Jahrzehnte entschuldigen kann: *die Trauer* Elisabeths. Es sind die vielen Unglücksfälle ihres Lebens, die Misere des Hauses Wittelsbach und vor allem der Selbstmord des Kronprinzen, die in diesem Zusammenhang entschuldigend herbeizitiert werden. Trauer soll erklären, warum die Kaiserin aus der weiblichen Bahn geworfen wurde, und Trauer führt sie dorthin zurück. Übergroßer Mutterschmerz kennzeichnet die Kaiserin auch in der Verweigerung als Blume ihres Geschlechtes.

Vor allem aber begründet das Moment der Trauer mit seinen mannigfachen szenischen Auflösungen, mit seinen ergreifenden Tableaus die legendären Züge der Elisabeth-Erzählungen. Die Legende der Kaiserin nämlich erzählt nicht von kanonisierten Wundern, sondern von geduldig ertragenem Leiden. Vorbildliche Mutterschaft, eheliche Loyalität, das in Gott ertragene Leid um das von Kriegen und inneren Konflikten bedrohte Reich, das Leid um den toten Sohn und zuletzt der eigene „Märtyrertod“ am Ufer des Genfer Sees ergeben das Grundgerüst der frommen Erzählung. Leid ist hier von Gott verhängte Prüfung.

Große Szenen

Nichtsdestoweniger reussiert Elisabeth nicht nur als Beispiel andächtigen Frauenlebens, nicht nur als Figurine eines frommen Schattenspiels, sondern auch der österreichischen Geschichte des 19. Jahrhunderts. Unleugbar gehört sie zu den historischen, nicht zu den Legendengestalten. Daß Unglück über sie hereinbricht, hat weniger mit göttlicher Prüfung als mit jenem labilen politischen Status zu tun, den auch die scheinbar festgefügten Monarchien und Dynastien im zeitgenössischen Europa innehaben. Die Krisen neoabsolutistischer Systeme erschüttern und verändern das überkommene allmächtige Herrscherbild in seinen Grundfesten. Nunmehr regieren schwankende, zwischen Allmacht und Ohnmacht driftende Monarchen, die einerseits – kraft ihrer Machtvollkommenheit – „mit einem Wort irreparable Katastrophen bewirken“[8], andererseits aber, als Protagonisten konstitutioneller Monarchien, eine zum Verschwinden bestimmte Herrschaftsform repräsentieren. Die Niederlagen, die das Habsburgerreich in seinen territorialen Auseinandersetzungen mit Norditalien, in seinen Vormachtkämpfen gegen Preußen hinzunehmen hat, die anwachsende Drohung des Nationalismus sind von einer so großen politischen Tragweite, daß sie von der gottgegebenen Kategorie des Unglücks allein nicht ausreichend erfaßt werden können. Sie betreffen die Legitimität des ganzen Systems und enthüllen die historische Unhaltbarkeit des von einer zentralen Obrigkeit gelenkten Vielvölkergebildes.

Eine so weitgehende politische Destabilisierung muß sich aber bis in die scheinbar privaten Bezirke herrscherlicher Weiblichkeit auswirken und deren Darstellung beeinflussen. Vor solchem Hintergrund versagt das Schema der Legende auch für eine geschichtsferne Kaiserin. Die stille Erbaulichkeit einer Legendengestalt, die fromme Opferwilligkeit einer Heiligen sind einer Situation nicht mehr gewachsen, die das ganze monarchische Grundgerüst in Frage stellt. Zeitgemäßere Rollen müssen gefunden werden, um der Regentin in der Zeit politischer Krise strahlende Sichtbarkeit zu verleihen und jenen grandiosen Abgang vorzubereiten, der die Blicke der Welt noch einmal an ihren Mantelsaum heften soll. Weder im höfischen Codex der Repräsentation noch in den legendären Viten schmerzensreicher Königinnen ist dieser Notstand vorgesehen. Ihn zu beheben und die schwankende Fürstin ins Bild zu setzen, springt das Theater ein. Aus dem Fundus steigen glanzvolle Frauenrollen an den Tag, die den königlichen Schmerz in Wort und Gebärde wirksam zum Vortrag bringen und sich den Protagonistinnen schwankender Staatssysteme zur Nachahmung empfehlen. Maria Stuart dient hier ebenso zum Vorbild wie Lady Macbeth, die Jungfrau von Orleans ebenso wie Ophelia. In diesen Trauerparts stellen sich die weiblichen Mühsale und das weibliche Schicksal der Monarchinnen künftig dar. Die Schwesterlichkeit der Fürstinnen und der Schauspielerinnen liegt offen zutage.

Besonders die theatralischen Umtriebe von Elisabeths Schwester Marie Sophie von Neapel machen vor diesem politischen Horizont Furore. Für sie findet sich Gelegenheit zur heldischen Geste. Hoch ist ihr anzurechnen, daß sie sich tatsächlich auf den Schlachtfeldern der männlichen Geschichte tummelt. Unvergeßlich die Szene, in der sie „debutiert". Als die Festung von Gaeta, letzte Bastion des stürzenden neapolitanischen Königreiches, von den Truppen Garibaldis belagert wird, übernimmt sie selbst die Verteidigung des Absolutismus. Todesmutig gestaltet sie die „letzten Tage" und knüpft die glamouröse Niederlage der königstreuen Truppen an ihren Namen. In Ausnahmefällen vermag auch die weibliche Heldin einen historischen Augenblick, einen „Moment gedrängtester Spannung" zu produzieren, wobei der dekorative Aspekt den politisch-militärischen durchaus dominieren dürfte. Daß sich eine Frau in der Schlacht gut ausnehmen kann, haben nicht nur die Regisseure von Schillers „Jungfrau von Orleans" verstanden, die die Weiblichkeit einer schwerterklirrenden Heldin herausstellten. Gerade auf dem Theater ist man sich einig, „daß auch eine Frau ein Florett handhaben kann . . ., ohne ihre Unwiderstehlichkeit zu verlieren".[9] Und Theater ist es auch, als sich Marie Sophie statt ihres weder durch Schönheit noch durch Heldenmut ausgezeichneten Gatten auf die Wälle begibt:

Die Königin verwandelte sich in einen Soldaten. Lange Zeit konnte man manchesmal in den Vitrinen der Photographen das Portrait einer jungen Frau mit strengen Zügen betrachten, gestiefelt und gespornt, auf dem Kopf einen Filzhut, die Reitpeitsche in der Hand, den Saum ihres Amazonenrockes über den Arm geschlagen, und in ihrer Haltung an die Heldinnen der Fronde erinnernd. Das war sie, Marie-Sophie, wie sie während der Belagerung von Gaeta die Truppen befehligte, die Menge abkanzelte, dem Feinde trotzte, vom Hafen zu

Charlotte Wolter in Friedrich Schillers „Die Jungfrau von Orleans". Photographie. 1862

den Wällen hastend – überallhin, wo es Gefahr gab, so daß sie endlich in die Geschichte eintrat und auch dort blieb.[10]

Ein theatralisch und historisch bedeutsamer Moment, die Regie einer großen Idee, ein kleidsames Amazonenkostüm und bei allem der die schwere Stunde regierende Charme der Königin Neapels – unter solchen Bedingungen öffnet sich auch der Frau das Photoalbum der Geschichte.

Kein Moment der Biographie Elisabeths ist dem von Gaeta ebenbürtig. Die Kaiserin von Österreich sucht sich andere Rollen, die weniger vom Mut der Kämpfenden als dem der Leidenden getragen sind. Anders als die Schwester wählt sie das Fach der heroischen Dulderin, das Passivität, nicht Aktivität, das „Seelengröße“[11], nicht Tatendurst als charakteristisches Merkmal aufweist. Schönheits- und Leidensposen bestimmen in Hinkunft ihr durch Tätigkeit kaum bewegtes Bild.

Überfülle der Bilder

Im ganzen ist die Reihe der Momente vorzuführen, die die Einbildungskraft der Hagiographen zu ihren Ausschmückungen veranlassen und sich durch Kolorit und Bildkräftigkeit für eine wiederholte Schilderung empfehlen. In besonderem Maße bringt das Leben der Kaiserin, das sowohl die im traditionellen Lebenskanon der Frau vorgesehenen Augenblicke als auch die spektakulären Szenarien der rebellischen Zeit umfaßt, jene „Überfülle der Bilder“ hervor, welche die geläufige Repräsentationsform des Weiblichen darstellt.[12] Will es beachtet werden, muß es in überströmender Anschaulichkeit für sich werben. Was sich nicht ins Bild fügt, was nicht in ein faßliches Tableau weiblichen Daseins einzupassen ist, entfällt dem Gedächtnis. In der Folge verläßt sich der Biograph weniger auf die Fakten und Daten, die dem Gedächtnis den sicheren Halt der Geschichtswissenschaften geben könnten, als auf die reizenden Bilder, zu denen sich die Stationen von Elisabeths Biographie verdichten. Retuschierend verwandelt er das kaiserliche Frauenleben in eine Folge von Genrebildern. Von daher erklärt sich auch, daß die Elisabeth-Literatur häufig die Selbstbezeichnung „Bilderbogen“ wählt.[13] Die Possenhofener Kindheit, die Begegnung der Brautleute, die glanzvolle Hochzeit, die Familienszenen, die ungarische Krönung sind seine heiteren Albumblätter.

Der Chronist, der sich dergestalt als Genremaler betätigt, verficht von vornherein nicht die Sache der historischen, sondern der imaginierten Weiblichkeit[14] der Kaiserin. Den überlieferten „Tatsachen“ ihres Lebens entnimmt er allein, was er zur wirkungsvollen Staffage seiner Bühne benötigt. Sein Gegenstand ist ein „projiziertes weibliches Idealbild", ein Phantasieprodukt, das nach den Vorgaben kollektiver Träume, nicht historischer Sorgfalt gestaltet ist.

Dabei erzeugt der Lebenslauf einer Kaiserin schon von sich aus phantastische Stoffe. Protokollgemäß umgeben Festlichkeit und Lichterglanz die Ereignisse und Verrichtungen ihres Lebens. Für Dekorationen und kostbare Ausstattung sorgen auch das höfische Zeremoniell und die Aufwendungen des kaiserlichen Vermögens, die die augenfällige Prachtentfaltung befördern. So fällt es den Biographen nicht schwer, die eigenen Phantasien mit historischem Glanz zu ummänteln und das glänzende Ambiente, das die Kaiserin wirklich bewohnte, die prächtigen Roben, die sie wirklich trug, die Feste, die sie wirklich feierte, in die eigenen Träume einzuweben. Im Zeichen von Glanz und Luxus amalgamieren sich die reale und die irreale Persönlichkeit Elisabeths und verschränken sich so sehr, daß sie in ihrer Wechselwirkung ein neues biographisches Produkt hervorbringen.

Stilisierung und Selbststilisierung

In der Folge sollen nun zwei Schlaglichter auf die „imaginierte Weiblichkeit" der Kaiserin geworfen werden. Einmal ist die gewaltige Kapazität der Gemeinplätze auszuloten, die zur Darstellung Elisabeths bereitstehen. Hier interessieren die Konventionen der Beschreibung, die stereotypen Szenen, die typischen Momente ihres Lebens.

Dabei soll die unübersehbare Epigonalität und künstlerische Dürftigkeit der hagiographischen Verfahren nicht einfach verworfen oder belächelt werden. Vielmehr sind die biographischen Klischees auf ihre erstaunlich flexiblen Konstruktionsprinzipien zu prüfen. Sie verfestigen nämlich nicht nur bestimmte Herrschaftsformen und Herrscherbilder, sondern schreiben jene prägenden Mythologien und Motive weiter, welche die Geistes- und Kunstgeschichte des 19. Jahrhunderts auf allen Ebenen durchdringen. Die Motive der Ruhelosigkeit und der Obdachlosigkeit sind dabei ebenso im Spiel wie Motive weiblicher Dämonie und Melancholie. Stets fließen große mythologische Themen ein, wenn das Leben der Kaiserin nach prunkenden Deutungen verlangt. Die verschiedensten Religionen, Literaturen, Opern, Dramen werden zu seiner Ausstattung herangezogen. Da die Zahl und der Radius der Bezüge kaum zu erschöpfen ist, scheint eine Einschränkung auf jene neuralgische Metaphorik und auf jene biographisch sensiblen Szenen geboten, die

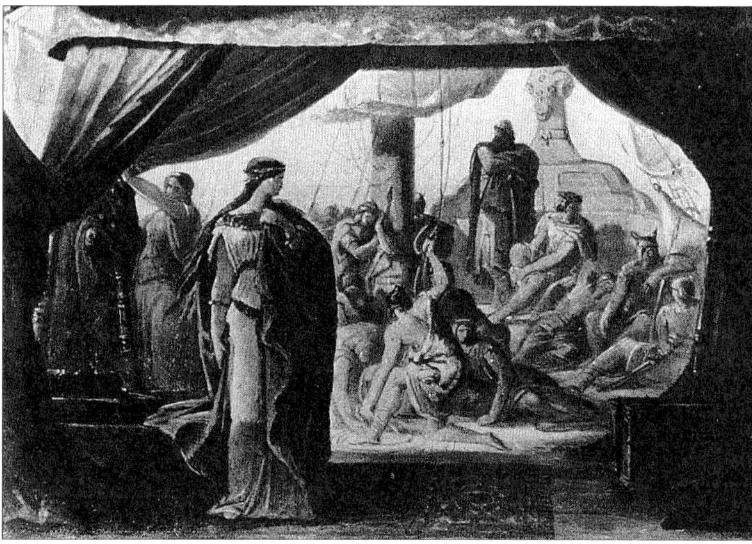

Erster Aufzug von Richard Wagners „Tristan und Isolde". Szenenbild von M. Echter zur Uraufführung in München. 1865

durch beharrliche Wiederholung fest mit dem Bild Elisabeths verwachsen.

Doch nicht nur von anderen wird ihr die Maske und das Kleid idealischer Weiblichkeit, sei es der Mutter, sei es der Göttin, sei es der Kaiserin, angemessen. Elisabeth selbst betreibt Idolatrie am eigenen Leibe. Von den Phantasien ihrer Betrachter verfolgt und eingeholt, in stetem Austausch mit ihnen, wird sie sich selbst zur Kunstfigur. Ein „aus fremden Stoffen gewonnenes Verhältnis zu sich selbst" unterhaltend[15], träumt sie den Traum der Göttin und der Schönheit. Doch träumt sie, ohne sich zu betäuben. Dem konventionellen Imaginarium setzt sie neue poetische Substanzen zu, die in der Formelwelt stereotyper Huldigungen nicht enthalten sind und sie dem Reich der Dichtung und der Malerei eher als dem der Habsburger verpflichten. So trifft das zweite Schlaglicht die Stilisierungsarbeit Elisabeths, denn es ist nicht nur das schreibende und lesende Publikum, das sich eine Kaiserin phantasiert, sondern auch sie selbst.

Besonders bei der Wahl und Ausstattung ihrer extravaganten Aufenthaltsorte tut sich Elisabeth als Bauherrin der eigenen Träume und Imaginationen hervor. Mit ihren luxuriösen Projekten gerät sie zuweilen in bedenkliche Nähe zu den Unternehmungen ihres Cousins Ludwig II. von Bayern und auch des Malers Hans Makart. Die Villa *Achilleion* etwa, die Elisabeth auf Korfu errichten läßt, kann als ein hellenisches Neuschwanstein bezeichnet werden. Mit verschwenderischen Mitteln erbaut die Kaiserin ihrer Antikensehnsucht ein historistisches Traumschloß, das sie als schöne und trauernde Griechin bewohnt.

Als einen weiteren kostspieligen Zufluchtsort erwählt sie sich das kaiserliche Schiff *Miramare*, das ihr die stilvolle Flucht aufs Meer ermöglicht und gleichzeitig eine effektvolle Bühne darstellt. Die vorn am Bug des Schiffes aufgestellte Kulisse mit Rundzelt, Divan und Draperien liefert der reisenden Kaiserin einen spektakulären Hintergrund und ruft dem Kenner die Bühnenausstattung des ersten Aktes von Richard Wagners „Tristan und Isolde" ins Gedächtnis.

Vor allem sind es architektonische und vor allem theatralische Mittel, große Kulissen und große Szenen, derer sich Elisabeth bei ihrer Selbstdarstellung bedient. In dieser Kunst des Auftritts entwickelt sie besondere Talente und wirkt richtungweisend auch für ihre „Amtskolleginnen", die zu ähnlichen Mitteln greifen, um die veraltete dynastische Repräsentation und das Hofzeremoniell durch ein wirksameres Schauspiel zu ersetzen. Vor allem Kaiserin Eugénie von Frankreich konkurriert hier mit der österreichischen Zeitgenossin. Aber auch die skandalumwitterte Geliebte Ludwigs I. von Bayern, Lola Montez, gehört in diesen Zusammenhang, brachte sie doch ihre schauspielerischen und tänzerischen Fähigkeiten ins dynastische Theater ein.

Bei alledem erweist sich, daß sich nicht mehr die Schaubilder herrscherlicher Repräsentation dem Gedächtnis des

Bürgers und des Untertanen einprägen, sondern vielmehr die „Erscheinungskünste" der unverläßlichen Kaiserin. Ihre phantastische Extravaganz trägt ihr eine Fülle ebenso phantastischer Spekulationen ein. Zwischen ihrer Selbststilisierung und den Projektionen der Betrachter entspinnt sich damit ein planvolles Wechselspiel, zwei Parteien arbeiten an einem dritten Bild, das in seiner schillernden Unschärfe von keiner historischen Studie einzufangen ist.

Nationale und internationale Hagiographie

Welches sind nun die Texte, in denen sich die mit der Kaiserin beschäftigte Einbildungskraft ausspricht? Denn so sehr sie sich auch darin gleichen, daß sie ein verklärtes Bild der Kaiserin überliefern, so verehren sie doch ganz verschiedene Göttinnen unter dem Namen Elisabeth.

Die meisten hier benützten Quellen sind nekrologischen Charakters: Sie sind in ihrer Mehrzahl im Jahr ihres Todes, 1898, bzw. in den Jahren danach geschrieben worden. Das Ärgernis, das die Lebendige bei aller Verehrung bildete, ist in Vergessenheit geraten, die willkürliche Abwesenheit der Flüchtigen durch die glorreiche Abwesenheit der Toten ersetzt. Dabei bringen die durch den Mord inspirierten Mementos den bekannten Effekt hervor:

Jeder Mensch, sobaldt er tot ist, empfängt in Wahrheit einen Heiligenschein, und sein zerrissenes Dasein wird ein Produkt vor unseren Augen.[16]

Die rhetorischen Glanzlichter postumer Verklärung schmücken vor allem die österreichischen Elisabeth-Broschüren und Elisabeth-Biographien. Sie erzählen das Leben der Kaiserin nach dem traditionellen und inzwischen verausgabten Muster des Herrscherlobs. Als literarische Zeugnisse eines obrigkeitsstaatlich organisierten Systems sind sie den herkömmlichen Huldigungsformeln verpflichtet. Immerhin jedoch bringen sie genügend Kraft auf, die Biographie Elisabeths in ihrem Sinne durchzugestalten. Das Bild der Kaiserin zeigt keinen Makel. Jene Unregelmäßigkeiten, mit denen sie Anstoß erregte, werden entweder übergangen oder aber in einer Weise stilisiert, daß sie das Lob der Landesmutter nicht beeinträchtigen. Hier wären jene vorrätigen und vorgeprägten Redensarten zu berücksichtigen, jene nekrologischen Formeln, die schon Johann Gottfried Herder an den gängigen Lobschriften seiner Zeit kritisiert.[17] Sein Tadel gilt dabei der entindividualisierenden Wirkung des formelhaften biographischen Vokabulars. Er wendet ein, daß allenfalls ein Typus, nicht aber eine „lebendige" Gestalt durch

Franz Xaver Winterhalter: Kaiserin Eugénie von Frankreich. Öl/Lwd. 1854

lobende „Redarten" beschworen werden könne. Vorausschauend charakterisiert er damit auch die Lobgesänge der späteren habsburgtreuen Dichter: Denn gerade aus deren Texten tritt eine mit stereotypen Etiketten behaftetete Herrscherin hervor. Huldigungsschriften stehen somit zur Debatte, deren ästhetische Mängel außer Frage stehen, Texte, die zur Genüge dokumentieren, daß die literarische Tradition des Herrscherlobs zu Ende des 19. Jahrhunderts darniederliegt, daß die Genres der Huldigung im gleichen Maße heruntergekommen sind wie das Gottesgnadentum des besungenen Herrschers.[18]

Doch auch wo man nicht den Rang, sondern die Seele der Herrscherin rühmen möchte, wachsen keine genießbaren literarische Früchte. Zwar bemüht man sich, die abstrakte Figur der Kaiserin auch als Privatperson zu beschreiben. Zwar wird sie reichlich mit jenen Gefühlen ausgestattet, die weniger einer dynastischen Repräsentantin als der bürgerlichen Frau anstehen, doch vermögen sie ihre Trägerin nicht zu individualisieren. Nur die Phrasen gefühlsbewegter Innerlichkeit stehen für die Seele bereit, und so scheitert auch dieser Versuch, der Kaiserin menschliche Farbe zu geben. Wo die große barocke Geste des Herrscherlobs entkräftet ist, kann auch das sogenannte Menschliche, die Quelle der bürgerlichen Individualität, keinen sprachlichen Ersatz bieten. Gefühle unterliegen hier dergleichen Formelbildung wie die überlebte Tradition der Huldigung. Gemeinplätze besetzen die Stelle der Seele. Besonders werden die bräutlichen, die ehelichen und die mütterlichen Gefühle der Kaiserin in Freud und Schmerz mit immer den gleichen sentimentalen Wendungen bedacht. Kennzeichnend für die österreichische Hagiographie ist auch, daß sie bei aller Einfühlung unter einem staats-und zensurbedingten Distanzgebot steht. Anzüglicher Klatsch und indiskrete Spekulation sind nur in Ausnahmefällen anzutreffen.

Die spektakuläre Gestalt Elisabeths, ihre Schönheit und ihre exzentrischen Wege beschäftigen die Phantasie jedoch über die Grenzen hinaus. Nicht nur Österreicher, auch Franzosen, Engländer und Italiener bemühen sich um ihre Würdigung. Je weiter sich die Autoren der nekrologisch-biographischen Schriften von Österreich entfernen, je mehr sie sich aus anderen Nationen rekrutieren, desto größer wird der spekulative und auch der literarische Spielraum. Er wird auch kräftig genutzt, zumal hier die Huldigungspflichten, die die österreichischen Autoren binden, entfallen.[19]

In England erscheinen 1899, ein Jahr nach Elisabeths Tod, zwei umfangreiche romanhafte Nekrologe.[20] Ihre Autoren – der pseudonyme Alborough alias van Burgh bzw. die anonyme Mary Owen – begründen ihre Kompetenz bezüglich der Kaiserin mit einer nicht näher definierten Augenzeugenschaft bzw. Freundschaft. Das angebliche Nahverhältnis hindert sie jedoch nicht daran, ihren Elisabeth-Phantasien ungehemmt nachzugehen. Zunächst sind sie von dem polemischen Interesse geleitet, der anglikanischen Staatskirche das idealische Bild einer katholischen Fürstin entgegenzusetzen. Sowohl Mary Owen als auch Alborough reklamieren die Kaiserin als Schutzherrin der Katholiken. Es ist zu vermuten, daß die Verfasser mit der irisch-katholischen Unabhängigkeitsbewegung sympathisierten und die österreichische Kaiserin zur Galionsfigur des Kampfes gegen das anglikanische England erheben wollten. Nicht ganz von ungefähr mag diese Einvernahme kommen, denn Elisabeths irische Reiturlaube, ihre zeitweise Bevorzugung des irischen Reitgeländes gaben, da sie als Affront gegen England empfunden wurden, Anlaß zu diplomatischen Verwicklungen.[21]

Sonst aber unterscheiden sich die beiden so kurz nacheinander publizierten Biographien in ihren Absichten. Während Alborough/van Burgh die Konflikte zwischen Kaiserin und Kaiserhof weitgehend harmonisiert, das Habsburger Reich gar als ein *matriarchalisches* Kulturgefüge beschreiben möchte, zeigt Owen, Autorin des Buches „The Martyrdom of an Empress“, das unschuldige Opfer melodramatischer Zerreißproben. In drastischen Szenen führt sie die Hofkamarilla vor, die das zarte Wesen Elisabeth zerbrechen und zerstören möchte. Mary Owen, die sich als intime Vertraute der Kaiserin in das Geschehen hineinphantasiert, schürt ihrerseits den Haß gegen die starre Ordnung des Hofes. Sie treibt zur Flucht an und zieht sich mit der kaiserlichen Freundin in die Einsamkeiten schottischer Hochebenen zurück. Erst vor den Kulissen gespenstischer Schloßruinen, fern von Wien, atmen die Geplagten auf.

Die von den beiden Autoren kolportierten Informationen decken sich in erstaunlicher Weise. Indem sie besonders auch die Bizarrerien und Extravaganzen Elisabeths verbreiten, erweisen sie sich als außerordentlich folgenreich für die biographische Literatur der folgenden Jahre. Wortwörtlich oder ausgeschmückt werden sie immer wieder aufgegriffen. Sowohl eine von der Norwegerin Clara Tschudi verfaßte Lebensbeschreibung als auch die Denkschrift des österreichischen Patrioten Leo Smolle[22] zehren von den englischen Behauptungen.

Überhaupt ist der Fluß der Informationen sehr leicht zu verfolgen. Was einmal in den Gang der allgemeinen biographischen Erzählung eingeschleust wird, sei es nun eine Phantasie oder ein verirrtes Faktum, wird von nun an immer wieder aufgenommen. Die nachkommenden Autoren bedienen sich des Geschriebenen, des Erfundenen, ohne es einer Prüfung zu unterziehen. In der Folge wird man sich denn auch mit jenem immer wieder Erzählten zu befassen haben, mit den biographischen Obsessionen, die die Kolporteure des kaiserlichen Lebens beschäftigen, mit den verheißungsvollen Themen, an denen sie weiterdichten, mit den Details, die sie von einander abschreiben, um sie im Sinne der eigenen Einbildungskraft auszumalen.

Eine Sonderentwicklung macht indessen die weitgestreute Elisabeth-Literatur französischer Sprache durch. Sie beginnt nicht erst mit dem Tod der Kaiserin. Schon in den letzten Lebensjahrzehnten bekundet Frankreich ein besonderes Interesse an ihrer Person. Das Interesse gilt bevorzugterweise den tragischen Dimensionen ihres Daseins, gilt damit aber nicht ihr allein, sondern jenem sensationellen Typus, den die Geschichte des 19. Jahrhunderts immer wieder hervorgebracht hat: der vom Unglück geschlagenen Monarchin. Dabei betrachtet man nicht nur die österreichische Kaiserin allein, sondern auch die Kaiserin Eugénie von Frankreich, die „Kaiserin Friedrich“ von Preußen, Mutter Wilhelms II., die Königin Victoria etc. Zwei Bücher, Ernest Tissots „Livre des Reines“ und Charles Faucons „Trois malheureuses Impératrices de notre siècle“[23], sind hier als Beispiele eines sowohl loyalen als auch voyeuristischen Interesses an der Kaiserin zu nennen.

Die französische Elisabeth-Verehrung der postumen Folgezeit entzündet sich aber an einem literarischen Text, der sich um das Gedächtnis der Kaiserin in besonderer Weise bemüht. Nachhaltiges Interesse kommt auf, als die „Tagebuchblätter“ des griechischen Vorlesers Elisabeths, Constantin Christomanos, aus dem Deutschen ins Französische übersetzt werden. Diese, kurz nach dem Mord in Wien erschienen, dokumentieren nicht den Lebenslauf Elisabeths, sondern die intimen Gespräche zweier Gedankenfreunde. In seinem Werk bewährt sich der junge Philosophie-Student und Schopenhauerianer als Eckermann der hohen Frau. Er schreibt die weise mündliche Rede auf, die ihm eine geneigte Fürstin zuteil werden läßt, deren Überlieferung je-

Portraitcollage Elisabeths und der Souveräninnen Frankreichs, Englands und Rußlands. Lithographie. Um 1860

doch deutlich die Spuren einer redigierenden Hand aufweist. Elisabeth wird hier zum Sprachrohr einer zutiefst pessimistischen Weltdeutung. Ihre Erscheinung versetzt Christomanos in jene aus künstlichen Gesten und Worten gefertigte Welt, die man mit dem Begriff der *Décadence* verbindet. In ihrem Umkreis bedarf die ebenso exzentrische wie melancholische Lebensform keiner Begründung. Elisabeth geht in jene literarischen Systeme ein, die mit den bürgerlichen und kaiserlichen Pflichten brechen und ihre Helden in künstliche Paradiese, in die verkehrte Welt der Kunst entsenden. In dieser Umgebung zeichnet sich die Kaiserin doppelt aus, einmal durch stilgerechtes Verhalten – und Décadence bestimmt sich in erster Linie als ein Ensemble von Stilisierungen –, dann aber durch jene aphoristische Redeweise, mit der sie dem tätigen und betriebsamen Alltag programmatisch entsagt und einer schopenhauerisch inspirierten Weltverneinung das Wort redet. Zudem verkörpert Elisabeth jene vegetabilische Weiblichkeitsvorstellung der Décadence, die keine höfischen Reverenzen für sich fordert, sondern den Kult und den hingebungsvollen Rausch, den die Schönheit – „durchdringende Gesinnung, leuchtende Utopie, Besessenheit“[24] – den Zeitgenossen abverlangt. Jede Neigung ihres Nackens, jede ihrer Bewegungen macht Christomanos zum todbereiten Diener. Was immer die Kaiserin umgibt, was sie sagt, schließt ihm neue Quellen erlesener Sensationen auf. Es wird nicht erstaunen, daß der österreichische Hof gegen die intime Hagiographie der Tagebuchblätter, die die Bedeutung des Kaiserhauses und die illustren Hintergründe des Lebens der Kaiserin verschwiegen, Einspruch erhob. Man kaufte dem Autor den noch unveröffentlichten zweiten Teil seiner Erinnerungen ab, um sein Erscheinen zu verhindern.

Um so durchschlagender jedoch war der Erfolg der Tagebuchblätter dort, wo man sich mehr für gehobene Sensationen als für die kompromittierte Ehre eines Herrscherhauses interessierte. Nicht ein loyales Publikum wollte der Autor gewinnen, sondern eines, das seine künstlerische Leistung bewerten konnte. Sein Buch sandte er dorthin, wo man es nicht als historisches Dokument, sondern als ästhetisches Manifest wahrnehmen würde: an Maurice Barrès, den Dichter und Begründer des *Culte de moi*, der zwischen 1880 und 1920 die literarischen und die ideologischen Diskussionen Frankreichs beherrschte. Seine mit dem Übertitel „Culte de moi“ versehene Roman-Trilogie „verknüpfte einen ästhetisch ausgerichteten Ich-Kult mit einem Nationalismus präfaschistischer Couleur“[25], d. h. sie protegierte sowohl die fragilen Existenzen der Decadénce als auch den „Übermenschen“ vulgär-germanischer Ausprägung. Ihnen unterbreitet er ein systematisches Erziehungsprogramm für die Sinne und Nerven, das der Beförderung eines „erhabenen Egoismus" dient. Ihm zufolge darf sich der willige Schüler den allerseits einströmenden Sinnesreizen nicht einfach überlassen. Vielmehr hat er aus ihnen jene Sensationen auszuwählen, die ihn bereichern werden. Da aber der profane Alltag keine solchen Reize aussendet, müssen sie aus anderer Quelle bezogen werden: vornehmlich von dort, wo das reizhungrige Ich raffiniertere Genüsse zu kosten bekommt, von der Kunst. Nur an Künstlichem, nur an Geformtem vermag es sich zu entwickeln : „In Statuen und Legenden, Stimmungen und Bildern findet (es) Licht über sein Selbst."[26]

Nicht von ungefähr läßt sich Barrès zur Betreuung der französischen Ausgabe des Werkes von Christomanos bewegen. In einem umfangreichen Vorwort stiftet er einen genauen Zusammenhang der Tagebuchblätter und des *Culte de moi.* Nicht nur erkennt er in der Kaiserin eine Schülerin, die mit ihrer Lebensweise seine Maximen ernstlich befolgt habe, sie selbst erscheint ihm als eine jener „Statuen und Legenden", die Licht über das Selbst zu werfen vermögen. So löst die Kaiserin jene kostbaren Sinnesreize aus, die die unbekannten Seelenländer erschließen:

Erregen wir also an Elisabeth von Österreich unsere Vorstellungskraft, ergreifen wir sie wie eine poetische Speise und eine Hostie der Schönheit. Sie wird sich als ein Zufluchtsort, als der Gipfel unserer schwärmenden Träume erweisen.[27]

Doch soll es bei dem ersten Aufruhr verfeinerter Sinne nicht bleiben. Wer den „einzigartigen Rhythmus" Elisabeths von Österreich erfassen möchte, muß auch eine gewisse orientalische Langmut aufwenden:

Ihr Bild muß sich vor den Augen eines geduldigen Lesers herausbilden. Tropfen um Tropfen, wie ein Parfum, soll sich das kaiserliche Empfindungsvermögen in uns ausbreiten.[28]

Letztendlich aber sollen die ungewissen Umrisse der Kaiserin künstlerische Form gewinnen, die „verführerische Beweglichkeit" ihres Bildes soll gegen die „Festigkeit der Perfektion" eingetauscht werden.[29] Nur dichterische Disziplin könne verhindern, daß die Kaiserin das gleiche postume Schicksal erleide wie ihr Cousin Ludwig II. von Bayern, der als romantischer Kadaver am sandigen Ufer des Starnberger

Sees ausgestreckt liege und an jenen Kommentaren verfaule, die „in unförmigen und zähflüssigen Scharen an ihm entlang(zögen)“[30]. Barrès dagegen will den Kunstcharakter des Lebens der Kaiserin durch eigene Kunst herausarbeiten, die Kaiserin als ein fruchtbringendes Ferment der eigenen dichterischen Arbeit hinzusetzen. Der Literatur soll ihre Gestalt zugute kommen, nicht allerdings den „frechen Schreibern“, die die vagen Figuren der Vorstellung entstellen, sondern dem einsam schmiedenden Künstler, der sein Material mit ebenso wuchtigen Schlägen bearbeitet wie vor ihm Pascal, Rousseau oder Napoleon![31] Mit einem Wort: Barrès.

Sein Vorwort entwirft das Bild der Kaiserin nach Maßgabe der Tagebuchblätter und nährt es an den ebenso üppigen wie melancholischen Szenarios der deutschsprachigen Vorlage. Stärker jedoch als Christomanos neigt Barrès dazu, den Selbststilisierungen Elisabeths programmatischen Charakter zuzuschreiben. Wo dieser der Vielfalt der Sensationen erliegt, formuliert jener eine exakte und systematische Diagnose. Explizit stellt er die Kaiserin in die Reihe jener übersättigten Zeitgenossen, die, von einer nervösen und hochsensiblen Veranlagung getrieben, nur die „Wollust des Überdrusses“ suchen. Elisabeth allerdings gilt als ein besonderes Exemplar jener wenigen, indem sie nämlich von den Kränkungen verschont bleibt, die die materielle Not dem mittellosen Décadent zuzumuten imstande ist. „Ein unsagbar luxuriöses Dasein“ erspart ihr die stofflichen Traurigkeiten, den Mangel, der sich nicht mehr vergeistigen läßt. In besonders reiner Form sondert sie jene „Sekretionen“ aus – „Zustände irritierbarer Schwäche, grundlose Ängste, undefinierbare Erregung . . .“, die die „überragenden Naturen“ einer nervösen Zeit kennzeichnen.

Es scheint, daß sich Elisabeth erst in Frankreich, wo man keine höfischen Rücksichten nehmen mußte, zur Leitfigur der Décadence verdichtet, daß erst hier die Tragweite und die Systematik ihres Lebensstils gewürdigt werden konnte. Aber auch die fremde Sprache soll jene elisabethanische Essenz destillieren, die im Deutschen nicht zu gewinnen ist. „Es ziemt sich, daß ein Dichter des lateinischen Stammes das Lob dieser wandernden Kaiserin singe, dieser Halbgöttin des Traums“[32], fordert der italienische Dichter Gabriele

Fernand Khnopff: Elisabeth von Österreich. Zeichnung. 1900

d'Annunzio in seinem von Hugo v. Hofmannsthal übersetzten Nachruf für Elisabeth. Laut d'Annunzio werde nur eine den letzten und ungewöhnlichen Kostbarkeiten gewachsene Sprache dem Phänomen Elisabeth gerecht. Nur die erschöpfte „langue latine" vermöge auch die subtilsten Erkenntnisse in angemessene Worte zu kleiden. Erst ein fortschreitender Zersetzungsprozeß, wie er das Französische, das Italienische erfaßt habe, öffne die Sprache jener Nuance, die bei der Darstellung der Kaiserin herauszuarbeiten sei. Mehr als das Deutsche scheinen die Sprachen des lateinischen Raumes von jener farbenprächtigen Agonie ergriffen, die auch die Agonie der Verhältnisse und ihrer müden Könige ist.

Es war die Agonie der alten Sprache, die, nachdem sie von Jahrhundert zu Jahrhundert geschimmelt war, damit endete, daß sie sich auflöste und jene Dunkelheit der lateinischen Sprache annahm, die in den mysteriösen Vorstellungen und den rätselhaften Wendungen des Heiligen Bonifazius und des Heiligen Adhelm atmete,

schrieb Joris Karl Huysmans in seinem Roman „À rebours".[33]

Daß Barrès hier so ausführlich gewürdigt wurde, mag darin seine Rechtfertigung haben, daß mit seinem über Christomanos systematisch hinausgehenden Text eine exemplarische Würdigung der Kaiserin als ästhetisches Phänomen der Décadence gegeben ist. Erscheint diese bereits in der Brechung der Tagebuchblätter als literarische Gestalt, wird sie durch Barrès ein zweitesmal literarisiert und zur Kunstfigur erklärt. Im französischen Vorwort des Christomanos-Textes erreicht sie einen Grad der Künstlichkeit, der als Fluchtpunkt sämtlicher Elisabeth-Dichtungen des Fin de siècle gelten kann. Von hier aus mögen sich auch die poetischen Nachrufe der deutschsprachigen Elisabeth-Autoren verstehen: Stefan George, Hermann Bahr, Felix Salten oder Peter Altenberg beschwören in ihren Texten ähnliche Motive wie Christomanos und Barrès. Besonders der Nekrolog, den Bahr, der österreichische Literaturpapst des Wiener Fin de siècle, für die Kaiserin verfaßt, steht in der Tradition dekadenter Dichtung. Er huldigt den maskenhaften Zügen der kaiserlichen Schönheit und betont die Lebensfeindlichkeit Elisabeths, die wie die „Artisten" in London und Paris in „abwehrender Geberde gegen das Leben" verharrt sei und statt seiner die Ekstase jenseits des Alltäglichen begehrt habe. Dementsprechend führt der Bahrsche Nachruf den Leser durch eine ebenso imaginäre wie statuarische Bildergalerie der Kaiserin, die dem Betrachter den Schein von Leben und Bewegung versagt.[34] Von Gemälde zu Gemälde schreitend, preist er nicht das lebendige Antlitz, sondern die undurchdringliche Maske. Die *Überfülle der Bilder,* die Bahr zur inneren Anschauung bringt, unterscheidet sich demnach grundlegend von der sentimentalen Bildlichkeit jener Tableaus, nach denen sich die gängigen Elisabeth-Biographien gliedern. Wie Christomanos und Barrès installiert der Autor die spektakuläre Erscheinung der Ermordeten im hermetischen Reich ästhetizistischer Kunstbetrachtung.

Felix Salten indessen heftet das Gedächtnis der Kaiserin nicht an die bildende Kunst, sondern an die Poesie. „Jetzt ist uns ihre Existenz fast schon wie etwas Unwirkliches, ihre Gestalt schwebend wie die Gestalten eines Traumes, und auf ihr Schicksal blicken wir kaum noch wie auf ein gelebtes Dasein, sondern wie auf eine Dichtung."[35] Im Zuge dieser allseitigen Poetisierung wird die repräsentative Präsenz, der die Kaiserin als Landesmutter verpflichtet ist, durch eine dichterische ersetzt. Je seltener sie dem Betrachter zur Verfügung steht, um so dichter folgen einander die Bilder, um so reicher wird ihre poetische Mitgift. Elisabeth bewohnt nicht mehr die angestammten kaiserlichen Häuser, sondern die Vorstellungsräume der verschiedensten Zuschauer. Wer sie wirklich war, kann hier niemand mehr sagen. Die historische Elisabeth wird hiermit verabschiedet und durch jenes Schattenspiel der „imaginierten Weiblichkeit" vertreten, das Dichter und Bedichtete gemeinsam inszenieren. Als dekadente Kaiserin gesellt sie sich den Artisten, Künstlern und Aussteigern zu, die abseits imperialistischer Konjunkturen und abseits gesellschaftlicher Verpflichtungen bleiben. Sobald die Gekrönten, sich dem schütteren Machtbetrieb verweigernd, hier eine künstliche Wohnstatt nehmen, verwandelt sich ihre politische Repräsentanz in eine ästhetische, verwandeln sich die tradierten Formen herrscherlicher Selbstdarstellung in die kostbaren Gebärden solcher Geschöpfe, die statt über Macht nur mehr über Formen verfügen.

Die Reisende

Die Brautfahrt

Die schöne Gestalt stand aufrecht im Wagen und schwenkte das Taschentuch dankend und grüßend zurück auf Vaterland, Heimath und Vergangenheit, während der grüne Reiseschleier über die thränennassen Augen hinweg in den schönen Morgen hinein als Flagge der Hoffnung, frei und stolz der Zukunft entgegenwehte. Es war ein ergreifender Augenblick, tief empfunden von beiden Seiten.[1]

Im April 1854 bewegt sich der Brautzug, der die zukünftige Kaiserin von Österreich nach Wien führen wird, aus den Toren der Stadt München. So früh schon begibt sich Elisabeth auf die Reise, und es sind die einprägsamen Bilder dieser ersten Fahrt, derer sich Österreicher und Bayern immer wieder erinnern werden: Elisabeth, Herzogin in Baiern, nimmt ergreifenden Abschied von ihren Landsleuten. Statt des überlieferten Prunkzeremoniells, mit dem sich die fürstlichen Bräute ehemals verabschiedeten, entbietet sich den Zuschauern diesmal ein rührendes Schauspiel. Taschentuch und Schleier sind seine wichtigsten Requisiten. Als Zeichen stimmungsvollen Adieus schmücken sie nicht die offizielle Repräsentantin bzw. die künftige Kaiserin von Österreich, sondern die weinende Braut. Keine Stadtväter paradieren[2], nachdem man sich jede öffentliche Abschiedsfeier verbeten hat. Mitgefühl vereint das Publikum. Weinend vergilt es die Tränen, die Elisabeth auch ihm zuliebe vergießt. Der Abschiedsschmerz der Braut, wie bitter auch empfunden, ist Bestandteil eines breitangelegten, durchchoreographierten Spektakels und unterliegt der höfischen Regie.

Doch kann Elisabeth einer glücklichen Fahrt und Ankunft gewiß sein. Hinter ihr liegen die patriarchalischen Gewißheiten des Vaterlandes und vor ihr ein Thron. Vergangenheit und Zukunft scheinen durch eine sichere und breite Straße verbunden, auf der sich die schönen Tränen des Abschieds in die noch schöneren der Ankunft verwandeln. Denn blikken die trauernden Münchner ihr nach, so sehen die Wiener ihr freudig entgegen. Entschwand jenen die Silhouette der in anmutiger Rückwendung grüßenden Mädchengestalt, so naht sie sich diesen. Nicht im Wagen allerdings, sondern am Bug des Dampfers *Franz Joseph,* der die Braut nach Wien befördert:

Jene Ankunft ist mir unvergeßlich (schreibt Alexander v. Villers – Anm. d. V.). Am Ufer stand der Hof und die Galadamen, und alles schaute den Strom hinab. Da qualmte über die Weiden der Auen eine Rauchsäule, hinter einer Insel kam ein Schiff hervor, das kreiste in einem hohen Bogen wie ein Schwan dem Ufer zu. Auf Deck niemand zu sehen als eine Mädchengestalt, deren Schärpe im Winde flatterte. Das Schiff legte an, und noch ehe ein Brett hinübergeschoben war, sprang der junge Kaiser hinüber und faßte seine Braut in die Arme.[3]

Endgültiger kann keine Jungfrauenreise zu Ende gehen als im matrimonialen Tableau. Schärpe und Schleier knattern und flattern nicht mehr im Fahrtenwind, sie schmücken als Attribute weiblicher Sittsamkeit die schöne Hälfte des neugefügten Doppelbildnisses: Elisabeth und Franz Joseph.

Die im Namen der Liebe beschlossene Reise wird jedoch nicht nur als ein Triumphzug durch die danubischen Landschaften beschworen, als ein Weg von einem festlichen Empfang zum nächsten. Zwar berichten die Chronisten vom lückenlosen Jubelspalier der Kaisertreuen entlang der Donau und von den triumphalen Huldigungen der Donaustädte, doch melden sich auch die Märchenerzähler zu Wort. Diese berichten nicht vom Heiratshandel zwischen Habsburg und Wittelsbach, von diplomatischer Kunst und prächtigen Fahrten, sondern von der „fremden Königstochter", vom bangen Königskind, das erst durch die kaiserliche Umarmung einem unglückseligen Schicksal entrissen worden sei. Eine echte „Märchenbraut" („denn das war die Kaiserbraut, wenn es überhaupt ein Grimm'sches Märchen gibt"[4]) reist nicht unter Flaggen heran, sie durchquert wie alle verstoßenen und verirrten Sprößlinge unbestimmter Märchengeschlechter eine feindliche Fremde. Erst der rettende Moment der Ankunft vermag sie wirklich zu beglükken: bergendes Heimatland nimmt sie für immer auf:

Ein Königskind in die Fremde zieht,/Geführt von inn'rem Drang,/ Dem hängt eine Thrän im Augenlid,/Dem ist so bang, so bang./
O Königskind, erbange nicht,/wie fremd auch Flur und Strand!/Wo Dich die Lieb wie hier umflicht/Da ist Dein Heimatland.[5]

Doch hat das Märchen mit kaiserlicher Repräsentationskultur nichts zu tun. Das „gute Ende“ der rührenden Geschichte zu gestalten, ist Aufgabe weniger der Volksdichter als der Zeremonienmeister. Auf die formale Abwicklung des Empfangs in Wien-Nußdorf hat der „dichterische Geist der sagenbildenden Kraft des Volksgemütes“[6] keinen Einfluß. –

Ankunft Elisabeths in Nußdorf bei Wien. Lithographie von Vinzenz Katzler. 1854

„An fremder Flur“, gleich nach der Landung, wird die Braut in die hierarchischen Ordnungen der Stadt und des Hofes aufgenommen: Gemeinderat, hohe Geistlichkeit, hoher Adel, hohe Militärs nehmen sie in Empfang und erweisen ihr die Reverenz.

Zudem bedeutet eine aus gegebenem Anlaß am Donauufer errichtete *Triumphhalle,* daß Erhabenes sich ereignet. Aufs prächtigste ausgestattet, mit „Spiegelwänden, Blumen, Draperien gleich einem Zaubertempel herrlich verziert“, bildet sie den ersten Aufenthalt der Braut.[7] Die ephemeren Säulen, das hölzerne Dach des Festgerüstes rahmen das erstmals Seite an Seite tretende Paar und heben, wie alle

Triumphbögen und Ehrenpforten des 19. Jahrhunderts, den ersehnten bedeutsamen Moment in Zeit und Raum hervor. Die Brautfahrt ist zu Ende, wenn die Reise im denkwürdigen Augenblick zur Ruhe kommt und ins schöne Bild der Ankunft überführt ist. Festordnungen, Festarchitekturen, patriotische Chroniken verleihen der Szene das „Gepräge einer tiefen Ergriffenheit des für alle freudigen Moments der Geschichte Österreichs".

Ehrenpavillons bringen aber schon während der Brautfahrt die Reisebewegung zum Stillstand. Bereits in Linz, am 21. April 1854, wo der Dampfer über Nacht Station macht, baut man dem „bedeutsamen Augenblick" einen Tempel.

Auf der Landungsbrücke selbst war ein Pavillon errichtet worden, in dem weißgekleidete Mädchen Spalier bildeten ... Lieblich zu schaun war es, wie Prinzessin Elisabeth das Mädchen nach beendeter Ansprache zu sich heranwinkte und dem tief erröthenden Kinde einen Kuß auf die Stirn drückte. Unbeschreiblicher Jubel folgte dieser Episode und wie mit einem Zauberschlage hatte sich Elise die Herzen der Österreicher erobert.[8]

So wird schon in Linz der zeremonielle Empfang in denkwürdige Tableaus aufgelöst. Unter dem Dach des Pavillons verwandelt sich die banale *Episode* der Dankesbezeigung in malerische Ewigkeit. In diesem Sinn präparieren die hervorgehobenen Räume der transitorischen Festarchitektur das Geschehen für die Geschichtsschreibung.

Bei diesen und ähnlichen Anlässen ist jene für das 19. Jahrhundert charakteristische Choreograpie am Werk, die den historischen Verlauf in anschauliche Momente zerlegt und als faßliche Bilder dem Gedächtnis einprägt. Wie schon beim Abschied von München empfehlen sich hier besonders jene genrehaften Szenen, in denen das Empfangszeremoniell, der planmäßige Ablauf von Huldigung und Dank, durch eine spontane Gefühlsaufwallung unterbrochen wird. Küsse und Tränen, nicht zeremoniöses Gebaren erobern ihr die Herzen. Demgemäß erfreuen sich jene Augenblicke, in denen die reisende Braut zwischen höfischer Regel und weiblicher Empfindung vermittelt, der größten Beliebtheit. Wenn sich die Herrscherin als Frau benimmt, erwärmt sich die kalte Pracht der Repräsentation an den Schaubildern menschlicher Rührung.

Schaureisen

Endet nun die erste Reise des bangen Königskindes vor dem Hochzeitsaltar („Ist's doch der Tag, an dem vom Blumenhage/ Die schönste Knospe sich zum Lorbeer fand"[9]), so liefern auch die Fahrten des jungen Ehepaares Ansichten ehelicher Zweisamkeit. Von diesen frühen Reisen werden Märchen erzählt, die das sprichwörtliche „es war einmal" – „und wenn sie nicht gestorben sind" endlos zu wiederholen scheinen. So soll die Kaiserin ihren Gemahl gefragt haben: „Willst Du mir nicht alle Deine Länder zeigen?" Und lächelnd habe der junge Ehemann erwidert:

„Alle sollst Du sehen, und morgen schon wollen wir den Anfang machen!" – In aller Eile wurden die Reisewagen fertiggestellt und fort ging es aus der alten Kaiserstadt zur Betrübnis der Wiener. So führte der Monarch seine erhabene Gemahlin nach dem industriereichen Brünn, nach der altehrwürdigen Stadt Prag, nach dem herrlichen Ungarland, dann hinauf zu den Spitzen ewiger Berge, wo neben dem ewigen Eis der Alpen das liebliche Edelweiß sprießt, und dann nach der blühenden Lombardei.[10]

Nachdem die Städte und Länder des Reiches besucht sind, geht es in Gottes Natur. Eis, Schnee und Edelweiß sind das Ziel dieser Reise: jene heraldischen Gelände, die als österreichische Wahrzeichen geographischer Angaben und besonderer Beschreibung nicht erst bedürfen. Die Alpen, das idealtypische Ensemble österreichischer Landschaftselemente, stellen eine Reisegegend höherer Ordnung dar, da sie den Herrscher nicht nur mit der zivilisierten Welt, sondern mit der „Welt der Berge" in Berührung bringen. Sie zeigen ihm demnach nicht nur die „Menschen", sondern auch die erhabenen Bezirke patriotischer Natur.

Wie aber bewegen sich Franz Joseph und Elisabeth durch das unwegsame Land von Schnee und Eis und Edelweiß? Bei der Fahrt, von der hier in so allgemeinen Worten die Rede ist, dürfte es sich um den Besuch handeln, den das Kaiserpaar 1856 Kärnten abstattete. Ein von der Hofdruckerei verlegter Prachtband hat den offiziellen Verlauf dieser Unternehmung in allen Einzelheiten dokumentiert. Er erlaubt es, ihren Hergang zumindest in idealischer Gestalt zu konstruieren: als Reisemärchen.

Es erweist sich in der Folge, daß man sich auch in Kärnten auf die Kunst des „bedeutsamen Augenblicks" versteht. Die Schilderung der entsprechenden Festarchitektur nimmt weit mehr Raum in Anspruch als die der Alpen. Deutlich tritt das Interesse der Honoratioren hervor, zwischen den Säulen der Ehrenpforten und Triumphhallen noch 1856 das versäumte Hochzeitsbild des Kaiserpaares einzufangen:

Als Du in Deines Herren Haus gezogen/Dich jubelnd das beglückte Wien empfing,/ Da war's des Kärnthner Thores alter Bogen/ Durch den der Zug zum Traualtare ging[11],

adressiert man die Kaiserin und läßt sie nun durch echte Kärntner Tore schreiten, die sämtlich das hohe Bild und den denkwürdigen Augenblick zu bannen trachten: „in jedem Thal prangt ein Mal inmitten: das Kaiserpaar ist mild hindurchgeschritten."[12]

Diese „Male" sind vorzugsweise *Ehrenpforten,* d. h. zu festlichen Gelegenheiten errichtete und sinnreich ausgestaltete Holztore, durch die die Gäste den Ort betreten. Mit den Mitteln transitorischer Architektur setzen sie eine aus der Antike, der Renaissance und dem Barock stammende Form des Herrscherkultes auch im 19. Jahrhundert fort. Doch ist ihr einstiger ästhetischer Standard, der u. a. mit so illustren Namen wie dem Fischers von Erlach verbunden war, verlorengegangen: Die Ehrenpforten der Kärntenreise sind nurmehr dürftige Rekapitulationen der Festgerüste vergangener Jahrhunderte. Dienten diese einst zum Zeichen des „Sacrum Imperium", des Heiligen Römischen Reiches, und gaben sie genaue ikonographische Auskunft über den Anlaß der Ehrung und die geschichtliche Stellung des gefeierten Herrschers,[13] so weisen die vom Reisebuch verzeichneten Pforten lediglich Elemente trivialer Allegorik auf. Produkte „rationeller Wirtschaftsbetriebe" schmücken die Festgerüste. Ein Verständnis ihrer kunstlosen Botschaften erfordert wenig Anstrengung. Nägel, Sicheln, Sensen setzen sich zu Doppeladlern und anderen Elementen habsburgischer Heraldik zusammen, die Kärntner Stahlindustrie komponiert ein Tor aus Eisenbahnschienen und verwendet die technischen Mittel der zeitgenössischen Mobilität wider ihre eigentliche Bestimmung: Statt zu befördern, halten sie fest: als Bilderrahmen.

Bei alledem erweisen sich die in monotoner Abfolge beschriebenen Ehrenpforten als stereotype Massenartikel der zeitgenössischen Unternehmerphantasie, die sich auf die Fügung allegorischer Zeichen nicht mehr wirklich versteht. Nicht von ungefähr, daß die Abbildungen des Bandes neben dem jeweiligen Festgerüst auch die Anwesen der Kärntner Sponsoren: Industrien mit qualmenden Schloten zur Anschauung bringen.

Ermüdet nun die eintönige Reihe der Pforten, so zeitigt auch der übrige Verlauf der Kärntner Reise wenig dramaturgische Veränderung. Die Chronik spiegelt die Gleichförmigkeit der Empfänge und Verabschiedungen in gebotener Monotonie. Jeder Ort, der den Kaiser aufnimmt, verlangt nach derselben schriftstellerischen Vergütung: Ehrenpforten, Begrüßungsworte, die Vorstellung der Honoratioren, die Fragen des Kaisers, die Antworten der Stadtväter, weißgekleidete Mädchen, Blumensträuße und Huldigungsreime wollen immer wieder aufs neue beschrieben sein und erzwingen die euphorische Darstellung des immer Gleichen.

Franz Joseph und Elisabeth absolvieren jedoch nicht nur geschmückte Städte, sondern auch die gerühmte „Reisenatur" der Alpen, die ebenfalls mit stimmungskräftigen Ansichten und Sehenswürdigkeiten aufwartet: „stilles Alpenland mit grünen Triften und dunklen Forsten, mit blauen Seen und hellglänzenden Gletschern."[14] Mit diesen Worten beschwört der Hofchronist klassischen Bergkitsch. Aus alpinen Phrasen errichtet er ein trittfestes Salongebirge vor dem geistigen Auge des Lesers: Sicher kann der Herrscher wandeln, wo die Triften grün sind und die Seen blau, wo die natürlichen Dinge die vertrauten Eigenschaften tragen. Noch größere Vertrautheit stellt sich jedoch ein, wo die Natur einem „stolzen Epos", der Gletscher einem „Zauberpalast" verglichen werden.[15] Die festlichen Metaphern des Chronisten sorgen dafür, daß „Gottes Natur" als illuminierte Stadt und nicht als Wildnis wahrgenommen wird. Statt unwegsamen Geländes zeigen sie die vertrauten Bilder franzisko-josephinischer Kultur.

Denn nichts Unerwartetes, nichts Fremdes soll der Kaiser auf seiner Reise sehen. Umständliche Vorkehrungen werden getroffen, bevor das Kaiserpaar in die Landschaft schaut.

Jedem seiner Blicke wird die Bahn gewiesen. Das „hohe Glück unmittelbaren Anblicks", das die Besucher zu genießen scheinen, resultiert aus einem Auswahlverfahren, das jede Unmittelbarkeit zu verhindern weiß. Die systematische Einschränkung des kaiserlichen Blickfeldes ergibt sich schon daraus, daß dem „unmittelbaren Anblick" im allgemeinen ebensolche Pavillons errichtet werden wie dem „be-

Erinnerungsblatt an die Österreich-Reise des Kaiserpaares. Kreidelithographie. 1856

deutsamen Augenblick". Gerade auf den „Höhen" beugen sinnig ausgeschmückte Holzgerüste, etwa eine „Gloriet aus Fichtenbäumen", dem freien Schweifen der Blicke vor. Ein hölzernes *Schönbrunn* in Kärnten bezeichnet und umgrenzt im vorhinein den Ort, an dem die Kaiserin „Wohlgefallen über die schöne, romantische Gebirgsgegend" äußern wird.[16]

So ist kein Schritt ins Unbeschriebene, Ungeplante auf dieser Reise denkbar. Wo immer das Paar sich einfindet, ist ein Empfangskomitee versammelt, – sowohl in den Dörfern als auch auf „jungfräulichen“ Bergeshöhen und unwegsamen Gletschern. Als der Kaiser den Großglockner bezwingt, unter Zurücklassung der zarten Gattin, erwarten ihn die vorausgeeilten Patrioten mit Pauken und Trompeten. Einsame Gipfelfreuden sind ihm nicht vergönnt; – überflüssig zu erwähnen, daß auch der Chronist schon da ist. – „So weilen wir in stiller Andacht sinnend am grünen Gestade des Gletscherstromes und erwarten die Ankunft der kaiserlichen Alpenfahrer, die heute heraufsteigen wollen, um die Wunder der Gletscherwelt zu schauen . . .“.[17] Was als Abenteuer im Ewigen Eise angekündigt wird, endet im Halbrund eines Männergesangvereins.

Kaisernatur ist jedoch mehr als die kolorierte Pappkulisse der Alpenwelt, sie zeigt ihre Reize auch in den Städten. Dort erweist sie sich deutlicher als vor den Mauern als künstlicher, allein zu Ehren der Monarchen geschaffener Lustort. So etwa verwandeln sich Klagenfurter Freitreppen in eine von farbigen Lichtern erhellte Allee von Zitronen- und Orangenbäumen, der Wappensaal des Rathauses in einen Blumenhain, die Spitalgasse in einen anmutigen Waldweg. Die urbane Huldigungsnatur überzieht die vertrauten architektonischen Konturen mit dem üppigen Plüsch exotischer Gewächse:

Hier in der einen Ecke breitete sich ein stattliches Wäldchen blühender Oleander aus und reichte bis an einen kleinen Hain dunkler Cypressen, dort baute sich ein reizendes Blumenparterre auf vom üppigen Graswuchs umsäumt und von dem glänzenden Laubdache ansehnlicher Kamelien überschattet.[18]

Baulichkeiten schmiegen sich unters Blumenjoch und vermitteln jenen beängstigenden Eindruck von Überfülle und Gedämpftheit, der für die Interieurs der Zeit charakteristisch ist und die bedrückende Atmosphäre zeitgenössischer Wohnungsausstattungen heraufbeschwört. Das schönste Kleid der Stadt wird aus Blüten, Gras und Büschen gewoben und umschließt den Kaiser und sein Weib mit schwerem Faltenwurf. Kein Stadtvater erspart dem reisenden Paar die Vorstellung, daß es nun recht eigentlich zu Hause sei.

Einige Monate später werden Franz Joseph und Elisabeth in Triest mit ähnlichem Aufwand empfangen. Zur Feier ihres Besuchs in der „blühenden Lombardei" werden ebenfalls so weitgehende Anordnungen getroffen, daß das alltägliche Gesicht Triests von einer zweiten, aus Dekorationen errichteten Stadt verstellt wird. Die potemkinschen Fassaden der Repräsentation bringen wie in Klagenfurt die vertraute Kontur zum Verschwinden. An ihre Stelle treten dafür Bilder, die die Kaiserstadt Wien vergegenwärtigen. Die Theaterfassade von Triest zum Beispiel schmückt sich mit drei Transparenten, die die Wiener Votivkirche, das Wiener Arsenal und die „Kaiserburg" vorstellen; die festliche Theatervorstellung, die zu Ehren der Gäste veranstaltet wird, erinnert an die bayerische Kindheit Elisabeths und beschwört Schloß Possenhofen, „wo die Wiege der Kaiserin stand".

Allerorten bemüht man sich an den Peripherien des Reichs um die Rekapitulation des Zentrums *Wien.* Seiner Vergegenwärtigung dienen nicht nur Kulissen und Transparente, sondern auch die beliebten Illuminationen: jene festliche Beleuchtungstechnik, die Ornamente und Bilder auf den schwarzen Hintergrund der Nacht zeichnet und auch die nächtlichen Fassaden Triests mit den Lineamenten des Gaslichts schmückt. Besonders macht hier eine Villa auf sich aufmerksam, die sich „durch die Beleuchtung zu einem Abbild der Wiener Votivkirche zu gestalten wußte, deren schöne Formen wie ein Zauberbild in den Nachthimmel hineinragten."[19] Dem Herrscher präsentieren sich die vertrauten Ansichten des Mittelpunkts: der Hauptstadt, auch wenn er unterwegs ist. Die Stereotypen der Huldigungsarchitektur bestätigen den Zentralismus des Staatsgebildes und verkünden die habsburgische *Mythologie des Überall,* der Übernationalität, jene Axiome des Vielvölkerreiches, die die symbolische Präsenz der kaiserlichen Ordnungsmacht für alle Teile des Territoriums fordern. Franz Joseph und Elisabeth sind, auch wenn sie auf Reisen sind, nirgends fremd, da das Fremde – und sei es nur eine Stadtansicht oder ein Bergpanorama – einer einschneidenden Redaktion unterworfen wird. Architekten, Dekorateure, Pyrotechniker und Chronisten wirken zusammen, damit die kaiserlichen Gäste von einer künstlichen, potemkinschen Welt empfangen werden, deren Bausteine und Ansichten auf das Machtzentrum in Wien verweisen.

In Triest zeigt sich zudem, daß die Dekorationen auch in politischer Hinsicht zwischen den Kaiser und die Wirklichkeit treten. Sie vermögen sogar dann, wenn er auf keine politischen Sympathien rechnen kann, die Festlichkeit des Empfangs zu gewährleisten. Denn als Franz Joseph 1857 in die Lombardei fährt, besucht er alles andere als ein beruhigtes Land. Eine gegen die österreichische Vorherrschaft aufbegehrende Bevölkerung erwartet ihn, und jene Separationskonflikte, die 1859 in der Niederlage von Solferino gegen Österreich entschieden werden, haben bereits ihren Anfang genommen. Der Kaiserbesuch in Triest, Venedig und Mailand geht auf unsicheres Gelände und ist von schweren Bedenken hinsichtlich der kaiserlichen Sicherheit begleitet. In Mailand, gegen Ende der Reise durch die Lombardei,

> *zahlten die Behörden sogar den Landbewohnern Geld, damit sie in die Stadt kamen und dem Kaiserpaar Spalier standen. Der lombardische Adel blieb eisig. Bei den kaiserlichen Empfängen erschien nur etwa ein Fünftel der Eingeladenen. In der Festvorstellung der „Skala" saßen statt der Aristokraten deren Dienstboten in den Logen.*[20]

Indessen waren die Empfänge von den österreichischen Militärbehörden so gut organisiert, daß die Reiseberichterstatter nur von gelungenen Festlichkeiten berichten. In ermüdender Ausführlichkeit beschreiben sie die venezianischen Festilluminationen, ohne die anfängliche Boykottierung des Kaiserpaares durch den Adel und die städtische Bevölkerung anzudeuten.

Gerade zu Krisenzeiten ist *Festlichkeit* das unverzichtbare Medium monarchischer Repräsentationsreisen. Sie erweist sich angesichts der Nationalitätenkonflikte im österreichischen Staatenagglomerat als eine wirksame Form der Verdrängung. Nur noch im gesteigerten Aufwand des Empfangstheaters vermögen Herrscher und Stadt einander zu versichern, daß sein Besuch ein glücklicher Moment der Geschichte sei. Nur großartige Schaubilder und reiche Dekorationen können darüber hinwegtäuschen, daß dem kostspieligen Willkommen keine intakte Herrschaftsbasis mehr entspricht. Die habsburgischen Schaureisen der fünfziger

Jahre lassen sich mithin als Versuche einer stabilisierenden territorialen Selbstbehauptung beschreiben. Sie zeigen den Herrscher im glanzvollen Als-Ob seiner Macht und umgeben ihn bei aller Gefahr mit trügerischen Zeichen der Huldigung.

Doch trügen die Dekorationen in noch anderer Weise. Sie täuschen auch darüber hinweg, daß eine Reise im 19. Jahrhundert – und sei es eine herrscherliche – keine spektakuläre Unternehmung mehr ist. Das Reisen allein erregt um vieles weniger Aufsehen als hundert Jahre zuvor. Seitdem es keine Privilegien mehr erfordert zu reisen, seitdem die entwickelte Eisenbahntechnik ganze Bevölkerungsschichten mobilisiert, ist der Ereigniswert auch einer kaiserlichen Reise erst zu begründen. Nicht von ungefähr setzt etwa die Leipziger Illustrierte Zeitung in ihren Berichten über die italienische Fahrt Franz Josephs und Elisabeths ein Leserinteresse nicht mehr wirklich voraus. In „unserer wanderlustigen Zeit", heißt es, könne nicht wie vordem eine Reise an sich die öffentliche Aufmerksamkeit in Anspruch nehmen.[21] Daß der lombardischen Exkursion des österreichischen Kaiserpaares dennoch ein vielteiliger Bericht gewidmet wird, ergibt sich erst aus dem großen Aufwand, aus den spektakulären Empfangstableaus, die diese Reise von anderen Reisen unterscheidet und ihren Rang sichert. Bilder einer festlichen Ankunft entschädigen für einen nur mehr geringen Sensationswert. Gleichzeitig aber beugen sie auch jenen Wahrnehmungsproblemen vor, die die beschleunigten Reisebewegungen des modernen Verkehrs dem langsamen Auge der Menschen bereiten. Sie wirken jenem Ikonoklasmus der Geschwindigkeit entgegen, der dem Reisenden die Orientierung im vertrauten natürlichen Raum nicht mehr gestattet. Wenn die Reisebilder vorüberfliegen, wenn die alten Zeitmarken des Verkehrs: Poststationen und Pferdewechsel, ungültig werden, wenn aus der Kutschenfahrt Eisenbahnfahrten werden, muß sich die Wahrnehmung des Reisens und die Selbstwahrnehmung des Reisenden von Grund auf verändern. Die Bilder der schnellen Fahrt werden verschwimmen, der Reisende wird vorüberrauschen, ohne gesehen zu werden, er selbst wird fahren, ohne zu sehen. In der Lombardei sind diese Wirkungen durch das Zeremoniell abgefangen. Hier verweist das Reisen auf die unumstößliche Sichtbarkeit des absolutistischen Herrschers, der in persona jener „enthemmten Mobilität" entgegensteht, die „der Alb jeden Staatsgefüges"[22] ist.

Die Flucht

Daß Elisabeth als reisende Kaiserin in die Geschichte des 19. Jahrhunderts einging, kann aus den Triumphzügen der fünfziger Jahre nicht wirklich hervorgehen. In Kärnten, in Triest ist sie vor allem ein dynastisches Versprechen, die liebreizende Begleiterin des Kaisers, die sich, wenn nicht das Damenprogramm und die anfallenden Wohltätigkeitsbesuche ihre Anwesenheit fordern, an der Seite des Gemahls zeigt. Die Bilder in der Leipziger Illustrierten zeigen sie als biedermeierliche Idealgestalt mit herzförmigem Gesichtchen und keusch zurückgenommenen Haarflechten. Ihr Bildnis hat sich noch nicht selbständig gemacht, es hat sich von dem Franz Josephs noch nicht abgespalten.

Erst die dringliche Erholungsreise Elisabeths nach Madeira im Jahr 1860, der eine zweite, ebenso dringliche nach Korfu folgt, signalisiert den Anfang ihres von nun an regelmäßigen Verschwindens aus Wien. Bricht sie jetzt auf, so nicht, um als „Rose von Bayerland" die Pflichten der Repräsentation in den weiten Gegenden des Reiches wahrzunehmen. Die Reisen Elisabeths sind keine „Reisemärchen" mehr, der Prinz bleibt zuhause. Von ihm läßt sie sich keine Länder mehr zeigen. Sie bleibt nicht, wie noch in Kärnten, zurück, wenn alpine Gipfel bestiegen werden. Sie läßt sich nicht mehr mit der Sänfte über abschüssige oder schlüpfrige Wegstrecken tragen. Mit Schiffen und Zügen überholt sie alle, die über ihren kaiserlichen Wegen wachen.

Die Gründe für die notorische Abwesenheit Elisabeths von Wien sind oft genannt worden. Brigitte Hamann hat sie in ihrer Biographie dargelegt. Eine Vielzahl von Faktoren wirken zusammen, daß keine zweisamen Prachtreisen mehr unternommen werden. Zuallererst ist hier wohl der wachsende Widerstand der Kaiserin gegen das höfische Reglement und gegen jede Form der Repräsentation anzuführen. Ihm zu entrinnen, flüchtet Elisabeth in merkwürdige Krankheiten mit komplizierten und rätselhaften Symptomen, wobei die Wahrscheinlichkeit besteht, daß sich hinter den vagen Auskünften der Hofnachrichten eine durch den Kaiser übertragene Geschlechtskrankheit verbirgt. Der schlechte Gesundheitszustand vor allem verschafft ihr die Reiseerlaubnis, ärztliche Atteste begründen nicht immer glaubwür-

„Wohin, träumerische Frau, wandertest Du, rathlos?!?" „Weg von der Lüge!". Von Peter Altenberg beschriftete Photographie einer Elisabeth-Statuette von Franz Zelezny

dig die erneute Flucht. Aber auch das nach schweren Zerwürfnissen mit dem Kaiser geschlossene Eheabkommen sichert ihr die freie Wahl des Aufenthaltsortes.

In der Folge sollen jedoch die biographisch-psychologischen Gründe der elisabethanischen Ruhelosigkeit nur insofern berücksichtigt werden, als sie das gänzlich veränderte Bild bestimmen, in dem von nun an die umherirrende Kaiserin begriffen ist. Die Wandlungen des monarchischen Reisebildes interessieren hier, die Transformation der traditionellen Repräsentationsreise und die Neuordnung der entsprechenden Ikonographie, wie sie sich im revolutionären Bewegungsstil Elisabeths abzeichnet.

Wie Brigitte Hamann gezeigt hat, werden die häufigen Absenzen und Unberechenbarkeiten der Kaiserin von der vernachlässigten Öffentlichkeit nicht widerspruchslos hingenommen. Vor allem die Presse meldet sich kritisch, wenn nicht boshaft zu Wort. Mehr als einmal schreitet die Zensurbehörde ein, wenn die Lebensführung Elisabeths in unziemlicher Weise bemängelt wird.

Die postume Biographik hingegen schildert die Reisesucht Elisabeths als ein Leiden, das Herrscherin und Volk schicksalhaft getroffen habe. Die Abwesende habe aber im Unglück auf die Loyalität der Wiener rechnen können:

Die Öffentlichkeit allerdings mußte allgemach des Anblicks der Kaiserin viel entbehren und oft entrang sich, wenn Wien stolze Feste feierte, der Ruf den Lippen des Bürgers: „Dass doch die Kaiserin dabei wäre, das wäre des Glanzes Krone“.[23]

Nur als Gegenstand der Sehnsucht, ex negativo, nimmt Elisabeth an öffentlichen Anlässen teil. Zu dieser Zeit begründet sich der fragwürdige „Drang in die Ferne“ nicht mehr allein aus den unbestimmten gesundheitlichen Beweggründen der früheren Jahre. Der Reisetrieb erklärt sich nach 1889 vor allem durch die Trauer um den toten Sohn. Erst der Selbstmord des Kronprinzen Rudolf verleiht der Kaiserin die prägnante Reisegestalt und umfängt sie mit der Aura untröstlicher Einsamkeit. Von nun an flieht sie nicht nur vor den Zwängen des höfischen Lebens und vor gauklerischen Krankheiten. Erst die Mater dolorosa erscheint als Obdachlose und Ortlose schlechthin, erst sie durchreist unbegrenzte Leidensgründe.

Hier setzen auch die vielen Beschreibungen ein, die die Rastlosigkeit und die Trostlosigkeit der Kaiserin ineinander verschränken. Clara Tschudi etwa vereinigt in ihrer Elisabeth-Biographie die durch Rudolfs Tod gesteigerten Motive der Trauer in folgender Schilderung:

Öfter als jemals flüchtete sie vom Hof hinweg . . . das Volk sah sie nie mehr, die Aristokratie ebensowenig. Wenn sie in Wien auftauchte, bewohnte sie ihre alten Gemächer . . . nicht mehr. Es beherrschte sie die Erinnerung an jenen Tag, wo sie dem Kaiser die Nachricht hatte überbringen müssen, die ihm kein anderer zu überbringen gewagt hatte (= Nachricht vom Tod Rudolfs – Anm. d. V.) . . . Selbst ihr Lieblingsschloß in Lainz (heute als Hermes-Villa bezeichnet – Anm. d. V.) konnte sie jetzt kaum noch einige Wochen festhalten. Nach Ungarn kam sie jetzt auch seltener als früher, und sie blieb niemals länger als einen Monat dort . Die Rosen welkten in ihrem Gartensaale auf Gödöllö, und über ihre Reitbahnen war längst Gras gewachsen. Auch früher hatte die Reiselust sie beherrscht. Jetzt ward diese zu einem Fieber, das sie unablässig von Ort zu Ort trieb. Sie flatterte wie ein friedloser Vogel in der Welt umher, der keine Ruhe finden konnte. Von Zeit zu Zeit besuchte ihr Gemahl sie auf diesen ununterbrochenen Reisen; und dann schien sie für einen Augenblick aufzuleben. Aber kaum war er wieder fort, so fiel sie in noch düsterere Schwermut . . . wo sie sich zeigte, erschien sie als ein Bild des Kummers.[24]

Nicht nur hier, sondern immer wieder dienen Vögel zu Metaphern ihrer Friedlosigkeit. Als *schwarzer Schwan,* als *schwarze Möwe,* als *Wandervogel,* als *Freiluftvogel* mit beschnittenen Flügeln, als *Eisvogel* und *Zugvogel* zieht Elisabeth durch die Biographien. Aber auch die eigenen Möwe-Gedichte aus dem „Poetischen Tagebuch", jener erst postum erschienenen Gedichtanthologie, in der die Kaiserin ihre Melancholie nach Heinescher Manier besingt, nützen den poetischen Spielraum des vielgebrauchten Bildes:

Eine Möwe bin ich von keinem Land,/Mich bindet nicht Ort und nicht Stelle; meine Heimat nenne ich keinen Strand./Ich fliege von Welle zu Welle.[25]

Unter ihren Flügeln verblaßt die Landkarte, die nicht mehr Reiseziele, sondern nur flüchtige Stationen verzeichnet. Keine Gegend, die um ihrer selbst willen angesteuert würde. Nur eine summarische Darstellung kann der Unzahl der auf den Reisen berührten Orte gerecht werden und nur ein geraffter Überblick der durchhasteten Jahre einen Eindruck ihres Tempos vermitteln:

Immerzu sah man sie von den düsteren historischen Schlössern der Habsburger zu jenen Häusern irren, die ihre flüchtige Phantasie sie errichten hieß. Von Schönbrunn, dem österreichischen Versailles, vom Lainzer Jagdhaus, das sie in tiefer Waldeinsamkeit erbaut und „Waldruhe" getauft hatte, fuhr sie nach Miramar an den Ufern der Adria, in jenen Marmorpalast, der durch den Kaiser Maximilian zu so traurigem Ruhm gelangte; nach Gödöllö, aus dem sie ein kleines Trianon gemacht hatte; ins Schloß von Sassetot-le-Maucondit in der Gegend von Caux ... zum Cap Martin, wo sie mit der Kaiserin Eugénie zusammentraf; nach Strephill Castle in Irland, ins Achilleion auf Corfu. Ungarn, Holland, Schweiz, Schottland, die Schilfgürtel des Nil, wie die Nebel der Insel Man sahen sie vorüberfahren. Sie liebte Spaziergänge, liebte es, in Paris sich zu verlieren. Ihre Jacht Miramar führte sie von Ufer zu Ufer. – Ist es wirklich zu glauben, daß man sie im letzten Jahr ihres Lebens, d. h. vom Januar bis April 1898 in Biarritz, in Paris, in San Remo, in Kissingen, in Dresden, im Lainzer Schloß, in den Bädern des hessischen Mannheim und schließlich am Genfer Quai erblicken konnte?[26]

Planvoll schreitet der Autor – diesmal ist es Ernest Tissot – von den düsteren habsburgischen Interieurs zu Ländern und Städten fort. In atemlosen Aufzählungen führt er die odysseischen Eskapaden Elisabeths dramatisch vor Augen, als fluchbeladene Ahnfrau jagt er sie durch sein Satzgefüge.

Auch hier meldet sich Elisabeth selbst zu Wort. Programmatisch äußert sie sich gegenüber ihrem Reisebegleiter Constantin Christomanos über die Sucht zu reisen und die Unmöglichkeit, an einem Ort zu bleiben. Länder und Städte erscheinen ihr allein unter dem Blickwinkel des Zurückgelassenwerdens:

Die Reiseziele sind nur deswegen begehrenswert, weil die Reise dazwischenliegt. Wenn ich irgendwo angekommen wäre und wüßte, daß ich nie mehr mich davon entfernen könnte, würde mir der Aufenthalt in einem Paradies zur Hölle. Der Gedanke, einen Ort bald verlassen zu müssen, rührt mich und läßt mich ihn lieben. Und so begrabe ich einen Traum, der zu rasch vergeht, um nach einem neuen zu seufzen.[27]

Der fliegende Holländer

Wer seinerseits eine so extravagante Reiseform zu benennen sucht, greift tief in den Bilderfundus der europäischen Kultur. Die umherirrende Kaiserin wird mit den ruhelosen Gestalten aus Religion, Mythologie, Literatur und Geschichte verglichen, mit *Ahasver*, dem „ewigen Juden", mit *Columbus* oder *Odysseus*, deren dämonische Fahrten die Phantasie des 19. Jahrhunderts stetig beschäftigen. Gern wird sie unter die notorisch Entwurzelten und Panischen eingereiht, jene

Abenteurer auf der Flucht und auf der Suche, in deren Schicksalen sich die Ruhelosigkeit und die traumatische Mobilität der Zeit spiegelt. Mythische Namen werden zur vertiefenden Bezeichnung der Kaiserin wieder und wieder herangezogen und untereinander ausgetauscht.

So versagt ihr jede Hoffnung auf Heimkehr, wer sie zum *gekrönten Ahasver* erklärt und ihr „beständiges rastloses Umherschweifen durch alle Gaue des Kontinents“[28] mit den düsteren Wanderschaften des von Christus zur Ruhelosigkeit Verdammten vergleicht. Auch Elisabeth selbst nimmt diese weithin zirkulierende Mythologie des Reisens für sich in Anspruch, wenn sie sagt: „Durch die ganze Welt will ich ziehen, Ahasver soll ein Stubenhocker gegen mich sein.“

Im selben Atemzug nennt sie aber auch den *Fliegenden Holländer* als Paten ihres Reisestils: „Ich will zu Schiff die Meere durchkreuzen, ein weiblicher 'Fliegender Holländer', bis ich einmal versunken und verschwunden sein werde.“[29] Denn wie der Titelheld von Wagners gleichnamiger Oper befährt auch sie die Weltmeere auf der Suche nach Erlösung; wie er lebt sie nurmehr wie eine Tote unter den Lebenden, und von ihm borgt sie sich auch die Reisekulisse: sie wählt ihren Platz auf der Kommandobrücke des Schiffs und läßt durch Segeltücher die Holländerbühne „derart abschließen, daß vom Schiff gar nichts und nur das Meer sichtbar bleibt.“[30] Doch nicht nur das *Bühnenbild* übt seinen Einfluß aus, auch in Wagners Versen scheint die kaiserliche Ruhelosigkeit vorweggenommen: „Auf hohem Bord die bleiche (Frau) . . . Hui, wie ein Pfeil fliegt (sie) hin, ohne Ziel, ohne Rast, ohne Ruh“.[31]

Der stetige Verweis auf *Odysseus* hingegen deutet die Kreuzfahrten Elisabeths in Analogie zum homerischen Epos und mythologisiert die bizarre Angewohnheit der Kaiserin, sich während tosender Stürme an den Schiffsmast der Miramare fesseln zu lassen. Gebunden wolle sie „das gewaltige Schauspiel des Meeres im Sturme (zu) genießen“[32], heißt es bei Clara Tschudi und Konstantin Christomanos: „Ich thue dies,“ zitieren diese die Kaiserin, „wie Odysseus, weil mich die Wellen locken.“[33] Indem sich die Reisende in den poetischen Raum der Odyssee versetzt, gelingt ihr die spektakuläre Verknüpfung des Schiffs- und des Fesselungs-Motivs:

„Siehe, dann binde man dich an Händen und Füßen im Schiffe,/ Aufrecht stehend am Maste, mit festumschlungenen Seilen",[34] lautet die homerische Regieanweisung für Elisabeth: Wie Odysseus den Sirenen widersteht, so will sie den Wogen widerstehen. Leibhaftig zitiert sie die Weltliteratur. Weitverbreiteten Reisemythen verleiht sie die eigene Gestalt.

Gustave Doré: Illustration zu „The Rime of the Ancient Mariner" von S. T. Coleridge. Holzschnitt. 1875

Daß sich hier aber Ahasver, der Fliegende Holländer, Odysseus und auch Columbus als gleichberechtigte Namensspender anbieten, verweist auf die Beliebigkeit der mythologischen Nomenklatur. Die Mythen und Sagen der rastlosen Weltumsegler interessieren hier nicht als je besondere Erzählverläufe oder als konkrete Vorbilder des kaiserlichen Lebens, sie umspielen vielmehr die *eine* bühnenwirksame

Geste, das „grandiose Schauspiel" der den Stürmen ausgesetzten Seefahrerin, den erhabenen Anblick ekstatischer Einsamkeit, den die Kaiserin an Bord ihres Schiffs, der *Miramare* bietet. Gegenüber ihrer mythischen Gebärde verblassen die mythologischen Erzählungen zu bloßen erzählerischen Ornamenten. Dementsprechend tritt das gültige Bild der unbehausten, unsteten Elisabeth erst dort hervor, wo statt des Getümmels wechselhafter Reisebilder die Leere herrscht – auf See, wo sich die kaiserliche Holländergebärde zu voller Wirkung entfaltet: Am Bug ihres Schiffes, als Galionsfigur, deren Blick in die immer gleiche Wasserwüste geht, jenseits wechselnder Landschaften, erhebt sich Elisabeth schlank und schmerzlich über die blaue Linie des Horizontes. Nur Stürme werfen sich ihr entgegen.

Kein Biograph versäumt es, diesen erhabenen Anblick zu beschreiben und die Kaiserin vor der Meeresleere zu postieren. Bei seinen Schilderungen bedient er sich zumeist jener Technik der Plazierung, die die populäre Kunst des 19. Jahrhunderts, vor allem aber die zeitgenössische Denkmalkunst, gerne und erfolgreich anwandte:

Wie so oft in dieser Zeit gelingt die Herstellung einer starken Silhouette dadurch, daß man sie vor einen leeren gleichförmigen Hintergrund stellt, wie auch Böcklins „Abenteurer", Feuerbachs „Iphigenie" demonstrieren.[35]

Wo aber die menschliche Gestalt hoch in den Himmel ragt, ist ein enthusiastisch-heroisches Menschenbild auf die ihm angemessene Bühne getreten. Man kennt es auch aus der Portrait-Kunst des 18. Jahrhunderts, von den Gemälden Joshua Reynolds und der Maler des *Grand Style*, die in kühnen Dreiviertelansichten Persönlichkeiten präsentieren, die sich allein im Kampf mit entfesselten Naturgewalten bewähren: hervorragende Menschen vor dem dramatischen Horizont des Schreckens, der Leere und der herausfordernden Finsternis.[36]

Das heroische Reisebild der Kaiserin orientiert sich zweifellos an diesen kunstgeschichtlichen Vorbildern. Die Kulissen und Szenarien des *Grand Style* umgeben die Trotzende mit Wind und Wetter des feindlichen Meeres. Doch nicht als tatkräftige Titanin hält sie ihre Stellung an Deck, nicht männliches Heldentum prädestiniert sie für die Kommandobrücke der Miramare. Als grandiose *Dulderin* erscheint sie an jener Stelle, die vordem von den Repräsentanten der Vita activa besetzt wurde:

> *Während der Donner in allen Abstufungen seines mächtigen Organs grollte, scharfe Blitze in rascher Folge ringsumher zuckten und wüthende Bora über uns sauste, stand die Gräfin Hohenembs (Inkognito der Kaiserin – Anm. d. V.) in den Anblick des grandiosen Schauspiels tief versunken und achtete nicht des Hagels und des in schweren Stürmen niederprasselnden völlig tropischen Regens. Wenn das grelle Licht eines Wetterstrahles die edle Gestalt der hohen Frau beleuchtete, sprach Mut und Bewunderung aus ihren Gesichtszügen; ein erhebendes Bild majestätischer Standhaftigkeit und Dauer.*[37]

In der Schilderung des Kapitäns der Miramare, welche die Kaiserin ebenfalls mit dem wirkungsvollen Bühnenraum des Grand Style umgibt, sind alle Elemente des marinen Tableaus versammelt: mit allem ist die Pose der im Vordergrund plazierten Figur wirkungsvoll hervorgehoben. Gleichzeitig tritt die Künstlichkeit der Inszenierung unübersehbar hervor, denn statt des erhabenen Spiels der Elemente, die den Reisenden herauszufordern wüßten, entladen sich nurmehr triviale Bühneneffekte, die mit wirklicher Gefährdung nicht zu verwechseln sind. In der sprachlichen Ausgestaltung der Szene orientiert sich der dilettierende Autor an den für meteorologische Erscheinungen verantwortlichen Wetterkünstlern des Burgtheaters bzw. der Hofoper. Artifiziell, der Bühne abgeschaut, ist das Licht der Blitze, deren kalkulierter Einfall und prägnante Führung die duldende Kaiserin plastisch herausarbeiten. Sturm und Donnergrollen werden in formelhaften Wendungen beschrieben, die statt unberechenbarer Naturgewalten das Trommelfeuer des Orchesters heraufbeschwören. Almsteins Bericht von der Orientreise der Kaiserin berichtet nur von Wettern, die „im großen Register der Wettermaschine“ vorgesehen, und auch nur von Landschaften, die der zeitgenössischen Bühne abgeschaut sind. Als „Kulissen“, bzw. „Theaterdekorationen“[38] erscheinen ihm die Küsten des Mittelmeers. Alle Kräfte wirken bei der Ausgestaltung der *Großen Szene* mit.

Umgekehrt sind *Große Szenen* weniger das Metier drittrangiger Chronisten, sondern zuallererst der *Oper*, von der sie ihre Anleihen nehmen. Die Oper stellt ihre Helden mit

Vorliebe in die grandiose Einsamkeit der Bühne und pflegt die lyrisch-pathetische Kunst der tragischen, aller Handlung enthobenen Positur, mit der auch die Kaiserin vor den Zuschauer tritt. Gleichfalls verfügt sie über ein begrenztes und bewährtes Repertoire von effektvollen Attituden, deren sich der leidende Sopran, der leidende Tenor zum Ausdruck ihrer Schmerzen bedienen. Alles deutet darauf hin, daß die so beschriebene Kaiserin, die reisende Dolorosa, mit den Mitteln der Oper imaginiert wird, jener Kunst, deren romantische Höhepunkte dort eintreten, wo tödlicher Triumph und Untergang zusammenfallen.

Vorbilder und Nachahmer

Die dem Winde trotzende Galionsfigur ist allerdings keine Erfindung der österreichischen Kaiserin und ihrer Biographen, sondern eine gängige ikonographische Formel, der die Monarchinnen des 19. Jahrhunderts ganz allgemein verpflichtet sind. – Schon bei ihrer Hochzeit wird Elisabeth damit bekannt gemacht: Ein Fürstinnen-Spiegel, der der sechzehnjährigen Kaiserbraut die ehrwürdigen Lebensläufe aller königlichen oder heiligen Elisabethen vorstellt, führt ihr bereits 1854 das Szenario der *segelnden Schmerzensmutter* vor Augen. Unter den dort geschilderten „denkwürdigen Fürstinnen" mit dem Namen Elisabeth befindet sich auch eine Trauernde: die Mutter Conradins, des letzten, in Rom enthaupteten Staufers, die vom Dichter ebenfalls auf ein Schiff versetzt wird:

Und dort das schwarze Schiff/ selbst seine Taue und Maste/ schrecken Dich mit Trauerfarben/ Wen trägt's auf seinem Borde/ durch die Wogen ?/ Wer ist's, dem alle Erdenfreuden starben ?/ Dem lichtlos war das Firmament, das blaue ? Wen hat das Glück,/ sonst Mächtigen gewogen,/ Um seine Schuld betrogen?[39]

So ist, als die Katastrophen eintreffen und Elisabeths Sohn Rudolf in Mayerling durch eigene Hand stirbt, der theatralische Reiseraum längst ausgestaltet, in dem königliche Mütter die Meere befahren, und auch die dramatische Pose der Trauernden ist ausgeformt, welche die Einbildungskraft der Untertanen immer wieder neu beschäftigt. Das Bild und seine Elemente existieren lange, bevor Elisabeth als

Trauernde an Bord der Miramare geht. Es wird daher nicht überraschen, daß auch die Amtskolleginnen Elisabeths den Reiz dieser Attitude erkennen und benützen. Ein Vergleich der französischen und der österreichischen Kaiserin mag indessen zeigen, ein wie unterschiedlicher Gebrauch von ein und derselben Pose zu machen ist.

Franz Joseph und Eugénie in Ägypten anläßlich der Eröffnung des Suez-Kanales. Lithographie. 1869

Als 1864 der Suezkanal festlich eröffnet werden soll, lädt das Staatsoberhaupt Ägyptens die bedeutenden Monarchen und Politiker in den Orient. Aus allen Ländern strömen sie herbei. Die Einweihungsfeiern von Kairo und Suez zählen zu den prachtvollsten gesellschaftlichen Ereignissen des 19. Jahrhunderts. Die Potentaten der Welt repräsentieren in geschlossener Formation und lassen sich vom Gastgeber ein luxuriöses Tausend-und-eine-Nacht bieten. Den österreichischen Kaiser findet man hier ebenso wie die französische Kaiserin Eugénie. Elisabeth indessen fehlt mit voller Absicht. Zwar läßt sie sich, wie der Briefwechsel mit Franz Joseph zeigt, genau vom europäisch-orientalischen Spektakel berichten, doch verweigert sie sich konsequent jeder Reise, die offiziellen Charakter trägt und die Pflichten der Repräsentation mit sich brächte. Kaiserin Eugénie von Frankreich hingegen genießt sichtlich die offiziellen Seiten des Reisens. Ihre Begabung für attraktive Körperhaltungen läßt sie in jeder Situation und so auch auf ihrer Fahrt nach Konstantinopel und Kairo die passende Pose finden. Schon auf der Schiffsreise, in der Einsamkeit des Meeres, beginnt sie mit ihrer Vorstellung. Sogar hier möchte sie *gesehen* werden und sich mit Gebärden hervortun, die als wahrhaft kaiserlich gelten. Daß sie dabei Elisabeth von Österreich – die für ihre tragischen Reiseformen Berühmte – nachahmt, ist nur folgerichtig, denn diese vor allem garantiert die Noblesse der gewählten Attitude. Zur Erprobung ihrer Wirkung wendet Eugénie sich, da sie auf dem Schiff mit keinem großen Publikum rechnen kann, an ihre Hofdamen. Sie zu beeindrukken, erkiest sie die windumtobte Kommandobrücke zu ihrem Aufenthaltsort und setzt sich nach dem Vorbild Elisabeths dem Wetter und den Stürmen aus. Kurzfristig spielt auch sie die Ruhelose. Nach Berichten einer Hofdame rühmt sie sich ihres „Seemannsherzens", ihrer „âme voyageuse", als wollte auch sie es den Ahasvern und den Fliegenden Holländern nachtun.[40]

Doch nur während der Fahrt über das Mittelmeer bleibt sie dieser Rolle treu. Sobald sie sich der ersten Station, Konstantinopel, nähert, vertauscht Eugénie den windigen Platz auf Deck mit dem um vieles prächtigeren, den das türkische Empfangszeremoniell für sie bereithält. Lichtumflutet gleitet sie die „süßen Wasser" des Bosporus entlang, und fern sind alle Stürme, an denen sich ihr Wagemut an Bord bewähren sollte:

Die Kaiserin saß auf einem erhöhten Sessel und trug ein weißes Kleid . . . und auf dem Haupt ein wunderbares Diamantdiadem; ihre Arme, ihr Hals troff von Juwelen und ein langer Tüllschleier hüllte sie von oben bis unten ein. Hinreißend schön, schön wie die göttliche Nacht . . . Wir sahen sie wie eine Erscheinung über die silbernen Wasser . . . und kaum hatte sie ihren Arm ausgestreckt, um ans Ufer zu springen, wandte sie sich um und gab ihren Ruderern ein liebenswürdiges Zeichen des Abschieds.[41]

So leicht läßt sich die hochdramatische Reiseoper in ein orientalisches Märchen verzaubern. Die Seemannsseele der französischen Kaiserin verraucht, sobald der Spielplan der Repräsentation nicht mehr den „Fliegenden Holländer“, sondern einen Triumphzug fordert, sobald das Publikum nicht mehr die Sturmumtobte, sondern den „éclat“, die „expérience féerique“, die „Königin der Nacht“ zu sehen verlangt. Hingebungsvoll spielt Eugénie auch die neue Rolle, nie würde sie die Gelegenheit eines solchen Empfangs ungenutzt vorübergehen lassen. *En passant* nur agiert sie die melodramatische Pose der Ruhelosen.

Während die marinen Attituden Eugénies nur oberflächliche Effekte hervorbringen und theatralisch nicht wirklich durchdrungen werden, erfahren sie auf der Miramare, dem Schiff der österreichischen Kaiserin, eine um vieles geistvollere Interpretation. Besonders die Tagebuchblätter von Constantin Christomanos geben Auskunft darüber, wie sich die Kaiserin die stereotypen Formeln, die Reiseposen und Reiserollen anverwandelt und in wie raffinierter Weise sie sie zur Selbststilisierung nutzt. Ihre eigenen Inszenierungen gehen über die gängige Ikonographie szenischer Gemeinplätze hinaus und bringen die eigentlichen künstlerischen Fähigkeiten der kaiserlichen Akteurin zum Vorschein.

Elisabeth und Christomanos verfeinern das konventionelle Compositum von Frau und Meer, das Genrebild der einsamen Sturmumtobten, auf ihre Weise: – Wieder steht die Kaiserin am Bug. In der Hand hält sie Heinrich Heines „Nordseelieder“ – doch nicht nur, um sich mit den blassen und meersüchtigen Königinnen zu vergleichen, denen die Gedichte des von ihr so verehrten Dichters gelten, sondern auch um die literarische Abkunft ihrer Leidenspose ins Spiel zu bringen. Nicht nur stellt sie leibhaftig Heines „schöne, kranke Frauen“ dar, sie inszeniert sich auch als seine Leserin: Lektüre und Positur fallen in eins, bedingen einander und gehen wechselweise auseinander hervor. Doch bedarf es eines Zuschauers, Constantin Christomanos, um die Komplexität dieser Szene zu erfassen, eines Zuschauers, der auch als Spieler an dem Spiel beteiligt wird. Denn alsbald übergibt die stumme Hauptdarstellerin dem Schaudernden das Textbuch. Sie bittet ihn, die zweite Strophe von Heines Gedicht „Der Sturm“ im Freien vorzutragen:

... alles war auf sie gemünzt. „O Meer/ Mutter der Schönheit, der schaumentstiegenen!/Schon flattert leichenwitternd,/ Die weiße gespenstische Möwe/ Und wetzt an dem Stammbaum den Schnabel ...“ Und weiter: „Fern an schottischer Felsenküste steht eine schöne, kranke Frau. Zartdurchsichtig und marmorblaß .../ Und trägt ihr dunkles Lied/Über das weite stürmende Meer.“ Und ich hob

Ernst Kutzer: Heinrich Heine-Zyklus. Bildpostkarte. Um 1900

meine Blicke furchtsam zu den ihren und sah, wie sie ernst und traurig über die schwere See schweiften.[42]

Ihm allein ist geboten, die *Große Szene* der „schönen, kranken Frau“ mit den dichterischen Worten Heines sowohl zu untermalen als auch zu beschreiben, und nur er wird der erschütternden Verwandtschaft von Text und Bild inne. Die in den Wind gesprochenen Verse erst erschließen ihm die im Bilde der Kaiserin wohnende Bedeutung.

Höchstes dramaturgisches Raffinement verrät sich auch dort, wo dem rezitierenden Interpreten der kaiserlichen Pose der bestätigende Blick verweigert wird. Mit seinem intimen Wissen und seiner Deutung bleibt Christomanos allein, und furchtsam folgt er dem schweifenden Blick jener, die auch dort, wo sie eine Antwort zu geben scheint, neue Rätsel aufgibt.

Die komplexen Reisebilder dieser Gattung aber bedürfen eines ganz anderen Publikums als die grellen Farbdrucke, die man dem Publikum noch anläßlich der Kärnten-Reise aufrollte. Sie richten sich nicht mehr an eine untertänige Zuschauerschaft, nicht an die Honoratioren und die weißgekleideten Mädchen, die am Eingang der Stadt ihre Huldigungsgedichte vortragen. Vielmehr wenden sie sich an einen Leser, an den „imaginatif lecteur" (Barrès), der die Reisende mit dem inneren und nicht mit dem äußeren Auge betrachtet, der sie auf eine imaginäre Opernbühne versetzt und mit tragischen Dekorationen umgibt, die seine „Lieblingsträume kunstvoll ausdrücken und tragisch vereinigen."[43] Nur dem inneren Auge des Lesers bzw. des Träumers ist die ferne Reisende sichtbar, die sich den Pflichten leiblicher Repräsentation entzieht und von einer spektakulären Vision vertreten läßt.

Schiff und Eisenbahn

Die große Reiseszene stachelt die Einbildungskraft, auch wenn die Reisende selbst hinter dem Horizont verschwunden ist. Als Skulptur, Bewegung ins Feierliche steigernd[44], bleibt sie im Visier des „imaginatif lecteur", auch wenn sie sich absentiert und die Meere durchquert. Dadurch beruhigt sie jene Ängste, die mit den ikonoklastischen Wirkungen der Beschleunigung und der Geschwindigkeit des modernen Reisens verbunden sind. Ihr phantastisches Bild bleibt erhalten, auch wenn sich das Tempo ihrer Fortbewegung ständig steigert.

Die schnellen und zukunftweisenden Reiseformen, welche die Kaiserin aus dem Gesichtskreis ihrer Untertanen entführen, bedürfen hingegen eigener Darstellungsmittel. Welchen Platz nehmen die Fahrzeuge – Schiff und Eisenbahn – in den kaiserlichen Reisebildern ein, in welcher Weise werden sie als Fluchthelfer der Flüchtigen wahrgenommen?

Das schnelle Schiff zieht nach dem Tode des Kronprinzen in unberechenbarem Zickzackkurs über die Meere. – Das „Kielwasser der Miramare habe keine Spur auf den blauen Weiten hinterlassen“[45] heißt es über das periodische, roman-

An Bord der „Miramare“, im Hintergrund möglicherweise Kaiserin Elisabeth (mit Sonnenschirm). Photographie von Erzherzog Franz Salvator. 1894

tische Verschwinden des Fahrzeugs. Franz Joseph erfährt erst aus der Zeitung, wo seine Frau an Land geht, stets kommen seine Telegramme zu spät, und jene, die in Wien eintreffen, sind ohne Gewähr. Selbst der Kapitän des Schiffes, Almstein, wahrt das Inkognito der Reisenden während des langen Reiseberichts, den er von der Orientreise Elisabeths anfertigt: Nicht der Kaiserin, sondern der Gräfin Hohenembs – so ihr Pseudonym – gilt seine Schilderung. Das obligate Portrait, das ähnlichen Publikationen üblicherweise beigefügt wird, ersetzt er durch eine Landkarte mit eingezeichneter Schiffsroute, die nur über eine Bewegung, nicht über ein Gesicht Auskunft gibt.

Der Kaiserin selbst erscheint das Meer als der absolute

und eigenschaftslose Reiseraum. Seine Leere, die nur das Schiff durchquert, befreit von den Zwängen der Ankunft und den Zwängen des Abschieds. – „Es ist ein ideales, chemisch reines, kristallisiertes Leben, ohne Wunsch und ohne Zeitempfindung“.[46]

Wirklich zeitgemäßes Verschwinden allerdings bedient sich der Eisenbahn. Weit weniger als Schiff und Meer bietet sie Zeit und Raum zur symbolischen Vertiefung des Reisens, zur Pose, der an Bord Zeit und Raum zur Verfügung stand. Weit mehr als jeder Lloyd-Dampfer setzt der Zug auf die reine, abstrakte Bewegung. Auf geraden Linien die Landschaft durchschneidend, kann er den „herrschenden, natürlichen Raum“[47] der Reise und dessen organische Hindernisse ignorieren, die die alte Postkutsche zu bewältigen hatte. Elisabeth tritt ihre Eisenbahnfahrten in dem Moment an, wo der Reisende „zum Akteur in der Orgie des Aufbruchs“[48] geworden ist und sich des stetig sich steigernden, raumverschlingenden Tempos erfreut, das den alten Reisestil, seine Gemächlichkeit und seine langsam wechselnden Bilder zerstört. „Sie sagte mir, sie möchte fahren, fahren, fahren, und die Welt sei zu eng und zu klein“[49], berichtet die rumänische Königin Carmen Sylva von der österreichischen Kaiserin.

Auch daß Elisabeth ihr Vermächtnis an die Nachwelt – einen Brief an die *Zukunftsseelen und künftigen Leser ihres Poetischen Tagebuchs* – im *„dahinrasenden Eilzug“* schrieb, zeigt, wie kundig sie der zeitgemäßen Dramaturgie des Verschwindens war. Noch ihr dichterisches Testament spricht vom bergenden Inkognito der Geschwindigkeit, das ihr nicht nur die zeitgemäße Flucht ermöglicht, sondern auch – im „flüchtigen Eilzuge“ – die Vergänglichkeit des Lebens vor Augen führt. Subtil vertraut sie das poetische Vermächtnis, das ihren Nachruhm nicht als Kaiserin, sondern als Dichterin sichern soll, hohen Stundengeschwindigkeiten an.

Eine Anekdote der kaiserlichen Griechenlandreise von 1888 illustriert, welche Darstellungsprobleme die tempo-begeisterte Monarchin aufwarf. Graf Khevenhüller berichtet in seinem offiziellen Bericht an den Hof das folgende:

Elisabeth ging an Land, um sich ihrer Gewohnheit gemäß allein zu ergehen. Als die Bevölkerung Sie nun so beflügelten Schrittes dahinschweben sah, verglich man Höchstdieselbe mit einer „dahinwandelnden Siegesgöttin". Andere weniger poetische – nannten Sie nun „Eisenbahn" ob ihrer raschen Gangart. Aber dieser Vergleich enthält nichts Banales, da sie nach Ansicht dieser Leute schon etwas besonders „Hohes" ist.[50]

Wird aber die Kaiserin mit der modernen Eisenbahn ver-

Der Festwagen aus der Gruppe „Die Eisenbahnen" in Hans Makarts Festzug zur Feier der Silbernen Hochzeit des Kaiserpaares 1879. Xylographie von Raphael von Ambros

glichen, so auf Kosten ihrer spektakulären Menschengestalt. Entschieden verstoßen die Griechen mit ihrem Kosenamen gegen die Regeln zeitgenössischer Allegorik, die sich gerade darum bemühte, die neuesten technischen Errungenschaften in holden Frauenleibern zu personifizieren und die Dampfkraft moderner Maschinen im gesitteten Reigen weiblicher Allegorien darzustellen. Besser als der Hofbeamte erfassen sie, daß die Zeiten der lieblichen Siegesgöttinnen vorüber sind und die Zeiten der Maschinen beginnen, daß die reisende Herrscherin viel eher durch die Unsichtbarkeit schnellen Reisens als durch die Sichtbarkeit der Repräsentation definiert ist. Verständlicherweise aber will sich Graf Khevenhüller mit der modernen Auflösung des kaiserlichen Bildes nicht abfinden und der beschleunigten Monarchin die Menschenähnlichkeit zurückerstatten, die ihr auf allegorischen Abwegen verloren ging. Als Anwalt der Repräsentation wehrt er den Maschinen.

In diesem Sinn ist aber jeder Bahnhof, in den der Hofzug der Kaiserin einfährt, ein unsicherer Schauplatz. Keiner kann garantieren, daß die Siegesgöttin aussteigen oder zu betrachten sein wird. Meist müssen sich die Zuschauer mit dem Anblick des Hofwaggons, der „Eisenbahn" begnügen. – Sogar die Eröffnung der Kaiserin Elisabeth-Westbahn geht ohne die Mitwirkung der Namenspatronin über die Bühne. Statt als Repräsentantin an den Feierlichkeiten teilzunehmen, fährt sie auf der neuen Strecke davon. In der Normandie, wo sie einen Badeurlaub verbringt, erscheint sie den am Bahnhof Wartenden als „rapide vision" – als „Eilzug", und brüskiert all jene, die sie im monarchischen Glanz der Insignien, mit Krone und schöner Robe – „de velour ou de satin"[51] – zu sehen hofften.

Wann und wo immer man der Kaiserin einen prächtigen Empfang bereiten möchte, fügt sie den Zuschauern die gleiche Enttäuschung zu. Kein Zeremonienbild, das sie mit ihrer Anwesenheit beehren würde, keine Triumphhalle, in der sie freiwillig erschiene. Stattdessen kultiviert sie die raffiniertesten Variationen der Bilderflucht. Bahnhöfe und Züge werden zu bevorzugten Orten ihrer zeremoniösen Vexierspiele. Unklar bleibt, ob sie den Zug überhaupt verläßt. Unklar bleibt außerdem, ob *sie* es ist, die den Zug verlassen hat. Denn wer sie zu sehen meint, sieht vielleicht nur die kaiserliche Friseuse, die auf dem Bahnsteig herrscherliches Gebaren täuschend zur Schau stellt:

Frau Feifalik, die Friseurin der Kaiserin schritt in würdevollster Haltung den Perron auf und nieder, so nach besten Kräften die Kaiserin agierend.[52]

Doch so souverän Elisabeth die modernen Fortbewegungsmittel des 19. Jahrhunderts für ihre Zwecke zu verwenden weiß, so sehr sich gerade in ihnen die zwischen Erscheinen und Verschwinden oszillierenden Reiseentwürfe der Kaiserin realisieren, so ungenügend erscheinen sie letztlich. Das moderne „Fahren, fahren, fahren" nämlich verdammt die Passagierin zu einer Passivität und Immobilität, die sie als fanatische Spaziergängerin kaum ertragen kann. Schlußendlich nimmt sie gerade dort ihre Fußmärsche wieder auf, wo die Dampfkraft das Wunder der Geschwindigkeit vollbringt:

Aus Mangel an Bewegung schritt Elisabeth im Gang des Schlafwagens auf und nieder und blickte, unbekümmert um die Reisenden auf die vorüberziehenden abwechslungsreichen Bilder.[53]

Desgleichen befiehlt sie auch, bei hohem Seegang die Maschinen der Miramare abzuschalten, um sich und die Mitreisenden dem natürlichen Auf und Nieder der stürmischen

Wellen zu überlassen. Nimmt sie einerseits die äußersten Möglichkeiten der Beschleunigung für sich in Anspruch, so greift sie andererseits auf die traditionelle organische Bewegung zurück. Vor den Maschinen flieht sie in die natürliche Gangart der Wellen und der Beine zurück. Sinnlos und zeremoniös zugleich spielt sie die „Eisenbahn" in der Eisenbahn, schwebt sie selbst, wie Khevenhüller formulierte, „beflügelten Schrittes dahin". Auf diese Weise vermag sie auch an Bord von Zug und Dampfer das Prinzip der Reise in sich selbst zu begründen. Sie selbst will der Motor, die Ursache aller Fortbewegung sein.

Die Tableaus der Kärntner Reise von 1856 haben ihre repräsentative Kraft verloren. Der festliche Wechsel von Empfang und Abschied, mit dessen Hilfe sich die kaiserliche Reise in Zeit und Raum entfaltete, kennzeichnet keine der späteren Reiseunternehmungen Elisabeths. Stattdessen erregt sie die Vorstellungskraft romantischer Chronisten und Leser, die sich über ihre leibliche Abwesenheit mit der Imagination großer Szenen trösten. Allein der loyale Träumer wird ihrer habhaft. Ansonsten rückt die Kaiserin, die auch sonst kein Bild mehr von sich machen läßt und in keinem mehr auftritt, nur als eine Konstellation von ständig wandernden Reisezielen ins Bewußtsein.

Dabei beschränkt sich ihre wie ein Nervensystem verzweigte Reiseroute auf den alten abendländischen Raum: ägäische Gewässer, Kleinasien, Nordafrika, Europa. Sie befährt die alte Welt, und wie keine andere Monarchin ist sie an deren Besichtigung interessiert. Antike Kultur- und Ausgrabestätten gehören zum festen Bestand ihrer wie immer unbeständigen Reisepläne. Nicht zuletzt ihre Besuche in Troja, Olympia etc. sichern die Grenzmarken der verblassenden humanistischen Topographie.

Vielleicht verzerrte sich gerade im späten und nervösen Reisestil der Kaiserin jene übernationale Kulturgebärde, der der „Vielvölkerstaat" seine illusionäre Einheit verdanken wollte. Die zerfallende österreichische Monarchie, die sich auf ihr byzantinisches Überall etwas einbildete, in dem die Sonne nicht untergehen sollte, war vielleicht dort am eindringlichsten repräsentiert, wo die Grenzen der alten Welt rhapsodisch befahren wurden. Gerade im gespenstischen Auftauchen einer entkräfteten Symbolfigur, der Kaiserin von Österreich, zeigt sich die Gebrechlichkeit einer einstmals großflächigen Machtstruktur. Was früher besessen und in aufwendigen Repräsentationsreisen besucht wurde, wird nun von einem trauernden Geist umrundet.

Nicht zuletzt auch daher verbietet der Kaiser der Kaiserin, nach Amerika zu fahren. Denn nicht der Globus steht ihr offen, sondern nur jener Ausschnitt, in dem sich abendländische Kultur und Herrschaft abzubilden vermögen. Nur in der alten Welt, der „terra cognita", kann das Reisen, wie Gilles Deleuze sagte, eine „hyperculturelle Praxis" sein, „aufgeladen mit den visionären, symbolischen, mythisierenden . . . Überhöhungen"[54], die wir beschrieben. Ihr Darstellungsmedium ist jedoch nicht mehr die Repräsentation alten Stils, sondern die Vorstellungskraft mehr oder weniger talentierter Dichter. Diese nährt sich von den Zersetzungsstoffen zerfallender Reiche und von der Ortlosigkeit mobiler Potentaten.

Viktor Tilgner: Marmorbüste der Kaiserin Elisabeth. 1879

Zeremonien

Mariatheresianische Konkurrenz

Die verschwenderische Weiblichkeit einer wahren Landesmutter soll sich durch kein Zeremoniell einschränken und von höfischen Schranken nicht aufhalten lassen. Mütterlichkeit ist ihre erste Pflicht, das „große Herz“ ihre wertvollste Gabe.[1] Von daher darf in Österreich viel weniger Elisabeth als Maria Theresia den wahren Kaiserinnentitel für sich beanspruchen. Der franzisko-josephinischen Nachwelt erscheint sie somit in der Glorie der Volkstümlichkeit. Ihren postumen Untertanen tritt sie nicht als eine durch gestrenge Ordnungen isolierte Machtinstitution, sondern als Quelle mütterlichen Gefühls aus der Geschichte entgegen. Franz von Schönthans 1903 aufgeführtes Drama „Die Kaiserin“ – ein Titel, der zu sehr aufschlußreichen Mißverständnissen führen muß, meint er doch Maria Theresia und nicht Elisabeth – zeigt die verehrte Herrscherin denn auch in der Fülle des Schenkens und Gebens. Keine Fessel kann sie zwingen. Höfisches Formelwesen ist im sonnigen Schönbrunn nicht mehr tragbar, und die pedantische Obersthofzeremonienmeisterin, die auf die Einhaltung überlieferter Huldigungsvorschriften dringt, erntet nur Gelächter, als sie folgende Aufstellung einer Gratulationscortége von ihrem Fächer abliest:

Hier steht Ihre Majestät die Kaiserin, – drei Schritte links, seit= und vorwärts, seine Exzellenz und Obersthofmeister Graf Khevenhüller, entouriert von sämtlichen Herren und Damen vom persönlichen Dienst; ebenda, staffelförmig zurückweichend, schließen sich an: die ausländischen Fürstlichkeiten, die Botschafter und Gesandten der fremden Mächte, nach Anciennität gruppiert. (Den Fächer mit Aplomb zusammenklappend)[2]

Vergeblich versucht die komische Alte des Schwanks die spontane Begegnung zwischen Herrscherin und Volk, Herrscherin und Adel zu verhindern. Kraft liebenswürdiger Souveränität setzt sich Schönthans Maria Theresia über alle Rangordnung hinweg, umfaßt ihre Untertanen mit liebendem Mutterblick und „läßt die Kindlein zu sich kommen“:

aber so hat mich nichts niedergezwungen auf die Knie, wie diese fürstliche Frau, die da im hellen Sonnenlicht, unter 1000 Augen, keusch und stolz ihre Brust hinhält und ein Bettelkind säugt.[3]

Diese Quelle ist nun versiegt. Von der Kaiserin Elisabeth sind solche Zuwendungen nicht zu erwarten. Zwar wider-

Katharina Schratt als „Maria Theresia“ in Fritz Schönthans „Die Kaiserin“. Photographie. 1903

setzt auch sie sich dem höfischen Reglement, doch nicht aus überbordender Mütterlichkeit. Undenkbar, daß sie die distanzierenden Zeremonien des Hofes mit matriarchalischen Tableaus vertauschte und zum „Volk“ sich hinabbeugte. Stattdessen ergreift sie die Flucht vor den Ansprüchen der Etikette. Sie zieht sich in unbegreifliche Fernen zurück und meidet die höfischen Formen ebenso wie die Untertanen.

Während sich die souveräne Maria Theresia als Herrin des Zeremoniells erweist – auch in der Freiheit, es zu verwerfen –, so die flüchtige Elisabeth als sein Opfer.

Folgerichtig bildet das Leiden am höfischen Reglement ein Leitmotiv der Elisabeth-Biographien. Durchwegs sind sie vom Tenor zeremonialkritischer Anklage getragen, durchwegs nehmen sie die spektakuläre Individualität ihrer Protagonistin gegen die Forderungen der Hofmeister in Schutz. Nicht von ungefähr lassen sie Elisabeths Lebenstragödie mit dem Entree in die Welt des Wiener Hofes beginnen. Den Biographien zufolge endet mit der kaiserlichen Hochzeit die natürliche und ungebundene Zeit der Kindheit in Bayern, um einer durch Repression beschränkten, überalterten Existenzform Platz zu machen. Der Abschied der Prinzessin vom Paradies am Starnberger See kündigt nicht Glanz und Glück, sondern lebenslange, lebensfeindliche Gefangenschaft an, er bildet den zentralen Drehpunkt zwischen den zwei antagonistischen, polemisch gegeneinander ausgerichteten Seinsweisen. In stets verallgemeinernden, vorgestanzten Phrasen rekapitulieren die Biographen hier jene Gemeinplätze der Hofkritik, die seit Ende des 18. Jahrhunderts das höfische Szenario zugunsten eines „natürlichen" bzw. bürgerlichen Lebensstils und zugunsten idealischer Gefühle und idealischer Ambientes verwerfen.

Schloß Possenhofen, über dem der liberale Geist des Vaters, Herzog Maximilians in Baiern, schwebt, erscheint dabei als die lichtdurchflutete Gegenwelt der Hofburg. Anders als in Wien sind die bayerischen Umgangsformen von natürlicher Herzlichkeit geprägt. Freie Menschenkinder tummeln sich in den Wäldern, im Gebirge, auf dem Wasser. Statt in düsteren Räumen die Schulbank zu drücken, klettert „Liese von Possenhofen" „auf ungebahnten Bergpfaden herum" und fühlt „den Wind durch das Haar sausen" – ein Freiluftkind, „das sich körperlich auf herrlichste Weise entwickelte, und in dessen empfängliche Seele Gottes mächtige Natur die ersten tiefen Eindrücke grub."[4] Spielerische körperliche Betätigung, Zitherspiel, freies, aber wohltätiges Umherschweifen zwischen den Bauernhütten: als „Frühlingsvision"[5] verbreitet Elisabeth jungfräuliche Frische. Ein ganzer Sagenkreis bildet sich um ihren Wagemut. Bald sieht man sie *im Boot, die schlanke Gestalt über die Ruder gebückt, gleich einer Undine in den Wellen spielend, bald wie eine Walküre an der Seite ihres Vaters durch das Dunkel der Wälder schreitend: sie kennt kein Hindernis und besteigt die wildesten Pferde.*[6]

Wie so oft verraten die zum Vergleich herangezogenen Bilder, nach welch künstlichen Plänen Elisabeths Kindheitsnatur errichtet ist. Erst das Imaginarium der Oper – mit Undine aus Lortzings Wasseroper und der Walküre aus Richard Wagners gleichnamigem Musikdrama – veranschaulicht das scheinbar natürliche Leben im Freien. Wieder einmal entstammen die Szenen in der Alpennatur der künstlichen Welt des Theaters, die sich den offenen bayerischen Himmeln verschließt und sich erst in urbaner Nacht illuminiert. Vom Starnberger See ist sie denkbar weit abgelegen.

Vor diesem Hintergrund läuten die Hochzeitsglocken das Ende der Freiheit und der Kindheit ein. In Hinkunft erscheinen der jungen Kaiserin die „großen Prachtsäle der Paläste" „erdrückend und klein, wenn sie sie mit Gottes Himmel (vergleicht)."[7]

Protokoll und Biographie

Im Zwiespalt zwischen freiem und natürlichem Leben einerseits und höfischem Reglement andererseits deutet sich indessen an, daß die Herrscherpersönlichkeiten des 19. Jahrhunderts nicht mehr allein mit höfischen, sondern auch mit bürgerlichen Maßen gemessen werden. Die Bilder der Könige erscheinen in mehrfacher und widersprüchlicher Perspektive, in den zeitgenössischen Biographien lagern verschiedene historische Schichtungen des Herrscherlobs übereinander. Auch Elisabeths Geschichte folgt einer doppelten biographischen Logik. Am Beispiel des Hochzeitsfestes[8] wird offenbar, daß sich zwei unvereinbare Diskurse um die Braut streiten, daß in der Präsentation der Feierlichkeiten verschiedene Darstellungsinteressen im Spiel sind: die des zeremoniellen Berichts, der die Abwicklung protokollarischer Vorgänge verzeichnet, und die der individuellen Lebensgeschichte, welche die Seele und nicht die Formen beschreiben möchte. Die Autoren, die einerseits die schmerzhafte Initiation des Naturkindes in die höfische Ordnung schildern, haben andererseits der Pracht der Vermählungsfeier Rechnung zu tragen und den Einzug der Braut in die Stadt, die Trauung und die mehrtägige Gratulationscour zu referieren.

Die zeremoniösen Dokumentationen herrscherlichen Festgepränges gehorchen dabei ganz anderen Gestaltungsprinzipien als jene Erzählungen, die die Lebensgeschichte eines individuellen Herrschers festhalten. Die Würdigung prächtiger Einzüge, die sowohl Rangordnungen und Abfolgen des aufmarschierenden Hofes beobachtet als auch den materiellen, farblichen und finanziellen Aufwand festhält, tritt in Widerspruch zu den Sprachregelungen biographischer Texte.

Im Streit der Diskurse stellen die Zeremonialberichte das wesentlich ältere, traditionsreichere Genre dar. Vom feiernden Fürsten zum eigenen Ruhm in Auftrag gegeben, bemessen sie die Größe des Landesherrn am zeremonialen Festaufwand. Diesen und nicht etwa die persönlichen Qualitäten des Fürsten gilt es, den hochgestellten Lesern im In-und Ausland zu vermitteln. So erweitern die umständlichen Protokolle, die in monotonen Aufzählungen triumphale Einzüge und erfindungsreiche Festtafeln akribisch verzeichnen, das Prinzip herrscherlicher Repräsentation mit den Mitteln der Schrift. Sie dienen als „sinnfällige, präzise Ranganzeiger" und demonstrieren weniger die flüchtigen „visuellen und musikalischen Schmuckelemente" des Ereignisses als die differenzierte räumliche Anordnung des Hofstaates um den Mittelpunkt, den Herrscher.[9] Dieser aber erscheint niemals außerhalb des zeremoniellen Apparates. Als Zentrum geregelter Huldigungsbezeigungen, als „Protagonist eines Weltschauspiels der Macht"[10] entbehrt er aller persönlichen Züge. Wo der pflichtschuldige Monarch die ihm angewiesene Rolle im „Theatrum Ceremoniale"[11] spielt, wo das geregelte Hofleben und nicht die labilen Entwicklungslinien des Individuums die Oberhand haben, ist wenig biographischer Staat zu machen.

Die Herrscherbiographie des 19. Jahrhunderts hingegen will anderes zu Papier bringen als ein Protokoll. Sie geht von bürgerlichen Lebenswerten aus, ist vornehmlich an der Individualität des Herrschers interessiert und verteidigt ihn gegen ein Zeremoniell, das dessen unverwechselbare seelische Physiognomie überlieferten Vorschriften unterwirft. In eigener Sache muß sich ihr Autor gegen jene gesellschaftlichen und sprachlichen Regelungen wenden, die den Regenten in ein System überpersönlicher – repräsentativer – Verhaltensweisen einspannen und damit nicht nur seine Freiräume beschneiden, sondern auch die eines Erzählers, der ohne die Seele und ihre menschlichen Dramen nicht auskommt. Kein Zufall mithin, daß sich die Biographen auf die Seite des Herzens und nicht auf die der Etikette stellen.

Der Zwiespalt zwischen Zeremonialakt und Biographie vertieft sich nicht von ungefähr am Ende jener Epoche, die die ideologischen Fundamente des Hofzeremoniells endgültig zersetzt und in der die Privatperson des Herrschers in unauflösbaren Widerspruch zu seiner Repräsentanz tritt. In ihren Verweigerungen entzieht sich Elisabeth nicht einem intakten absolutistischen Apparat bzw. der „guten Ordnung" des Ancien régime, durch die die Gottesebenbildlichkeit eines tugendhaften Fürsten garantiert war.[12] Sie widersetzt sich jenen höfischen Codices, die nach der französischen Revolution, nach den Reformbestrebungen Josephs II., nach der Machtergreifung Napoleons an die Stelle der alten getreten sind und ebenso wie das alte Gottesgnadentum der historischen Rechtfertigung entbehren. Sie rebelliert nicht gegen den alten „Gott der Ordnung", der die absolutistische Repräsentation bedingte und beschirmte, sondern gegen die Zeremonielle der Restauration, die die repressiven Ausdrucksformen erschütterter Regimes darstellen. Zwar ist, als Elisabeth nach Wien kommt, die Revolution von 1848 niedergeschlagen, zwar scheinen bei ihrer Ankunft jene staatstragenden Institutionen rehabilitiert, die sich von altersher repräsentativer öffentlicher Formen bedienen: Hof und Kirche, doch sind traumatische Zeiten der Formvergessenheit – die anarchischen Wirren der bürgerlichen Revolutionen – vorangegangen.[13] Dieser historische Bruch hat die ohnehin geschwächten Repräsentationssymbole absolutistischen Reglements für immer in Mitleidenschaft gezogen. Wo in der Folge die erloschene Legitimität anachronistischer Herrschaftsformen gewaltsam zurückgeholt werden soll, erweisen sich die ehemals selbstverständlichen und selbstgewissen Gesten der absolutistischen Alleinherrscher als reaktionäre Formeln. Mit der Wiedereinführung der strengen Etikette am Wiener Hof nach 1848 wird nichts als die verjährte Rhetorik vorrevolutionärer Repräsentation restauriert. Somit ergeben sich die Repressionen, denen sich die junge Kaiserin bei Hof ausgesetzt sieht, nicht mehr aus dem traditionel-

Zeremonie der Fußwaschung am Gründonnerstag in der Wiener Hofburg. Lithographie von Vinzenz Katzler. 1870

len Zeremoniell, sondern aus seiner gewaltsamen – und unzeitgemäßen – Wiederherstellung.

Zudem hat sich Mitte des 19. Jahrhunderts auch der politische Charakter verflüchtigt, den bis ins 18. Jahrhundert hinein noch die intimsten Verrichtungen des Fürsten annehmen konnten.[14] Was den Glanz des Sonnenkönigs bedingte: die zeremoniöse Öffentlichkeit des fürstlichen „Beylagers“, des Aufstehens, Ankleidens, Auskleidens, Zubettgehens, ist längst fragwürdig, wenn nicht peinlich geworden. Immer weniger möchte der Hof von der Leiblichkeit seines königlichen Mittelpunktes sehen, immer weniger möchte dieser von sich zeigen. Ein soziales – höfisches – Gefüge verliert seine Festigkeit, das ehemals durch größtmögliche Nähe zum Fürsten reguliert und zusammengehalten wurde[15] und das die höfische Hierarchie mit jeder Geste sinnfällig darstellte. Das engmaschige Netz der Zeremonien, das der souveräne Monarch über Raum und Zeit warf, wird durchlässig, ohne ganz zu zerreißen. Zwar werden weiterhin Rangordnungen demonstriert und Reihenfolgen eingehalten, doch fehlt ein souveräner Mittelpunkt, der sie noch glanzvoll synthetisieren würde.

Die Unsicherheit bei der zeremoniösen Durchgestaltung des kaiserlichen Intimlebens läßt sich gerade an Franz Josephs und Elisabeths ersten Ehejahren ablesen. Einerseits sieht man in der Hochzeitsnacht des jungen Kaiserpaares von der traditionellen feierlichen Bettlegeszene ab und verzichtet darauf, das Brautpaar unter feierlichen Sermonen bei versammeltem Hofstaat zu Bett zu bringen. Andererseits kann aber die schwangere Elisabeth auf eine zartsinnige Einschränkung der überlieferten Formalitäten keineswegs rechnen. Im Unterschied zum „Beylager" werden die „anderen Umstände" nicht als Privatangelegenheit, sondern als Politikum behandelt. Im Rückgriff auf eine tradierte Zeremonial-Regelung, der zufolge „der Beginn von Schwangerschaften der Hoch=Fürstlichen Gemahlinnen sofort allenthalben publik gemacht und gemeldet (wird), wie sie von Monath zu Monath in ihrer Schwangerschaft avancieren"[16], werden die Tore des Laxenburger Schlosses laut Verordnung geöffnet. Ganz nahe können die Bürger an den kaiserlichen Bauch herantreten und sich von seiner Rundung überzeugen. Daß Elisabeth diese Maßnahme als Eingriff in eine wenn auch fürstliche Privatsphäre empfinden mußte, bedarf keiner Erläuterung. Von nun an dünkt sie sich „als ein Affe am Werkel"[17], der die höfischen Handlungen als etwas Fremdes, etwas Angelerntes empfindet: Ein Jahrmarkt leerer mechanischer Formen und nicht mehr das „Weltschauspiel der Macht" wirbt um Zuschauer.

Fee und Vogel oder: Martern aller Arten

Dementsprechend führen die Biographen Klage gegen das durchformalisierte Dasein bei Hof. Hinter den Masken der Repräsentation sehen sie ein freies, fühlendes Frauenherz verschmachten. In ihren Texten erscheinen Etikette und Zeremonielle als Schreckgespenster, die das zarte blaublütige Opfer zum ungeliebten Rollenspiel anhalten. Um den Widerwillen der Kaiserin gegen die „bloße Dekoration“ des Hoflebens zu veranschaulichen[18], suchen sie gern die Bilder der Fee und des Vogels auf: Geschöpfe einer märchenhaften

Franz Xaver Winterhalter: Elisabeth von Österreich. Bildnis mit verschlungenem Haar. Öl/Lwd. 1864. Kunsthistorisches Museum, Wien

Kindheitsnatur, die sich, Inbegriffe des wahren und freien Lebens, in die gleisnerische Schmiede des Hoflebens verirren:

Der Freiluftvogel aus den bayrischen Alpen fand die österreichischen Hofformen lächerlich und kleinlich. Sie vermochte in dieser „schwülen Luft“, wo sie jeden Augenblick des Tages ihre Schwingen beschnitten fühlte, nicht frei zu atmen.[19]

Vielfach wird der Hof einem Käfig verglichen. In diesem Sinn schlägt die Königin von Rumänien Carmen Sylva, die sich auch als Dichterin betätigte, gleichfalls sentimentale Märchentöne an, um das Leiden am Zeremoniell zu schildern:

da wollten die Menschen ein Feenkind einpanzern in die Qual der Etikette und die steifen, toten Formen, aber Feenkind läßt sich nicht einsperren, bändigen und knechten, Feenkind hat heimliche Flügel.[20]

Vogel und Feenkind zeigen an, in welcher Weise zeremoniale Verordnungen im bürgerlichen Zeitalter imaginiert werden: nämlich nicht mehr als Ausdruck einer überpersönlichen Choreographie, die das hierarchische Wechselverhältnis von Kaiserin und Hofstaat, Volk und Mitregentin zu vorgeschriebenen Formationen ordnet, sondern als *physische Repression.* Die biographische Zeremonialkritik begreift die langwierigen höfischen Umgangsformeln – Begrüßungen, Vorstellungen, Diners, Cercles etc., die dem kaiserlichen Alltag ihr Gepräge geben, als Verletzung des fragilen weiblichen Körpers, der einer satanischen Maschinerie überantwortet und einem nachgerade mittelalterlichen Martyrium übergeben wird. Daß die Biographen dabei von sadistischen Phantasien eher als von historischem Wissen geleitet sind, liegt auf der Hand.

Nicht von ungefähr, daß ihre Schilderungen an dieser Stelle in eine rührselige Phase treten. Nach dem Vorbild der zeitgenössischen Melodramen erzählen sie das unerfreuliche Schicksal einer lieblichen Fremdlingin, die der Gewalt, den Intrigen und den Repressionen einer sklerotischen Gesellschaft überantwortet wird. Wie in einem Grimmschen Märchen steht hier die zarte „fremde Königstochter" finsteren, alten Mächten gegenüber. Die Rankünen böswilliger Hofschranzen umspinnen das arglose Naturkind, wobei besonders der Kaisermutter Erzherzogin Sophie, die auf die Einhaltung der höfischen Ordnung dringt, die Rolle der bösen und intriganten Alten zugeschrieben wird.

So rufen die Biographen bei der Denunzierung des Zeremoniells die archaischen Urbilder herauf, die den Märchen und Melodramen zugrundeliegen und die auch im zivilisierten Kontext des 19. Jahrhunderts an vorzeitliche Rituale und blutige Handlungen erinnern[21]. Als schöne Fremde nimmt

Elisabeth die archaische Rolle des Opfers und Sündenbocks ein, an dem sich die Aggressionen eines vorsintflutlichen sozialen Systems entladen, und als Vertreterin unverdorbener bürgerlicher Lebensart empfängt sie den Haß der Aristokratie. Die Metaphern der beschnittenen Flügel, der geknechteten Fee, weisen in aller Trivialität auf einen höfisch sublimierten Opferungsakt. Daß die Etikette das Blut der Unschuld fordert, bezeugen auch jene melodramatischen Phantasien, die das Martyrium bereits bei den Juwelen beginnen lassen:

Und wie zart und hinfällig und engelsgleich sah sie nicht an ihrem Hochzeitstag aus, trotz der gewichtigen höfischen Robe und den schweren Juwelen, die in ihr zartes Fleisch schnitten! Doch war sie damals glücklich; noch hatten sie nicht alle Freude aus ihrem Herz gepreßt.[22]

Freudig läßt sich das bräutlich geschmückte Opferlamm, dem der Schmuck wie ein Dornenkranz ins Fleisch schneidet, an den Altar führen.

Die Etikette der Parvenue

Die sadistischen Lüste der Etikette erfuhr indessen auch Lola Montez, die Geliebte Ludwigs I., deren königlich-bayerisches Intermezzo in die Zeit von Elisabeths Kindheit fällt. Der Kommentator und Herausgeber ihrer Memoiren, August Papon, bringt in diesem Zusammenhang neben den Schmerzen der Unterwerfung auch die Vorteile der zeremoniellen Lebensform zur Sprache. Das „Marterbett der Etikette" diene der Disziplinierung „haltloser" Frauen, Zeremonien bilden das rettende Gestänge, das einem schwankenden Geschöpf vom Schlage einer Lola Montez eine wenn auch gehaßte Existenz zu sichern vermag. Genüßlich hebt er die Meriten höfischer Exerzitien hervor,

die dann mit tausend Spitzen, Hacken und Widerhacken sich einhäckel(n), schmerzhaft oft, in das Wesen einer solchen Frau, aber sie doch fest und über dem Untergang halten. Nur ein Gewaltstreich kann ein solches Wesen losreißen von der Etikette, das Losgerissene aber verblutet sicher an den Tausend und abertausend kleinen Wunden, die ihr Spitzen, Hacken und Widerhacken verursachen.[23]

In diesem Text bluten dieselben phantastischen Wunden wie in der Hofburg. Wie schon in Wien definieren sich Nutzen und Schaden der Etikette allein in Hinsicht auf den weiblichen Körper: als eine mit Dornen oder „Widerhacken" vollführte Foltertechnik mit buchstäblich einschneidenden Wirkungen. Doch statt des noblen Opferlamms Elisabeth leidet nun die exzentrische Aufsteigerin. Bei Lola Montez zeigt sich, wie sich gerade die Künstlerin mit der zweifelhaften

Hans Makart: Charlotte Wolter als Messalina in Adolf Wilbrandts „Arria und Messalina". Öl/Lwd. 1875. Historisches Museum der Stadt Wien

Herkunft und dem zweifelhaften Beruf der angestammten Ausdrucksformen der Könige bemächtigt. Ihr Intermezzo am bayerischen Hof, während dessen sie als „Sklavin der Etikette" auftritt, scheint eher privaten als höfischen Zwecken zugute zu kommen. In Hinkunft muß die Verbindlichkeit eines Zeremonienwesens in Zweifel gezogen werden, das nicht mehr dem Staatsträger, sondern der luxuriösen Selbstdarstellung nervöser Weiblichkeit würdigen Anschein verleiht. Wo das Kontinuum gestischen Hofgepränges zerfällt, öffnet es sich ebenso eklektischen wie exzentrischen Interpretationen, die mit staatlicher Demonstration nicht mehr vereinbar sind. Im Fall Lola Montez verwandeln sich die freigesetzten Elemente des Zeremoniells in die Posen nicht mehr der höfischen, sondern der weiblichen Repräsentation.

Die „Diva“ entdeckt die königliche Gebärde als ein Ornament, das auch sie zu kleiden und zu zieren vermag, als eine Rolle, in der sich ihre nur mehr dekorative „Hoheit“ glänzend repräsentieren kann.

So ist es nur folgerichtig, daß die wirklichen Königinnen des 19. Jahrhunderts – jene, die wie Lola Montez nicht durch Adel, sondern durch grandiosen Habitus überzeugen, weniger die Höfe als die Bühnen bevölkern. Die Künste der Burgschauspielerinnen und nicht die Auftritte der Kaiserin Elisabeth vermitteln dem Wiener Publikum Eindrücke hoher Frauenschaft, erlesener Posen und großer Leidenschaften. In der Rolle der römischen Kaiserin Messalina läßt die berühmte Charlotte Wolter jenen titanischen Herrschertyp wieder erstehen, den das 19. Jahrhundert schmerzlich entbehrt:

Welche Kraft Frau Wolter besitzt, uns königliche Art, Herrschbegier und Herrscherkraft vor Sinn und Seele zu führen . . . – durch intensive Festigkeit des Lautes, durch einen dämonisch starren Blick, durch ein Emporheben des stolzen Hauptes, durch eine Bewegung des Armes, durch eine rasche Wendung der kleinen Hand versinnlicht sie blitzartig das unwiderstehliche Gebieten, das Aufleuchten der unbeugsamen Willenskraft.[24]

Theatralische, nicht höfische Noblesse beeindruckt das Publikum. Herrscherlichkeit überzeugt es besonders dort, wo sogenannte Renaissancegebärden zu kühnen Bewegungsfolgen verbunden werden. Umgekehrt aber sind es die Bühnenposen, die die Etikette jener usurpatorischen Höfe inspiriert, denen es an traditionellen Verhaltensregeln fehlt. Die französische Kaiserin Eugénie, die den Hof ihres emporgekommenen Gatten Napoleon III. gestaltet, nimmt sich besonders die Königinnen des Theaters zum Vorbild, wenn sie sich in Szene setzt und ihrem jungen Hof eine eigene, erfinderische Etikette diktiert. Suffisante Zeitzeugen berichten folgendes von ihren Audienzen:

Ihre Majestät saß in halbliegender Stellung in einem tiefen niedrigen Sessel. Ihre Füße ruhten auf einem Schemel, so daß ihre Füße sehr hochgehoben waren . . . (sie) spielte mit geradezu kindischer Wichtigkeit die „offizielle Persönlichkeit“ . . . Man muß sie z. B. einige ihrer Lieblingsworte aussprechen gehört haben wie: die Stufen des Thrones, die Rechte der Krone – Fürsten von Geblüth.[25]

Das Gegenzeremoniell

Elisabeth hingegen meidet die theatralische Positur in der Öffentlichkeit. Widerwillig nur läßt sie sich herbei, wenn festliche Anlässe – etwa die Eröffnung der Weltausstellung 1873, die Enthüllung des Maria Theresien-Denkmals oder die eigene Silberne Hochzeit – ihre Anwesenheit dringlich verlangen. Doch genügt sie weder den höfischen, noch den theatralischen Anforderungen ihrer Rolle. Diese Verweigerung verschafft ihr indessen den postumen Ruhm wahrer und unverstellter Menschlichkeit:

Mit ihren wunderbaren Märchenaugen, die aussahen wie Edelsteine, wie das Meer, sah sie mir so gerade ins Gesicht, daß ich nicht imstande gewesen wäre, der Wahrheit auch nur das leiseste Mäntelchen der Konvention umzuhängen.[26]

Scheint sie Wahrheit der lügnerischen Konvention vorzuziehen, gilt sie manchen gar als eine „Priesterin der Natur" oder als eine „Bürgerin des Herzens", so dürfte eine genauere Betrachtung ihres Lebensstils zum entgegengesetzten Ergebnis führen. Von Laissez-faire und natürlichem Habitus kann bei Elisabeth keine Rede sein, da es wiederum Zeremonien sind – wenn auch andere als die des Hofes –, die ihrem Leben die charakteristische Gestalt verleihen.

Einer Revue ihrer spektakulären Gepflogenheiten bleibt es denn vorbehalten, die zeremoniellen Strukturen gerade des Widerstandes und der Verweigerung darzulegen. Denn zieht sich Elisabeth aus der höfischen Welt zurück, bricht sie aus deren Ordnungen aus, so nicht, um endlich „heimliche Flügel" zu schwingen, sondern um ein Regime zu ermächtigen, das die Wiener Etikette an Härte weit übertrifft. Beim Marschieren, beim Hungern, beim Turnen, beim Frisieren ist sie sich selbst eine erbarmungslose Zeremonienmeisterin. Zur Reglementierung ihres Körpers zitiert die Kaiserin ältere und strengere Zeremonialordnungen herbei, und mit Vorliebe solche, die – „in Ansehung der eigenen Person" – den Körper besonders betreffen. Gewaltsame Abhärtungen, Hungerkuren, atemberaubende Wanderschaften nehmen sich des fürstlichen Leibes in drakonischerer Weise an als eine Hofordnung, die den Körper und die Anatomie symbolkräftiger Bewegung längst vergessen hatte.

Das Gehen

Spätestens seit Franz I. von Österreich scheinen die Bilder der Herrscher ohne Bewegung und in durchaus ausdrucksloser Positur. Kunstlos präsentiert sich die hohe Person, nachlässig sitzend oder stehend. In nichts erinnern die monarchischen Porträts des 19. Jahrhunderts an die fürstliche Kunst des „Deportements", der souveränen und graziösen Körperbeherrschung, in der sich die alte Garde der absolutistischen Regenten übte. Der monarchische Körper büßt seine Ausdruckskraft ein, Haltung und Gang sind ins Zeremoniell nicht mehr eingebunden, und seit langem wird jene repräsentative Tanzkunst vernachlässigt, deren Pflege zum Prestige des nobilitierten Leibes einstmals gehörte. Denn im Zeichen des Tanzes gestaltete das 17. Jahrhundert, vor allem aber der Hof Ludwigs XIV., den gehenden und stehenden Herrscher. Im Prinzip der unbedingten Körperbeherrschung sollte jene Staatsmetapher gestützt werden, die den König mit dem Haupt eines lebendigen Gesellschaftsorganismus verglich: die eigenen Glieder und Muskeln hatte er ebenso zu beherrschen wie die einzelnen Funktionsglieder des Staates.

Für natürliche oder auch nur nachlässige Bewegung war demnach bei Hof kein Raum und keine Freiheit. Mit der Ausbildung „konvenabler Haltungen" beugte die absolutistische Tanzkunst allen „rohen Anblicken" vor, die das höfische Auge beleidigten.[27] Allem voran galt es, dem „lächerlichen Gang" mit vieler Übung abzuhelfen. Den Damen empfahl man,

> *beim Gehen die Fußspitze zuerst an(zu)heben, und zwar so, daß das Knie gestreckt wurde, also mit nach oben gedrücktem Spann, „weil beim Erheben das Knie sich streckt und durch dieses Strecken der Körper in eine zierliche und gerade Haltung kommt".*[28]

Die höfische Schrittpassagen, die die Geraden und Diagonalen des höfischen Innenraumes maßen, setzten sich aus solchen und ähnlichen „mouvements" der Beine zusammen. Doch auch der Oberkörper will beim gemessenen und messenden Schreiten miteinbezogen sein. „Sich brüstend" sammelt er sich „gegen die Natur der Schwere"[29] und hebt den Gravitationspunkt der Schwerkraft über seine natürliche

Lage an, so daß es der ganze Körper ist, der die höfische Bewegungsfigur vollführt.

Die Balletts und Exercises aus der Zeit des Absolutismus sind aber längst vergessen, als Elisabeth das Gehen erlernt. Inzwischen ist das Kernstück absolutistischer Repräsentationschoreographie, die lehr- oder lernbare Kunst des königlichen Schreitens, in Vergessenheit geraten. Den Herrschern des 19. Jahrhunderts stehen die Tanzmeister des 17. Jahrhunderts nicht mehr zur Verfügung. Nichtsdestoweniger träumen sie von wahrhaft königlicher Bewegung und mächtigen Herrschergebärden, um ihr unberechenbares Publikum zu beeindrucken. Gerade der „legitime" Gang gilt ihnen als Signum wahrer Königswürde:

So konnte Napoleon zu seinem tiefen Verdrusse nicht fürstenmäßig und „legitim" gehen, bei Gelegenheiten, wo man es eigentlich verstehen muß, wie bei großen Krönungs-Prozessionen und ähnlichem.[30]

Vergebens wünscht der des Kolonnenschrittes gewohnte Feldherr und Usurpator Napoleon die vergessene Fertigkeit demonstrativen Gehens zu erwerben. In seinen Auftritten verflacht die Bewegungskunst des absolutistischen Herrschers zur großspurigen soldatischen Herrengeste, zur theatralischen „Renaissancegebärde", die in ihrer Anmaßung den Bühnen, nicht den alten Höfen, dem Schauspiel und nicht der dynastischen Repräsentation abgeschaut ist.

Elisabeth indessen scheint den abgerissenen Faden der fürstlichen Bewegungstechnik wieder aufzunehmen. Schon als Kind erlernt sie das Gehen nach den Regeln der Schule. Auf Geheiß des Vaters wird sie von einem Tanzmeister in der Kunst des graziösen Gangs unterrichtet. Doch zeigt sich auch hier, daß das höfische Zeitalter vorüber ist:

„Man muß auch gehen lernen", sagte er (der Vater – Anm. d. V.) uns immer wieder und hielt uns einen berühmten Lehrmeister dafür. Aber unser Lehrer, fügte sie heiter hinzu, schärfte uns jedesmal ein: ‚Man muß bei jedem Schritt, den man tut, von dem früheren sich ausruhen können, sowenig wie möglich sich über die Erde schleifen.' Nur ein Beispiel sollten wir uns vor Augen halten: Die Schmetterlinge. Meine Schwester Alençon und die Königin von Neapel sind berühmt wegen ihres Ganges in Paris. Aber wir gehen nicht wie Königinnen gehen sollen. Die Bourbonen, die fast nie zu Fuße ausgegangen sind, haben eine eigene Gangart bekommen – wie stolze Gänse. Sie gehen wie wahre Könige.[31]

Der Tanzmeister lehrt nicht mehr, wie einst, die Kunst legitimer Bewegung, sondern die freie der Schmetterlinge, nicht mehr den künstlichen Schritt des Zeremoniells, sondern jene natürliche Grazie, die aus den abgezirkelten Formationen des höfischen Balletts verbannt war. Dementsprechend erscheint die gehende Kaiserin nicht als Kunstfigur aus absolutistischer Vorzeit – wie die bourbonischen Gänse –, sondern als ein freies, ätherisches, von harmonischen Rhythmen getragenes Geschöpf.

Wie ein langstieliger Iriskelch, der im Winde pendelt, schreitet sie über den Erdboden, und ihre Schritte sind nur eine fortgesetzte, immer neu ansetzende Ruhepause.[32]

Wie im Tanz halten sich ihre Schritte an einen Rhythmus, doch gehorchen sie weniger den strengen Metren höfischer als jenen der antiken Tanzmusik. Ihr „geschmeidiger Göttinnenschritt“, ihr „rhythmisch schwebender Gang“[33] assoziiert jenes Schreiten griechischer Heroinen von Geblüt, dessen auch Hugo von Hofmannsthal in seinen Griechendramen gedenkt: „An meiner Mutter hatte ich gesehen, wie Königinnen gehen“, heißt es dort, „. . . sie trug ihren Leib wundervoll schreitend wie ein heiliges Gefäß“.[34] Huldigende Reden besingen die Sylphidengestalt, das nur vom Lufthauch getragene körperlose Wesen der Gehenden[35] und verwandeln die österreichische Kaiserin in eine der vegetabilen Frauengestalten des Jugendstils, die es stets leichten Schritts ins Freie führt: körperlos, hingehaucht, biegsam und flüchtig.

Bei alledem ist die schöne Kunst des Gehens nicht ein Mittel, bei Hof zu glänzen, sondern das Mittel, ihn zu meiden und die Freiheit außerhalb der Mauern zu suchen. Von sylphidischem Schweben kann aber bei den Spaziergängen, die Elisabeth vom höfischen Getriebe entfernen, keine Rede sein. Der Tanzmeister aus Possenhofen ist nicht nur der Mentor ihrer Anmut, sondern auch, und mehr noch, ein „Marschierlehrer“[36], der seine Schülerin zu erstaunlichen Stundengeschwindigkeiten befähigt. Er bildet nicht nur die dekorativen, sondern auch die sportiven, militärischen Seiten der kaiserlichen Gehfertigkeit aus. Der „geschmeidige Göttinnenschritt“ der Kaiserin bewährt sich vor allem auf der Landstraße:

durch stundenlange tägliche Wanderungen in überaus schnellem

Tempo bis zur Erschöpfung der sie begleitenden Hofdamen, in Wind und Wetter, über Berge und Wiesen in den schönsten Gegenden Österreichs, Bayerns und Ungarns . . .“[37]

Einerseits wird also das gestrenge Gehen der Flucht dienen und vom gehaßten höfischen Leben wegführen. Andererseits bildet es den sicherlich zeitraubendsten Teil der privaten Gegenetikette Elisabeths, die sich dem offiziellen Verhaltenskanon polemisch entgegensetzt. Im rigorosen Streckenpensum der Kaiserin wird eine der wichtigsten Forderungen erfüllt, die an jede Zeremonialordnung gestellt werden: Es schafft – räumliche – Distanzen. Dabei verhindert es die direkte Begegnung zwischen Kaiserin und Hofstaat, Kaiserin und Volk nicht durch abstandbildende Rangordnungen und Reihenfolgen, sondern durch zurückgelegte Laufkilometer. Mit jedem Schritt erweitert sich die gebührende Distanz zwischen Herrscherin und Hof ins Unüberwindbare. Doch während die höfischen Abstände in roten Teppichellen gemessen werden, entrollt sich nun ein endloser „Streckenteppich“ zwischen der Kaiserin und der höfischen Welt. Auf ihren Wegen setzt Elisabeth der traditionellen Schwere des „Etikettenleibes“ (Virilio) die Geschwindigkeit, die beschleunigte Leichtigkeit strapaziöser Gangarten entgegen. Wer schnell ist und nur von weitem zu sehen, will der herrscherlichen Tugend der „Presenza“ nicht genügen.

Daß den Wanderschaften der Kaiserin ein wenn auch invertierter höfischer Charakter zuzuschreiben ist, zeigt sich überdies an der schwierigen Frage ihrer Begleitung. Ohne Hofdamen darf Elisabeth ihre zeremoniöse Flucht nicht ergreifen. Allerdings erfolgt die Zusammenstellung des Gefolges nach anderen Gesichtspunkten als gewöhnlich. Die Auswahl der Damen wird nicht mehr allein nach Rang und Namen getroffen wie bei Hof, sondern nach sportiven Gesichtspunkten. Die Anwärterinnen haben neben einem gültigen Stammbaum vor allem gesunde Füße und eine „ausgezeichnete gesundheitliche und seelische Konstitution“[38] mitzubringen. Andererseits muß auch die touristische Befähigung der Hofdamen höfischer Überprüfung standhalten. Die Kandidatinnen, die die nötigen Voraussetzungen erfüllen, werden nicht durch einen „Marschierlehrer“, sondern durch den Obersthofmeister in ihre Aufgabe eingewiesen.

Das Essen

Mehr noch als das Gehen ist das Essen von hohem zeremonialem Belang. Besonders die Tafel an den absolutistischen Höfen des 17. und 18. Jahrhunderts liefert mit der Reihenfolge der Verrichtungen, mit der Rangfolge des servierenden Adels sinnfällige Ansichten der höfischen Ordnung. Wer den Fürsten zu Tisch geleitet, wer den Stuhl rückt, wer den Hut und die Handschuhe nimmt, wer die Wasserschüssel reicht, wer die Speisen heranträgt, wer sie auf den Tisch setzt, wird für jeden Anlaß nach Recht und Vorrecht festgelegt. Auch die Galadiners des francisko-josephinischen Hofes zeichnen sich durch „geschliffene Etikette" aus. Eine Vielfalt von Drucksorten, „Einladungen, Menuvorschläge, Sitzordnungen, Führlisten, persönliche Dinerkarten, Menukarten"[39], bezeugt die minutiöse Durchgestaltung der kulinarischen Repräsentation und deren bürokratischen Aufwand. Wie bei jedem Tagesordnungspunkt der Etikette ist auch die Dauer des Essens im voraus festgelegt. Für eine zwölfgängige Mahlzeit werden 45 Minuten anberaumt, so daß eine korrekte Abwicklung das hastige Verschlingen der Köstlichkeiten fordern muß, verschärft noch dadurch, daß auch ein noch voller Teller abserviert wurde, wenn der Kaiser den seinen geleert hatte.

Welchen ebenso eiligen wie üppigen Genüssen sich Elisabeth entzog, mag man der Speisekarte jenes kaiserlichen Galadiners ablesen, das sie zuletzt, anläßlich des Besuchs des russischen Kaiserpaars, durch ihre flüchtige Gegenwart auszeichnete: Hühnercrémesuppe und Chablis, Vorspeise und Rheinwein, Fisch und Bordeaux, Rindslenden- und Lammrückenbraten, Rebhuhnfilets, Truthahnschnitzel, Sorbet, Fasan, Spargel, dann Kompott, hiezu Sherry und Madeira, Mehlspeise".[40] – Ein Leben lang widersetzt sie sich dem Aufmarsch der Speisen, und zwar in doppelter Weise, einmal, indem sie ihr Erscheinen an der kaiserlichen Tafel zunehmend einschränkt und den kulinarischen Terminen fernbleibt, dann aber auch, indem sie eine eigene Etikette des Essens entwirft, die die Völlerei durch das Hungern ersetzt. Wie sonst auch bietet ihr der Rückzug aus dem Hofzeremoniell nur die Freiheit des selbstgewählten Zwangs.

An dieser Stelle soll jedoch vermieden werden, von der kaiserlichen Magersucht in psychoanalytischen Begriffen zu sprechen. Die Weise des Hungerns wird hier nicht auf sogenannte „persönliche Probleme" zurückgeführt. Sie interessiert allein als eine spiegelverkehrte Variante des Hofzeremoniells, als Spielart all jener Disziplinierungsstrategien, die den Körper des Monarchen betreffen. Die Rituale der Magersüchtigen sind somit vor dem Hintergrund des höfischen Lebens zu beschreiben, dessen Gesetze sie auch in der Umkehrung befolgt.

Denn sollte sich Elisabeth an der großen Tafel auch nicht sehen lassen, ihr kulinarischer Tagesablauf gliedert sich gleichfalls zu einem polemischen Zeremonienmuster. Die ephemeren Speisen der Kaiserin, das wenige rohe Fleisch, die Fleischbrühe, die Früchte, der Wein, die Milch werden zu bestimmten Zeiten – in der Frühe nach ersten, ebenfalls regelmäßigen Spaziergängen, am Abend abseits der Hoftafel – genommen. Besonders das Flüssige, das Fast-Flüssige, dessen Auswahl, Zubereitung und Folge den kulinarischen Sequenzen der Hoftafel entspricht, wird bevorzugt, – denn lieber als Substanzen genießt die Kaiserin Essenzen. Die Sorge um gute Milch veranlaßt sie zur Errichtung von verläßlichen Meiereien, die sie von ihren Reisen aus mit prächtigen Kühen versorgt. Unterwegs indessen kann es um die Milch, die reine Nahrung schlechthin, zu zeremoniellen Mischgebilden kommen, in denen sich die Gesten der Verweigerung mit denen der Repräsentation verschränken:

Nach der Besichtigung der Trümmer von Nikopolos servirten in einem improvisirten Zelte türkische Funkzionäre Ihrer Majestät eine Schale Milch, welche indessen Höchstdieselbe, da sie gekocht war, dankend ablehnte. Auf unsere Frage, ob denn nicht ungekochte Milch vorhanden wäre, überbrachte man davon einen geringen Rest in einer Cognac-Flasche, dem aber – ob seines prononcierten Cognac-Geschmackes – das gleiche Schicksal wiederfuhr wie der erstservierten gekochten Milch. Die Verdutzung aller dieser hohen Funkzionäre, daß diese sorgsam vorbereitete Überraschung ein so klägliches Fiasko gefunden, war von unbeschreiblicher Komik. Ihre Majestät geruhte nichtsdestoweniger in huldvollster Weise lächelnd Ihren Dank für die „Erfrischung" auszusprechen.[41]

Nur in der Abgeschiedenheit, fern der höfischen und der türkischen Ignoranz, kann sie der Milch einen eigenen

Kultus widmen, in dessen Vollzug sich irdische Nahrung in geistige Speise verwandelt. Constantin Christomanos schildert die heilige Genügsamkeit der Kaiserin mit folgenden Worten:

Zumal wenn sie ihre Milch trinkt, deren Zubereitung und Verwahrung sie mit einem fast religiösen Zeremoniell vornehmen läßt, wirft sie den Kopf zurück wie unter einem geistigen Raptus oder infolge der Intensität einer seelischen Berührung.[42]

Askese einerseits, Spiritualisierung der verbliebenen Speisen andererseits verleihen der Fastenden die Aura einer Heiligen, die, der Völlerei sich verweigernd, Nahrung nur in Form einer orgiastischen Kommunion erträgt. An die Stelle des höfischen Zeremoniells setzt sie den mystischen Augenblick der Speisung, den geistigen Raptus. Im Grunde diagnostiziert Christomanos an Elisabeth nichts geringeres als die „heilige Anorexie" mittelalterlicher Asketinnen, die sich anderer Speise als der Hostie enthielten.[43] Er reiht sie unter jene Mystiker, die den inneren Sinn nur in einem gehemmten und geschwächten Leib zu entfesseln wünschten.

Neben der heiklen Nahrungswahl dienen der Kaiserin hauptsächlich „selbstverordnete Curen" als Mittel zeremoniöser Verweigerung und als Grundlage ihrer Zeitrechnung. Den Tagesplan in den Dienst einer einzigen Speise stellend, verlangen auch sie unbedingte Unterwerfung von ihrer Novizin. Milch, über Wochen hinweg getrunken, Orangen, über Wochen hinweg verzehrt, erfordern eine ebenso rigide Disziplin wie Sandkuren, Frischluft- und Kaltwasserkuren. Schlimmer als jedes an der Differenz der Stunden und Anlässe ausgerichtete Hofzeremoniell ergreifen die Kuren den kaiserlichen Körper wenn nicht mehr im Namen der Macht, so doch im Namen einer mörderischen Gesundheit und hygienischen Schönheit.

Asketische Disziplin verlangt dabei nicht nur Gehorsam gegenüber einer vorgeschriebenen Tagesordnung, sondern, wie jeder zeremonielle Akt, auch angemessene Dokumentation. Verlauf und Resultate des kaiserlichen Hungerns werden schriftlich in einem zu diesen Zweck angelegten Kursbuch festgehalten. Gewissenhaft hält es das tagtägliche Gewicht der Kaiserin fest: kalendarisch, in den Ziffern der Daten, und buchhalterisch, in den Ziffern der Pfunde. Doch dient die Zahlenliste des Journals nicht nur der numerischen Gewichtskontrolle, sie ist auch die Flugbahn der kaiserlichen Gedanken. Nach Berichten der Hofdame Sztáray werden die Kolumnen durch Aphorismen ergänzt.

Die eingetragenen Zahlen konnten keine bedeutenden Abweichungen aufweisen, dagegen fanden sich um so mehr Randbemerkungen. Ich glaube, dieses Wagejournal bewahrt viele ihrer Gedanken, weil sie zu diesem durch viele Jahre benützen Buch unbedingtes Vertrauen hatte.[44]

Auch hier, beim täglichen Wiegen, fördert die zeremonielle Disziplin des Hungerns die tiefen Gedanken zutage, den „geistigen Raptus", die mystische Transgression. Elisabeth, die dem Fleische und der Speise absagt und sich in die heiligen Tiefen des Selbst und des Lebens hinunterläßt, wählt den asketischen Weg der Selbsterkenntnis. Dem schwindenden Gewicht, dem Leibesschwund hält sie den „idealischen" Geistesflug entgegen, das Reich des „Höheren", des „hehren Gedankens", das sich gleich neben der eingetragenen Zahl eröffnet. So wiederholt sich die alte mönchische Dialektik von Entsagung und Wissen, von Fasten und Vision im anorektischen Wahn und reiht die überschlanke Kaiserin den schamanischen Initianten Asiens und den Nonnen des Mittelalters ein.

So sehr aber die Fastenkuren die kaiserliche Heilige ins Gebet und ins Gesetz nehmen, von der höfischen Tafelordnung kommt sie dennoch nicht los. Aus den Briefen des Kaisers an Elisabeth geht hervor, daß erlesene Speisekarten zu den bevorzugten Lesestoffen der Kaiserin gehören. Sie läßt sie sich vorlesen und im Falle ihrer Denkwürdigkeit an Franz Joseph senden[45], so daß sie auch hier, wo man sie irdischer Bedürfnisse zu überführen glaubt, die materielle Ebene bloßer Nahrungsaufnahme transzendiert. Der leiblichen Einverleibung zieht sie die geistige vor, und die „erlesene" Abfolge der Speisegänge genießt sie wie eine verheißungsvolle Liturgie.

In der Tendenz jedoch verzichten die Biographen des weiblichen Lebens ungern auf die kulinarischen Szenarios. In irgendeiner Weise müssen sie auch das fastende Weib dem Ort seiner Bestimmung: dem Reich des Eßbaren, wieder zuführen. Da ihnen die zeremoniösen Qualitäten des

Hungerns entgehen, beordern sie die Kaiserin an die Galatafel zurück, wo sie wenn schon nicht als Essende, so doch als Dekorateurin erscheint. Den üppigen Zeitvertreib des Tafelns ersetzt sie durch die Kunst des bezaubernden Arrangements. Das „kostbarste Porzellan, das prachtvollste Gold- und Silberservice“[46] ziert die Tische, wenn die Kaiserin zarte

Elisabeth von Österreich. Retouchierte Photographie. Um 1870

Hand mit anlegt. Auch sorgt sie für „großzügigen Raum zwischen den Gedecken, für „weiche schattige Abstände“. Wo Elisabeth als Hausfrau waltet, veredelt sich das rohe Hungergefühl und bereitet sich zu zusammengesetzten raffinierteren Genüssen, so daß zuletzt Stilgefühl Elisabeths Enthaltsamkeit erklärt:

Ihr in exquisiter Weise verfeinerter Geschmack hinderte sie daran, auch die delikateste Speise zu würdigen, wenn sie nicht in ausge-

suchtester Weise serviert war, und alles was unbezahlbares Porzellan, einzigartiges Kristall und Mousseline tun konnten, eine Mahlzeit zu vergeistigen („etherealize"), wurde in Wien getan.[47]

Letzten Endes erfaßt der Prozeß der Vergeistigung, der alles Eßbare in ihrem Umkreis ergreift, auch die höfische Etikette der Mahlzeiten. Nicht als Fastende, sondern als Künstlerin sorgt Elisabeth für die Verfeinerung der festlichen Tafelfreuden. Mag sie sich auch der Speise enthalten, als Dekorateurin wird sie wieder in den Dienst der Repräsentation gestellt.

Das Haar

Die ersten Stunden des Tages gehören indessen dem Haar. Seiner Wartung dient ein weiteres Zeremoniell. Seine Strählung, seine Flechtung, seine Waschung, seine Trocknung erfordern eine tägliche zeremoniöse Anstrengung. Sorgfältig pflegt sie jenes natürliche Attribut, das über seine große Schönheit hinaus auch symbolische Qualitäten aufweist: das Haar der Kaiserin ist berühmt nicht nur wegen seiner kastanienbraunen Fülle und seiner Länge, es ersetzt ihr auch die Krone. – „Ihre Majestät trägt das Haar wie eine Krone statt der Krone"[48], sagt Christomanos stellvertretend für alle, die in ihrer Frisur die wahre Insignie verehren. Demgemäß ruft die Stunde des Kamms alte Krönungsriten ins Gedächtnis, jeder Tag beginnt mit einer neuen Krönung, in der die beauftragte Priesterin, die Friseuse Feifalik, das kaiserliche Haar zum Diadem formt.

Die „Haarkrone" ist das Erkennungszeichen einer Repräsentantin, die das traditionelle, rechtschaffende Zeichen monarchischer Macht mit einem Emblem natürlicher Schönheit vertauscht hat. – „Gott hatte es (das Haar – Anm. d. V.) ihr wie ein natürliches Diadem auf die Stirne gelegt, und sie trug es erhobenen Hauptes, wie ein seltenes stolzes Tier, das sich seiner Schönheit freut."[49] Die aus Flechten gebaute Haarkrone begeistert den Betrachter um vieles mehr als die für die Ewigkeit geschmiedete Kaiserkrone, die, in der Schatzkammer verschlossen, in keinem Krönungsritus ihre Würdigung erfuhr. So bringt die Begeisterung, welche die „natürliche Krone" der Kaiserin erweckt, den Bedeutungsverlust der überlieferten Insignien deutlich zum Ausdruck. Die alten Zeichen der Herrscherwürde verlieren zusehends an Aussagekraft und Interesse. Sie weichen solchen, die weniger auratisch, dafür aber dekorativer sind.[50] Dementsprechend inspiriert sich der herrscherliche Ornat des 19. Jahrhunderts weniger an der traditionellen Heraldik der monarchischen Zeichen als an den verspielteren Zeichen des Theaters. Theaterkronen, Theaterroben werden getragen, deren Wirkung nicht auf ehrwürdigem Alter beruht, sondern auf dem ephemeren Glanz der Bühnenmode. Nicht von ungefähr ließ Franz I. seinen Krönungsmantel in den Kostümwerkstätten des Burgtheaters entwerfen, und nicht zufällig ließ er sich eine leichte Replik der habsburgischen Haus- und Kaiserkrone anfertigen, ein sogenanntes „suppositorisches" Diadem, wie es auch im Kostümfundus der Hofbühnen zu finden sein könnte. Nicht von ungefähr zudem, daß Elisabeths Friseuse Feifalik vom Burgtheater übernommen ist und die Kaiserin für eine imaginäre Bühne frisiert. Dennoch vollzieht sich die tägliche Krönung im kaiserlichen Frisiersalon hinter dem Vorhang. Wie immer ist die Öffentlichkeit von den spektakulären Gewohnheiten der Kaiserin ausgeschlossen. Nur ihr einsamer Betrachter Constantin Christomanos ist zugegen und legt denn auch den eindrucksvollsten Zeremonialakt dieser Stunde vor. In seiner Schilderung vereinigen sich Künste, Mythen und Riten, um das Krönungszeremoniell bedeutsam zu vertiefen:

Die Kaiserin saß an einem Tisch, der in die Mitte des Raums gerückt und mit einem weißen Tuch bedeckt war, in einen weißen, mit Spitzen besetzten Frisiermantel gehüllt, mit aufgelösten Haaren, die bis zum Boden reichten und ihre Gestalt vollkommen einwickelten. Nur ein schmaler Teil ihres Gesichtes blickte daraus hervor wie bei jenen verhüllten Madonnen mit den mandelförmigen Antlitzen ... Haare sah ich wie Wellen, den Boden erreichend und sich auf ihn niederlegend und weiterhin fließend: vom Haupt, dessen zarte anmutige Form und reine vollendete Linie sie ungetrübt offenbarten ... Hinter dem Sessel der Kaiserin stand die Friseuse in schwarzem Kleide mit langer Schleppe, eine weiße spinnewebene Schürze sich vorgebunden, als Dienende selbst von imposanter Erscheinung, Spuren verblühter Schönheit auf dem Gesicht und Augen voll finsterer Ränke – an eine bekannte vertriebene Königin zweiter Güte im Osten erinnernd. Mit weißen Händen wühlte sie in den Wellen der Haare, hob sie dann in die Höhe und tastete darüber wie über Samt und Seide, wickelte sie um Arme wie Bäche, die sie auffangen möchte, weil sie nicht rinnen wollen, sondern fortfliegen . . . Dann wob sie aus allen diesen Strahlen, die aus erloschenem Gold zu Blitzen dunklen Granatrots aufflammten, neue ruhige Wellen zu kunstvollen Geflechten, die in zwei schwere Zauberschlangen sich wandelten, hob die Schlangen empor und ringelte sie um das Haupt und band daraus, mit Seidenfäden dieselben durchwirkend eine herrliche Krone. Dann ergriff sie einen anderen spitzig auslaufenden Kamm aus durchsichtigem Schildkrot mit Silber beschlagen und wellte den Polster von Haaren, der am Hinterhaupt die Krone zu tragen bestimmt war, in jene Linien zurück, welche dem atmenden Meer zu eigen. Dann zog sie die verwaist irrenden Strähnen über die Stirne hinab in die Nähe der Augen, so daß sie wie goldene Fransen vom Kranz der Krone herabhingen und die lichte Stirn wie ein Schleier verhüllten . . . Dann brachte sie auf einer silbernen Schüssel die toten Haare der Herrin zum Anblick, und die Blicke der Herrin und jene der Dienerin kreuzten sich für eine Sekunde – leisen Vorwurf bei der Herrin enthaltend, Schuld und Reue der Dienerin kündend. Dann wurde der weiße Mantel aus Spitzen von den fallenden Schultern gehoben, und die schwarze Kaiserin entstieg gleich einer göttlichen Statue der bergenden Hülle. Die Kaiserin neigte dann den Kopf – die Dienerin versank in den Boden leise flüsternd: ‚Zu Füßen Eurer Majestät ich mich lege' – und so ward die heilige Handlung vollendet.[51]

Dem Beobachter wird zunächst ein byzantinischer Anblick zuteil: Unbeweglich sitzt die Herrin auf dem in der Bildmitte befindlichen Thronsessel. Gemessen entwickeln die schwarze Robe der Friseuse und die weiße Robe der Frisierten einen strengen Gegensatz. Erst zuletzt, als alles getan ist, steigt die stets in Trauer gekleidete Elisabeth als „schwarze Göttin" aus dem Meeresschaum des Spitzenmantels. Der Akt des Frisierens endet mit der Geburt der antiken Venus Anadyomene. Eine Göttin der Schönheit taucht aus den Wellen empor, die nicht nur die Züge der Venus, sondern auch der Salome trägt. Wer dächte nicht am Schluß der heiligen Handlung, als die toten Haare der „Herrin" auf silberner Schüssel gereicht werden, an das Haupt des Jochanaan, jene Ikone dekadenter Kunst, die dem Leser durch die Werke Oscar Wildes, Aubrey Beardsleys, Gustave Flauberts, Stephane Mallarmés und Richard Strauss' vertraut war?

Die strengen zeremoniösen Verrichtungen sind jedoch von dämonischer Anarchie bedroht. Ritus und Chaos, strenges

Gebaren und formauflösende Orgie greifen ineinander, denn im Zentrum des Vorgangs tut sich eine ebenso schwelgerische wie unheimliche Landschaft auf: die des Haares selbst, dessen wogende Vielgestalt den ruhigen Verlauf der Krönung gefährdet. Große und beherrschte Kunstfertigkeit ist vonnöten, um die Abenteuer dieses mythischen Geländes zu

Andreas Wildhack: Postumes Portrait der Kaiserin. Aquarell. Um 1900

bestehen und das proteische Haar zu überlisten, das sich seiner Bändigung durch viele Metamorphosen entzieht. Meere und Ungeheuer sind dabei zu bekämpfen. Aber auch die berühmtesten Geschöpfe der Sünde winden sich auf dem Haupt der Kaiserin: die Zauberschlangen des Paradieses und die tödlichen Locken der Gorgo bringen die andere, die gefährliche Seite Elisabeths, die der Eva und der Medusa, zum Vorschein. So sind es die von „wirrer Wollust“ gekräuselten Haare der Femme fatale, mit der es die Friseuse aufnimmt. Diese zur keuschen Krone zu bändigen und ihnen die sublime höfische Form zu geben, ist ihr Amt.

Einige Jahre später kommt ein anderer Biograph, Jacques de la Faye, auf diese Schilderung des Frisierens in den „Tagebuchblättern“ zurück. Doch unterzieht er die Vorlage, deren Intimität ihm für eine Kaiserin nicht zu passen scheint, einer einschneidenden Redaktion:

Die Pflege dieses Haars, dessen Pracht historisch ist, legte Elisabeth täglich zwei Stunden der Unbeweglichkeit auf . . . Der junge korfiotische Student (Die Herkunft von Christomanos ist athenisch, nicht korfiotisch – Anm. d. V.) war geblendet von dieser unerwarteten Vision und hat uns eine packende Skizze davon geliefert. Man sieht die schöne Kaiserin inmitten eines mit Purpurdamast bespannten Gemaches sitzen; vor ihr, auf einem Tisch, steht ein silberumrahmter Spiegel, in welchem sich ihr Antlitz spiegelt, soviel man davon durch die Haare erblicken kann, die in dichten Massen düsteren Goldes bis auf den Teppich hinabfließen und sie wie einen Mantel umhüllen.[52]

Gestrichen ist die Beschreibung der anarchischen Welt des Haars, geblieben das unbewegte Bild. Das Spiel der Gesten, die mythischen Bilder, die fluktuierenden Farbenspiele, die das Szenario der Tagebuchblätter prägten, entfallen hier. Der spätere Text beschreibt nicht die Zeremonie der mythischen Bändigung, sondern die goldstarrende, byzantinische „Vision“ der Kaiserin: ein Herrscherbildnis nach altem Stil, das programmatisch an die ikonographische Tradition großer repräsentativer Königsdarstellungen anknüpft und jene offiziellen *Portraits d’apparat* ins Gedächtnis ruft, die den Regenten im Schmuck der Insignien vor dem mit einem purpurnen Baldachin überhöhten Thronsessel zeigen.

Diesen Eindruck zu erwecken, verändert de la Faye die Einrichtung des von Christomanos beschriebenen Frisiersalons für seine Zwecke. Indem er ihn mit Purpurdamast ausschlägt, zerstört er die exclusive Atmosphäre der Tagebuchblätter und beschwört den Prunk eines Krönungssaals. Die neue rote Tapisserie zitiert die Purpurdraperien, die den Herrscher auf dem Portrait d’apparat umgeben, der Tisch mit dem Silberspiegel ruft jenes Tabouret ins Gedächtnis, auf dem die Insignien des Reiches gewöhnlich ausgestellt werden. Anders als Christomanos betrachtet de la Faye das verborgene Bild der Frisierten wie ein Staatsporträt. Dem intimen Ritual des Kämmens verleiht er den repräsentativen, öffentlichen Charakter einer Krönung. Das Gegenzeremoniell des Frisierens versetzt er in den Thronsaal, um letztlich jene symbolische Ordnung zu stärken, deren Fängen die Kaiserin doch entkommen wollte.

Ihr kann sie schlechterdings nicht entrinnen. Auch die Ausbruchsbewegungen zeremonialisieren sich und verwalten Raum und Zeit wie das gehaßte Zeremoniell selbst – mehr noch, sie radikalisieren es insofern, als sie die zeremoniellen Bindungen des kaiserlichen Leibes erheblich verstärken. Dieser selbst und nicht das höfische Gefüge wird einer strengen und isolierenden Ordnung unterworfen. Damit werden jene vernachlässigten Regelungen wiederbelebt, die bis ins 18. Jahrhundert in Ansehung der Person und ihrer Physis und nicht in Ansehung des Hofes geschrieben wurden.

Auf dem Schauplatz des herrscherlichen Leibes wird jener Sadismus Wirklichkeit, den die Biographen der Kaiserin für das Triebwerk und den Zweck der offiziellen Etikette hielten. Die Martern, die den bösen Schwiegermüttern und Hofschranzen angelastet werden, fügt Elisabeth sich selber zu. Die zermonialkritischen Metaphern der Biographen – das Einschnüren, die Feuerzangen, das Marterbett –, inspiriert die Torturen des Gegenzeremoniells. Physische Gewalt wird nicht von Obersthofmeistern, sondern von der Kaiserin selbst und gegen sich selbst geübt. Strenge und selbstgesetzte Tagesordnungen weisen jener einen dornigen Pfad, die sich „nicht mehr in legitimer Weise in die Ordnung des (höfischen) Alltagsprogrammes eingebunden fühlt, das (ihr) durch eine bestimmte Gemeinschaft vorgegeben ist.“

Auf der Basis von neu erfundenen und auf einer neuen Legitimität gegründeten Zwängen widersetzt sie sich durch Selbstverletzung.[53]

Schönheit

Nymphe und Elfe: das bräutliche Kind

Die erstaunliche Entscheidung des jungen Kaisers, im Ischler Frühling von 1823 die Hand seiner älteren Kusine, Helene, zu übersehen und die der jüngeren, Elisabeth, zu erbitten, ruft schon bald den dichterischen Volksgeist auf den Plan. Die erste Begegnung des zukünftigen Paars muß in romantischen Farben ausgemalt, die schnelle Wahl begründet und damit unter jenen Stern gestellt werden, der über der Kaiserin nicht erlöschen wird: ihre Schönheit. Sorgfältig setzen Chronisten und Biographen den Moment ihres Erscheinens in Szene. Als der Blick des hohen Bräutigams zum erstenmal auf der künftigen Gemahlin ruht, hält die Erzählung inne und singt das Lob einer Gestalt, deren Reize nun schon nicht mehr selig in ihr selbst, sondern für ihn, den Kaiser scheinen. Mit den Augen des Freiers betrachtet Franz Joseph – betrachtet nun auch der Leser – das bräutliche Kind. Schönheit prädestiniert es zur Kaiserin. Von Anfang an – und mehr als anderen Eigenschaften – wird dieser eine Begründungskraft zugemessen, die der kaiserlichen Wahl den nötigen Nachdruck verleiht.

Schönheit ist das übergreifende Leitmotiv der Existenz Elisabeths. Wer die Wirkungen dieses strahlenden Attributes betrachten möchte, wird nicht allein die Regelmäßigkeit ihrer Gestalt beschreiben, sondern auch das in Schönheit verbrachte Leben. Er muß jene biographischen Elemente miteinbeziehen, die vom Glanz ihrer Erscheinung hervorgehoben werden, denn der Liebreiz Elisabeths ist nicht eine abgesonderte Eigenschaft unter anderen, er ist ein Amalgam, das auch die auseinanderliegenden, sogar die widersprüchlichen Lebensmomente zur Einheit verschmilzt. Die Zeremonien, Exzentrizitäten und Gewohnheiten der Kaiserin bringen immer neue ästhetische Nuancen zum Vorschein, so daß die Rede über die Schönheit nicht nur ein eigenes obstinates Thema einführt, sondern auch die anderen Themen umfaßt, die bereits beschrieben wurden.

Schon die Possenhofener Kindheit, die vom Leben in freier Natur erzählt, ist als Schönheitsgeschichte der Heranwachsenden zu lesen. In den Schilderungen dieser frühen Phase sprechen die Biographen allerdings noch nicht von jenen überwältigenden Zügen, die Elisabeth später den Ruhm der „Schönsten ihrer Zeit" eintragen werden. Sie sprechen von mädchenhafter Anmut, denn Schönheit *vor* der Hochzeit darf allenfalls jugendlicher Liebreiz sein und tunlichst keine Spuren wissender Reife vorzeigen. – Die „lieblich ungebundene"[1] Erscheinung der Fünfzehnjährigen vermag überzeugender als höfische Gewandtheit den Beweis der Keuschheit zu erbringen, der den der Schönheit ergänzen muß. Im Freien, nicht im Zeremoniensaal, erblickt der Kaiser das „reine, unschuldige Kind"[2] und liest die Zeichen der Jungfräulichkeit aus dem Liebreiz einer „noch unentwickelten Gestalt".[3] Sein Liebesglück beginnt im Dschinnistan wohlgeborener Elfen.

Im dichten Schatten der parkähnlichen Wälder (trifft er – Anm. d. V.) ein Kind, gekleidet in ein kurzes weißes Gewand, mit einer wundervollen Masse welligen, seidigen kastanienbraunen Haars, das um seine schlanke mädchenhafte Gestalt fiel bis hinab zu den winzigen Füßen. Es ließ sich von zwei Jagdhunden umspringen.[4]

Die Fragilität, die Füßchen, das unbefleckte Gewand bilden den köstlichen Diminutiv des Weiblichen, dessen Zauber allein die Reinheit der Erwählten verbürgt und den Mann in seiner Wahl bekräftigt. Verkleinert, entrückt und allem weltlichen Treiben fremd, weht sie heran, dem Prinzen in die Arme. Auf dem Spielplan steht ein „imperiales Idyll".[5]

Unter diesen Umständen vermeiden die Biographen jede Individualisierung ihres Gegenstandes. Konkrete Beschreibungen der bräutlichen Physiognomie finden sich in ihren Texten nicht, und das schon deshalb nicht, weil jungfräuliche Schönheit von jeher nur wenige, doch paradiesische Signale zu setzen hat. Stets hat sie jener abstrakten Idealität zu genügen, die das Weib vor der Erbsünde schmückte.[6] Zur Darstellung der bräutlichen Elisabeth ist das Repertoire nichtssagender, doch klassischer Formeln aufgerufen, das Schönheit allein als Ensemble zeitgenössischer Konventionen zu beschreiben erlaubt. Der ferne Betrachter kaiserlichen Magdtums führt stets nur jene stereotypen Vorzüge ins Feld, die den moralisch-gesellschaftlichen Normen der Epoche den Schein des Sinnlichen leihen[7]: lange Haare, rosige Wangen, reizende Scheu und zarter Körperbau. Allein das Klischee kann weibliche Tugend verbürgen und Schönheit und Unschuld unmißverständlich miteinander verknüpfen.

Sommernachtstraum. Bildpostkarte. Um 1900

Dabei mischen sich, wie so oft, griechische und christliche Ideale, wenn die Kaiserin die Bühne der Biographie betritt. Die jugendliche Elisabeth erscheint als eine jener hieratischen Figuren, die in den beiden antagonistischen Kunstwelten der Antike und des Christentums weibliche Vollkommenheit verkörpern. – „Sie war eine seltsame Mischung aus Engel und Göttin, griechische Nymphe und christliche Jungfrau in einem.“[8] So drängen, wenn der Kaiser freit, die abendländischen Bilder sowohl religiöser als auch mythologischer Keuschheit heran. Zwei konventionelle Formideale vereinigen ihre Kräfte, um an der Kaiserbraut jene „untödliche Schönheit“ der Engel (J. Burckhardt) zu beschwören, die allein zur Ehe ermuntert. Griechisches und christliches Lineament verfließen ineinander, und die weißen Gewänder der Engel verhüllen die weißen Glieder der Nymphen.

Hier mögen noch die sentimentalischen Ideale nachwirken, denen sich die biedermeierliche Portraitmalerei unterworfen hatte, um reine Frauen- und Mädchenbilder zu garantieren. Weibliche Schönheit suchte sie mit Vorliebe „auf dem Antlitz schuldloser Menschenkinder“ auf: dem betörenden Schnittpunkt griechischer und christlicher Formideale, aus deren Linien sich jede Individualität verflüchtigt hatte. Unter dem Regime solcher Kunst stand auch Elisabeths Kindheit und Jugend. Die dieser Zeit entstammenden Portraits und Brautbilder erscheinen an jener vexierenden Stelle, an der „griechische Grazie“ in „christliche Grazie“, d. h. „liebliche Anmut“ in „holdselige Anmut“ umschlagen sollte – eine Dialektik, die in der einflußreichen Bildnistheorie des Münchner Hofmalers Franz Anton Nüßlein ausgearbeitet war und die die antike der frommen Schönheit gegenüberstellte. Deren Unterschiede sind nun ebenso gering wie bedeutsam. Zwar zeigen beide dem Betrachter „Unschuld und Scham“ als hervorstechende Eigenschaften der Dargestellten, doch verhält sich die Griechin zur Christin wie das Bewußtsein zur Naivität: Die „liebliche“ Vertreterin der antiken Welt weiß um ihre Schönheit und strebt bei aller Bescheidenheit zu gefallen. „Holdselig“ hingegen ist die ihrer Reize unkundige Christin, die hauptsächlich „himmlische Tätigkeiten“ betreibt.[9]

Die erste Begegnung der zukünftigen Eheleute hat nun die Schönheit der Braut offenbart und die zwingende Neigung des kaiserlichen Bräutigams durch jenen weiblichen Vorzug erklärt, der wie kein anderer Anspruch auf Bewunderung erheben darf. Damit ist der erste anthropologische Zweck der Schönheit, der Anreiz zur (ehelichen) Bindung und Fortpflanzung, erfüllt. Will sich Schönheit jedoch auch in der

Ehefrau Geltung verschaffen, bedarf sie einer neuen Armatur. Vorbei ist es mit der Grazie unerweckter Kindlichkeit, sei sie mit griechischem oder mit christlichem Firnis versiegelt. Die Erwachsene und Gereifte muß sich in eine neue Rhetorik der Reize einüben und so lange wie möglich jenen ästhetischen Schiffbruch vermeiden, der die Schöne in die würdige Matrone verwandelt. Folgerichtig wendet sich die Kaiserin, die ein raffiniertes kosmetisches Bewußtsein entwickelt, vom biedermeierlichen Liebreiz ihrer Jugend ab. Systematisch erarbeitet sie neue Formen der Schönheit, die über die Mädchenjahre hinausreichen und der Tyrannei der entstellenden Zeit den Kampf ansagen. Dabei verwirft Elisabeth nicht nur das blasse Frauenbild der Vergangenheit, sondern auch das üppige ihrer Gegenwart. Vom Geschmack ihrer Zeit entfernt sie sich auf so unvorstellbare Weise, daß sie das Wahrnehmungsvermögen der konventionellen Hagiographen überfordert. In deren Texten herrscht auch weiterhin Beschreibungsnotstand, denn die alten Schönheitsregister werden der neuartigen Vollkommenheit der kaiserlichen Erscheinung in keiner Weise gerecht.

Ihre Gestalt war hoch und außerordentlich schlank, ihre Hände und Füße klein und wohlgeformt. Ihre kindlichen Gesichtszüge waren regelmäßig und fein. Um ihre Lippen konnte ein herrliches Lächeln spielen, das sich in ihren glücklicheren Tagen gar oft und gern zeigte. Ihre Augen waren dunkelblau und voller Tiefe. Ihre Haut war wie Milch und Blut und brachte in dem Rahmen des dunklen Haares das, wenn sie es auflöste, wie ein dichtes langes Gewand über sie herabfiel, einen Eindruck großartiger Schönheit hervor.[10]

Wie schon in den Possenhofener Wäldern werden allein die „geregelten Allgemeinheiten" zeitgenössischer Schönheitskonventionen auf Elisabeth angewandt. Ein Inventar unverbundener Reize steht hier zur Auswahl. In einer Serie stereotyper Zuordnungen wird jene despotische Vollkommenheit beschworen, durch die allein das Klischee überzeugt. Wie sicher die Autoren auf seinem Boden ankern, ergibt sich besonders aus der stetigen Verdopplung der Schönheitsattribute: -„Hoch und schlank", „klein und wohlgeformt", „Hoheit und Seelengüte", „Feinheit und Regelmäßigkeit". In der Kombination kanonischer Vorzüge, Satz für Satz vollzogen, festigt sich das schöne Bild, das von dem revolutionären Schönheitsideal, das die Kaiserin für sich entwickelte, nichts ahnen läßt.

Schönheit als Insignie

Die konventionellen Biographen täuschen auch darüber hinweg, daß die Schönheit der Kaiserin *heraldische* Aussagekraft entwickelt. In noch weit stärkerem Ausmaß als der Haarkrone wird ihr als ganzer die Würde einer *Insignie* zuteil, die Reichsapfel, Szepter und Krone an Bedeutung überflügelt. Während diese ihr gespenstisches Wesen in der Schatzkammer der Hofburg treiben, werden der spektakulären Gestalt Elisabeths jene symbolischen Lasten aufgeladen, die die ehrwürdigen Rechtszeichen monarchischer Herrschaft nicht mehr zu tragen vermögen. Ein natürliches Herrschaftsemblem setzt sich an die Stelle der tradierten Insignien und versichert sich der Loyalität des betrachtenden Untertanen: Mehr noch als die erlauchte Gabe der Herkunft legitimiert Schönheit die Kaiserin.

Doch nicht erst Elisabeth, bereits die Geliebte des bayerischen Königs Ludwig I. Lola Montez, die auf ihren weiblichen Reizen eine zwar fragwürdige, doch kometengleiche Karriere aufbaute, erkannte die rhetorischen Qualitäten regelmäßiger Gesichtszüge:

Schön zu sein! Welche Macht und welches Glück . . . wie sich vor der Schönheit alles neigt, gleich wie man dem Genie *(Hervorhebung d. V.) eines großen Mannes huldigt. Die Menge durch eine Bewegung schöner Augen beherrschen, gleichwie ein überlegener Mann durch das Hinreißende seines Wortes und die Beredsamkeit seiner Geberden sie beherrscht . . . Die Schönheit ist ein Diadem, ein Merkmal des Königthums. Die Schönheit ist das Königthum vom wahren „Von Gottes Gnaden". Die Vorsehung schreibt es den Auserwählten, denen sie diese Macht verleiht, auf die Stirn; die reellste und prachtvollste Macht, wenn man sie nur ein wenig anzuwenden versteht. Ein vergängliches Königsthum vielleicht, aber sicherlich weniger vergänglich als die Throne der Monarchen. Denn sie läßt auf den Stirnen, die sie krönte, beinahe immer Spuren zurück.*"[11]

So scheint es, als vermöchte allein Schönheit noch jene magische Überredungskunst auszuüben, die der absolutistischen Repräsentation einst eignete. Ebenso wie das moderne Genie die Ehrfurcht für sich fordert, die zuvor nur der

Adelige beanspruchen durfte, bedroht das natürliche Privileg der Schönheit die alten aristokratischen Vorrechte. Ehrgeizig und siegesgewiß bekundet die durch ihre Reize geadelte Tänzerin einen exaltierten Machtwillen, der den des legitimen Herrschers, Ludwigs I., bei weitem übertrifft. In der wirkungsvollen Darbietung ihrer körperlichen Vorzüge meint sie die überlebten Formen herrscherlicher Repräsentation durch ein überzeugenderes Schauspiel ablösen zu können. Statt durch dynastische Spektakel soll die Menge „durch eine Bewegung schöner Augen beherrscht werden". Wieder einmal ist Lola Montez Charlotte Wolters ebenbürtige Partnerin. Die Aufsteigerin und die Schauspielerin feiern die gleichen Triumphe: Mit Gestalt, Schmuck und Gebärde setzen sie den schütteren monarchischen Systemen die glamouröse, wenn auch flüchtige Evidenz der Schönheit entgegen. Bei ihren Auftritten gelingt ihnen, was die legitimen Politiker des 19. Jahrhunderts mit ihren überlebten Ausdrucksformen nicht mehr zustande bringen: die „leuchtende Entfaltung im Raum" (Baudelaire), welche die wesentlichste Aufgabe des alten Hofzeremoniells darstellte.

In einem Jahrhundert, in der die Veraltungsgeschwindigkeit der Regimes und ihrer Ausdrucksformen ständig zunimmt und das überforderte historische Gedächtnis seine Aufzeichnungspflichten nur mehr mangelhaft versehen kann, ist Schönheit ein vergleichsweise stabiler Repräsentationswert. Von daher versteht sich auch die Bemerkung der Montez, in der Monarchie seien die Frauen die absoluten Könige. Gerade sie verfügen mit ihrer dekorativen Weiblichkeit über ein gefährliches politisches Kapital, mit dem sie um so lieber wuchern, als nicht mehr den rechtmäßigen Herrschern, sondern der Schönheit allein die „magische Erschaffung einer (ansonsten verlorenen) absoluten Ordnung"[12] gelingt.

Große Auftritte

Lola Montez aber, deren Schönheits- und Machtphantasien sich in „großen Szenen" entladen, betört das Publikum nicht nur aus unerreichbarer Ferne. Sie betreibt den Schönheitshandel auch im kleinen. Einerseits verführt sie die Herrenwelt durch den sogenannten Auftritt, durch das berauschende Zusammenspiel all ihrer Künste, andererseits gewährt sie Zugang auch zu den Einzelteilen ihrer Leiblichkeit. Nicht nur das Ganze ihrer Schönheit hat einen Preis, dem zu entsprechen sich die Abkömmlinge reicher und alter Häuser ruinieren, auch die „membra disiecta", die einzelnen

Elisabeth mit dem Hund „Shadow". Photographie von Ludwig Angerer. 1864

Gliedmaße der Tänzerin warten auf zahlende Kundschaft. Glaubt man dem Herausgeber ihrer Memoiren, läßt Lola Montez in Petersburg eine Preisliste aushängen, die statt Schönheit Schönheiten feilbietet. – „Ein gewöhnlicher Kuß auf den Mund" kostet 1000 Franken, der auf die Augen 500, auf andere Teile des Gesichts 300, der Handkuß 100 Franken, während für „andere Teile" eine geheime Preisbestimmung gilt.[13] So nutzt Lola Montez die Schönheit der Ferne und der Nähe, des Ganzen und des Teils, die käufliche und die geschenkte. Sie verdingt sich dem Eros des Entzugs und der Vulgarität. Ihre Wohlgestalt repräsentiert sich in den widersprüchlichsten Erscheinungsweisen und befriedigt den glühenden Verehrer ebenso wie den Käufer: ein disponibles Kalkül.

Doch auch Elisabeth, die so weit nicht gehen würde, hat kein schwermütiges Verhältnis zu den eigenen Vorzügen. Der Kult, den sie mit sich selbst treibt, bzw. mit sich treiben läßt, setzt einen durchaus pragmatischen Umgang mit der Schönheit voraus.

Auch sie beherrscht die raffinierte Dramaturgie des glanzvollen Auftritts, auch sie legt es auf Überwältigung des Publikums an und kalkuliert die Wirkung ihres Erscheinens. So etwa werden im Achilleion, dem griechischen Domizil der Kaiserin auf Korfu, die Besucher zunächst durch dunkle Gänge geführt, um sie durch das Kommende: den Anblick Elisabeths, desto sicherer zu blenden. Über eine finstere Treppe gelangen sie in die „in Licht gebadete Halle“:

In hoheitsvoller Haltung trat uns die Kaiserin entgegen. Sie hatte ein schwarzes Kleid an und ihre schlanke Gestalt schien im Lichte zu wachsen und zu schweben.[14]

Eine in Pose, Farbe, Ort und Beleuchtung abgestimmte Offenbarung erwartet den Zuschauer. Ein höheres Wesen steigt hernieder und rechtfertigt das der Kaiserin bis zum Überdruß zugewiesene Beiwort der *Lichtgestalt,* das das späte 19. Jahrhundert seinen Lieblingen so gerne anhängt. Denn die „hehren Gestalten“ dieser Epoche bedürfen der Lasur des Lichtes, des flutenden Glanzes, um sich als verklärte auszuweisen. Das Spiel der Lichter transponiert den irdischen Stoff des Körpers in schwereloses, fleckenloses himmlisches Gewebe, es läßt die Augen – „plein de lumière“ (Barrès) – wie Spiegel der Reinheit aufleuchten. Indem es Fleisch in Licht verwandelt, bringt es schon jetzt jene triviale Transsubstantiation zuwege, die dann dem Film und seinen Divas mit neuen technischen Mitteln gelingen wird.

Programmatisch erzielt Elisabeth Selbstverklärung durch Selbstausleuchtung. Klug wie ein Filmregisseur berechnet sie die Wirkungen des natürlichen wie des künstlichen Lichtes sowohl für sich selbst als auch für die griechischen Statuen, die neben ihr das Achilleion schmücken. Während die

Sonne die Skulptur des kaiserlichen Körpers herausarbeitet, heben elektrische Scheinwerfer die schönen Glieder der umstehenden Marmorbilder hervor: Hat der Besucher die Gastgeberin im Blendlicht des Peristyls bewundert, betritt er nun „fast zögernd“ die strahlende Helle der Halle, „wo jetzt alles was Pinsel und Meißel in Bild und Marmor hierhergezau-

Peristyl des „Achilleion“ in Korfu. Photographie. Um 1890

bert, sich im Lichtmeere zu beleben schien.“[15] Licht modelliert die Kaiserin zur Statue und setzt die wirklichen Statuen in scheinbare Bewegung. Hier darf man getrost dramaturgische Kenntnisse voraussetzen, die, über die szenischen Möglichkeiten des Burgtheaters weit hinausgehend, den Auftritt späterer Filmstars auf der Leinwand vorwegnehmen.

Die Schönheitsgalerie

Wer hier jedoch der Macht der „Erscheinung“ rettungslos erläge, würde jene systematischen und empirischen Forschungstätigkeiten übersehen, denen sich Elisabeth in Hinsicht auf ihr Aussehen widmet. Voller Neugier und Wachsamkeit betreibt sie vergleichende Studien hinsichtlich weiblicher Schönheit. Ausdauernd und ohne Konkurrenzgefühle setzt sie sich über die körperlichen Vorzüge anderer Frauen in Kenntnis. Dabei arbeitet sie „in vivo" und „in vitro". Die Formen des Schönen untersucht sie sowohl in „Feldstudien" unterwegs im Freien als auch zu Hause, als Sammlerin von Portraitphotographien. Einerseits schätzt sie die persönliche Begegnung mit der Schönheit: Gern knüpft sie ein Gespräch mit den ihr wohlgefälligen Wesen an, die ihr begegnen. Andererseits betrachtet und ordnet sie die eigene photographische Schönheitsgalerie – jene private Bilderkollektion, an der sich Elisabeths eigene kosmetischen Anstrengungen orientieren.

Ihr Zustandekommen verdankt sich jedoch weniger der eigenen, tätigen Sammelleidenschaft, als den Beiträgen der österreichischen Botschafter in London, Paris, Petersburg und Konstantinopel. Im Auftrag des Obersthofmeisteramtes übersenden diese die Photographien ausgezeichneter Schönheiten des jeweiligen Landes an Elisabeth. So treten türkische, englische, französische und russische Portraits neben die photographischen Beispiele aus der unmittelbaren und verwandtschaftlichen Umgebung der Kaiserin und ergänzen sie durch nationale, atmosphärische und mondäne Couleurs.

Im Ganzen gesehen präsentiert die Sammlung eine verwirrende Fülle möglicher, mehr oder weniger überzeugender „Frauenbilder", deren Auswahl nicht immer klassischen, auch nicht immer standesgemäßen Maßen entspricht. Aus Paris treffen ausnahmslos freizügig posierende Zirkusprinzessinnen ein, aus London die eleganten Damen der Saison. Spärlich fällt der türkische Beitrag aus, da sich die einheimischen Schönheiten, die sich nicht nur durch Liebreiz, sondern auch durch Schamhaftigkeit auszeichnen, dem westlichen und vor allem dem photographischen Auge verweigern.

Ein Versuch, diese nicht immer betörende Vielfalt der Bilder zu gliedern, mag nun besonders an den angedeuteten Antagonismus zwischen französischen und englischen Portraitschemata anknüpfen, dessen widerstrebende Kräfte sich auch an Elisabeth auswirken: – jener zwischen Artistik und eleganter Repräsentation bzw. zwischen Krinoline und trikotbestrumpftem Bein.

Die Londoner Kollektion umgibt ihre Modelle mit den

historistischen Interieurs der Epoche. Abgestimmte Requisiten und Attituden bringen die schönen Engländerinnen auf eine ästhetische Formel, die weniger dem modernen Bereich der Photographie als dem der Portraitmalerei zuzuordnen ist. Anmutig stützen sich die Dargestellten auf ein reiches Sims, während ein schräggestellter Spiegel den verborgenen Hinterkopf zu sehen ermöglicht. Dabei verbinden sich Eleganz und Andacht zu einer kühnen Mischung: die hervorragenden Damen der Saison zeigen sich in demütiger Haltung. Wie fromme Stifterfiguren scheinen sie eines präraffaelitischen Mittelalters zu gedenken. Die modische Ausstattung des Szenarios und die introvertierte Geste der Kontemplation widersprechen einander nicht, sondern entwikkeln eine raffinierte Wechselwirkung. Die bergende Glocke der Krinoline, die die untere Hälfte der weiblichen Gestalt festlich hervorhebt, gehört nicht nur der Welt der Mode an. Sie propagiert auch die traditionellen Vorzüge weiblichen Seins: Ruhe und Selbstversunkenheit, und kommt jenen Posen zugute, die sich selbst zurückzunehmen scheinen, jenen gesenkten Blicken, die ihre Koketterie nur selten verraten und dennoch die ganze Grandezza der Repräsentation vor dem Betrachter ausbreiten. Bei alledem erregt das *Gesicht* kaum flüchtige Aufmerksamkeit. Den mächtigen Röcken, den gerafften Stoffen entschwebt es als ein heller und selten deutlicher Fleck,- nicht mehr als ein schwacher Mittelpunkt, um den herum sich die anderen und gleichwertigen Reize – die Haltung, das Kleid, das Licht, das Requisit und das Mobiliar – versammeln.

Die schönen englischen Damen ähneln gemalten Königinnen. Im Grunde sind sie in die gebieterischen Bildformeln gefaßt, die einst den Betrachter eines Herrscherbildnisses in ihren Bann zwangen. Sie reklamieren die prächtigen Stoffe, die purpurne Aureole des Baldachins, die illusionäre Architektur und die elegante Körperhaltung jenes Portraittypus, der seit Hyacinthe Rigaud, dem Maler des Sonnenkönigs, bei der Darstellung absolutistischer Herrscher verbindlich ist: des *Portrait d'apparat.*

Greift damit die Londoner Galerie auf die traditionellen Gesten der Repräsentation zurück, definiert sie, was schön sei, auf würdige Weise, steht die Pariser Sammlung für den entgegengesetzten Schönheitsbegriff ein: Die sogenannte Halbwelt tritt zu den Bildern der sogenannten „großen Welt" hinzu. Hier mag man einwenden, daß die Gemahlin des Pariser Botschafters Metternich, Pauline, den Auftrag der von ihr wenig geschätzten Elisabeth in böser Absicht mißverstehen konnte und ihr statt seriöser Portraitphotogra-

Englische Lady (Miss A. Millaut) aus dem Schönheitsalbum der Kaiserin. Photographie. Um 1862

phien die Sterne der Demi-monde zukommen ließ. Doch hat Brigitte Hamann mit Recht darauf hingewiesen, daß die Kaiserin gerade an ihnen Gefallen fand und zwar deshalb, „weil sie wohltuend von der Norm der gutgekleideten Aristokraten in edler Haltung abwichen".[16]

Die Tänzerinnen, Akrobatinnen und Hosenschönheiten der französischen Metropole gestatten nun die bewundernde

Kenntnisnahme einer Zone, deren bloße Möglichkeit von der Krinoline geleugnet wurde: das Bein. Gewandt entblößen sie jene Formen, deren freizügige Darbietung sonst nur den griechischen Statuen geziemt. Dabei kommen sie – wie immer in den billigeren Ateliers – mit weit weniger Staffage aus als die Damen der besseren Gesellschaft. Geländer, Säu-

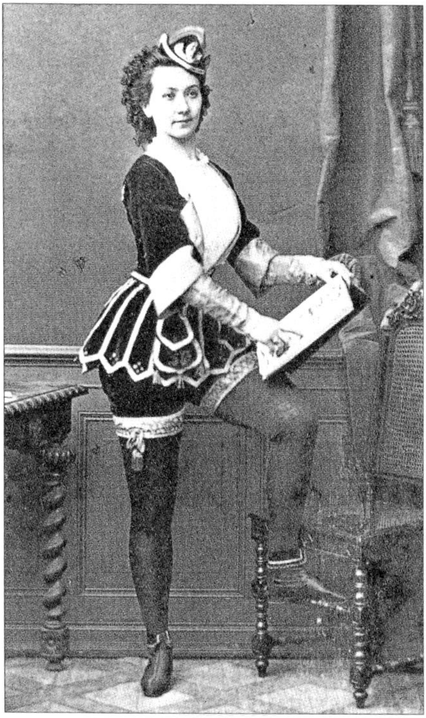

Französische Aktrice (Maria Taglioni) aus dem Schönheitsalbum der Kaiserin. Photographie. Um 1862

len und Konsolen dienen allein als Stütze und halten die im Gleichgewicht, die mehr mit den Beinen als mit den Armen posieren. Doch ist es gewiß nicht der Reiz der *Frivolität*, der Elisabeth an den Darstellungen gebeugter Knie, gestreckter oder verschränkter Waden faszinierte, sondern der Reiz der *Athletik*. Die Kaiserin sieht Sportwelt statt Halbwelt. Nicht daß hier das sonst verborgene Geheimnis des Rockes enthüllt wurde, mag sie bei ihren Schönheitsstudien gefesselt haben, sondern die Möglichkeit der Bewegung und der Übung dort, wo sonst nur die schwer bewegliche Schlachtreihe der Krinoline kriegerische Stellung bezog.

Die Pariser Photographien bestätigen die Kaiserin in ihrer Auffassung, daß Schönheit das Resultat harten Trainings sei. Ebenso wie die Ringe, Barren und Stangen, die sie in den kaiserlichen Turnzimmern zur eigenen Ertüchtigung montieren läßt, belegen sie das elementare *sportive Interesse*, das Elisabeth der Schönheit entgegenbringt. Sie sind ihr Dokumente der Körperbeherrschung, nicht Einlagen einer Herrenbrieftasche. So wird gerade mit der Pariser Galerie die sportive und gewiß nicht erotische Grundlage der kaiserlichen Schönheit gelegt und jenen Sehnsüchten der Kampf angesagt, die Schönheit allein um das gepolsterte Nest des Schoßes[17] konstruieren. Tägliche Gymnastik, Voltigierübungen unter der Leitung der Zirkusreiterin Elise Renz, Reitsport und Wanderleidenschaft sollen das alte statische Schönheitsideal korrigieren, das im bloßen Stehen und Sitzen der Damen sein Auskommen findet. Elisabeths Wohlgestalt indessen ist eine Frucht der Arbeit.

Der Gegensatz zwischen akrobatischer und repräsentativer Eleganz ist somit ein wesentliches Spannungsmoment der kaiserlichen Schönheitsgalerie. Er beschränkt sich indessen nicht allein auf die Sammlung von Photographien, sondern greift auch auf die Erscheinungsweise der Kaiserin über. Constantin Christomanos bringt die ikonographische Spannung von Repräsentation und Athletik an Elisabeth selbst zum Vorschein. In seiner Beschreibung beginnt das portrait d'apparat zu turnen. Die statischen Formeln der Herrscherschau mobilisieren sich:

An der offenen Thüre zwischen Salon und ihrem (dem Salon der Kaiserin – Anm. d. V.) waren Seile, Turn- und Hängeapparate angebracht. Ich traf sie gerade, wie sie sich an den Handringen erhob. Sie trug ein schwarzes Seidenkleid mit langer Schleppe und von herrlichen schwarzen Straußenfedern umsäumt. Ich hatte sie noch nie so pompös gesehen. Auf den Stricken hängend, machte sie einen phantastischen Eindruck, wie ein Wesen zwischen Schlange und Vogel. Um sich niederzulassen, mußte sie über ein niedrig gespanntes Seil hinwegspringen.[18]

Die Totenmaske: Femme fatale und Lichtgestalt

Elisabeths Bild indessen, das sich ins Gedächtnis der schreibenden Nachwelt, besonders des Fin de siècle, einsenkt, läßt von kaiserlichen Reckstangen nichts mehr erahnen. Die Spuren harten körperlichen Trainings haben sich daraus verloren, als hätten sie sich nie gebildet. Auf ihr Antlitz fällt kein Schatten der Bewegung: Die kaiserliche Schönheit, die am Horizont der Jahrhundertwende sichtbar wird, ist die maskenhafte einer Toten.

Doch weicht das Leben nicht erst aus ihren Zügen zurück, als sie sich auf dem Genfer Totenbett endgültig verklären. Nicht der Mord allein stellt das Spiel des veränderlichen Ausdrucks still. Schon als sie zur Mater dolorosa wird, nach dem Tod des Sohnes im Jahr 1889, erscheint sie als lebende Tote und tote Lebende. Oftmals wiederholen die Biographen jene Worte, mit denen sich Elisabeth selbst den Abgeschiedenen zurechnet:

Wer keinen Wunsch hat zu leben, ist in Wirklichkeit nicht mehr am Leben. In jedem Leben kommt der Moment, wo man innerlich stirbt, und es ist nicht notwendig so, daß das beim Tode des Körpers passiert.[19]

In der Folge werden der Kaiserin gleich zwei imaginäre Totenmasken angemessen: die der versteinerten Mutter und die der Ermordeten. In der einen kündigt sich die andere an, und bei der Beschwörung sowohl der Lebenden als auch der Toten scheint stets die eine durch die andere durch. In den Bildern des Todes und der Trauer erhält Elisabeths Schönheit ihre endgültige, ihre verbindliche Form. Erst die finale Unbeweglichkeit der Maske reißt den Betrachter zur Hymne hin, denn mit der Totenruhe ist das Irdische in seiner Unverläßlichkeit getilgt, das mehrdeutige Mienenspiel der Lebenden eindeutig geworden und das Antlitz in jene feste und verläßliche Form gegossen, die dem Weibe nur im Tode eigen ist. Erst der Tod erfüllt das Verlangen „nach der Transparenz des Zeichens, in der es keine Ungleichheiten, keine Trübheit, keine Beweglichkeit gibt“.[20]

Nichts kann den Liebreiz des Ausdrucks, der sich auf den Marmorzügen der toten Kaiserin ausbreitete, beschreiben: ein so absoluter, stiller Friede, eine solche Ruhe sind nur den Engeln zu eigen. Obwohl während des Momentes, der ihrem Tod voranging, eine Art erschüt-

ternder Leidensblick über ihr Gesicht geglitten war, glättete sich hinterher die Braue, trennten sich ihre Lippen zu einem himmlischen Lächeln, das die Perlenzähne zeigte, und der einzige Schatten, der sich auf ihrem Antlitz bemerkbar machte, war der, den ihr dichter dunkler Wimpernkranz auf ihre samtenen Wangen warf.[21]

Auch hier darf die gelöste Weichheit nicht darüber hinwegtäuschen, daß das Gesicht um den Preis des Lebens seine endgültige Zeichnung erhält – Nichts wird mehr das Arrangement der Züge verrücken. Das entindividualisierte Gesicht der Kaiserin verwandelt sich in „eine beliebige, leere, endlose Projektionsfläche“[22], auf der die selbstberufenen Hagiographen die eigenen Erlösungs-, Todes-, und Kunstphantasien ausbreiten. Das „blendende Weiß des himmlischen Friedens“ ist die geduldige Leinwand für jene ebenso pastosen wie trivialen Exaltationen, über die die Dichter mit Schönheit und Tod kommunizieren.[23] Erst an der Leiche einer Frau können sich Wörter und Bilder ungehemmt fortzeugen, ohne daß ihren poetischen Fluten ein Widerstand erwachsen würde.

In diesem Sinne beschreibt nun Gabriele d’Annunzio, dessen Werk sämtliche Motive der dekadenten Literatur zusammenfaßt, den Moment des kaiserlichen Todes als den einer jähen Sinnstiftung. Wie ein photographischer Auslöser hält die Feile des Mörders Luccheni die endgültigen Züge fest. Im Schock des gewaltsamen Todes enthüllt sich eine Wahrheit, die die Lebende zwar in sich trug, die jedoch erst der Tod leuchtend hervortreten läßt:

Sie sei verherrlicht! Vielleicht wäre sie untergetaucht im Vergessen der Menschen, wenn ihr Bild nicht durch die Macht des Eisens heftig aus dem Schatten getreten wäre in purpurnem Glanze. Man muss verherrlichen die streng geschlossene Schönheit ihres Antlitzes mit den unbeweglichen Zügen unter der schweren Last der herbstlich gefärbten Flechten, ihre Blässe, die leuchtete unter dem Schatten des Blutes, welches das Rund der grossen Brauen bläulich färbte, des Schweigens dieses herben Mundes, und ihre Seele, welche in ihrer Mitte jenes Medusenhaupt trug, mit welchem Pallas ihren goldenen Schild bewehrte.[24]

Statt der flaumigen Weichheit ewiger Jugend, in deren Bild sich das oben beschriebene Totenantlitz entspannte, läßt d’Annunzio jenen mit Wundern und Gefahren beladenen Frauentypus durchscheinen, den das Fin de siècle in

Leonardo da Vincis „Mona Lisa“ verwirklicht sah. Über Elisabeth legt sich die Folie des berühmten Gemäldes, das zum weiblichen Emblem der Décadence avancierte. Immer wieder wird sie jener „Femme fatale“ verglichen, die wie kaum eine andere die masochistischen (Männer-)Phantasien der Jahrhundertwende hervorruft, der durchwegs männermor-

Gustave Moreau: Les victimes. Bleistiftzeichnung. Um 1870. Musée Gustave Moreau, Paris

dende Wirkungen angedichtet werden: Als Inbegriffe erbarmungsloser und unerreichbarer Schönheit verknechten Mona Lisa und ihre fatalen Schwestern den männlichen Betrachter für immer. Kraft ihrer Reize halten sie ihn in vernichtender Abhängigkeit und versprechen ihm nur den Tod für seine Dienste.

Wie Mona Lisa trägt nun auch die tote Kaiserin die heraldischen Male einer Weiblichkeit, die den zeitgenössischen Décadent in einen ebenso tödlichen wie lustvollen Maelstrom ziehen. Ihm erscheint Elisabeth als verheerender Archetyp, nicht als historische Figur. Der Index geschichtlicher Zeit wird an ihr gelöscht, der Name ebenso abgewaschen wie die Züge individueller Schönheit. Allein die zeitlose Maske einer „großen, versunkenen Welt“ (Hofmannsthal) fasziniert den Bewunderer:

An solche Mienen erinnern wir uns aus der Renaissance. Die Mona Lisa ist so, keiner Nation und keinem Alter zugehörend, sondern eine Gestalt, die immer unter den Menschen erscheinen und niemals ihre Art annehmen kann“,

heißt es bei Hermann Bahr über die Kaiserin.[25] Nicht nach der Biographie der Verstorbenen wird angesichts der Totenmaske gefragt, sondern nach einer „unendlichen Geschichte“, die weit über die Begrenzung eines Lebenslaufs hinaus die Erfahrungen aller Geschlechter in sich beschließt.[26] Statt den Spuren individuellen Schicksals auf ihrem Gesicht nachzugehen, projizieren die Betrachter archaische Phantasien auf die leere Fläche. Elisabeth stellt dabei eine Steigerung des Leonardoschen Vorbilds dar: Um sie soll noch größere Kälte und tieferes Schweigen herrschen als um Mona Lisa selbst. Bei d’Annunzio und bei Bahr fehlt ihr das berühmte Attribut des Lächelns. Allein vom „herben Mund“ der Kaiserin ist die Rede.[27]

Die masochistischen Phantasien, die Selbsterniedrigungen männlicher Anbeter vor der Mona Lisa gehen jedoch mit sadistischen Phantasien einher. Die Femme fatale und die „schöne Leiche“ sind komplementäre Figuren. Die Schöne muß um ihr Leben gebracht werden, damit die Arabeske des Rätsels gerinnt und die ekstatischen Agonien der Deuter anheben können.

Der Moment des Todes spielt jedoch nicht nur in den auf Elisabeth bezüglichen Texten der Décadence eine wichtige Rolle. Auch in den konventionelleren Nachrufen österreichischer Hagiographik bildet er einen zentralen Anhaltspunkt. Seine Bedeutung entfaltet sich besonders in der bereits beschriebenen Metapher der *Lichtgestalt,* die im postumen Zusammenhang in eine nachgerade astrale Schwingung gerät:

Als am 10. September 1898 die Schreckenskunde von Genf die Welt durchflog . . ., da trat aus der Flut auf uns einstürmender Erinnerungen das Bild der erlauchten Frau . . . in seiner stillen und eigenartigen Größe vor unsere erschütterte Seele. Nicht das Bild der letzten Lebensjahre, aus welchem die Majestät des Schmerzes ehrfurchtgebietend sprach – das unvergeßliche Bild Ihrer sonnigen Vollkraft, die

Postkarte zum 50-jährigen Thronjubiläum von Kaiser Franz Joseph. 1898

Lichtgestalt, die einst mild und klar unseren Tag erhellt hat. In der Stunde, da wir sie für immer verloren, zwangen der holde Rhythmus Ihrer hoheitsvollen und doch so rührend schlichten Gestalt, die edle Plastik Ihres königlichen Hauptes, die Allgewalt ihrer Mut, Geist und Güte strahlenden Augen uns noch einmal in Ihren Bann. Und huldigend beugten wir uns wieder vor dieser Würde, vor dieser Höhe, vor dieser Alles bezwingenden Anmut und Schönheit.[28]

Das im Tode verklärte Gesicht und nicht „das Bild der letzten Lebensjahre“[29] soll in das Gedächtnis der Untertanen eingehen. Wer fühlte sich angesichts der postumen Lichtgestalt nicht an die Tricksequenzen späterer Stummfilme erinnert, die aus ihren schlafenden oder sterbenden Akteuren eine transparente Traumgestalt destillieren und die liegende Gestalt auf geheimnisvolle und manchmal humoristische Weise verdoppeln. Die Sehnsuchtsbilder der Hagiographen nehmen jene Auferstehungen vorweg, die der Film technisch ermöglichen wird: Aus der Leiche erhebt sich der Astralleib der Kaiserin und wandelt auf einem Zelluloidstreifen davon. Programmatisch sind auch hier die Spuren der Zeit und der Vergänglichkeit aus dem Bild Elisabeths gelöscht, denn diese allein vermögen das Ideal, jene feierliche Steigerungsform irdischer Vollkommenheit, jenen Triumph über Verfall und Verwesung, in Zweifel zu ziehen.

Die Wunde

Wenn bisher von den imaginären Totenmasken der Kaiserin die Rede war, so sollen die wirklichen darüber nicht vergessen werden, die in zweifacher Ausfertigung überliefert sind: einmal der wohl authentische Abdruck der faltigen und eingefallenen Gesichtszüge Elisabeths, deren fortgeschrittenes Alter nicht abzuleugnen ist, dann eine idealisierte und geglättete Totenmaske, die viel eher als Typus denn als Zeugnis aufzufassen ist. Daß erstere ohne Replik blieb und nur in einer photographischen Abbildung erhalten ist, ist leicht zu erklären. Sie konnte nur einer Erinnerung ohne Schönheit dienen. Daß dafür die andere, idealisierte Version der Totenmaske in mehreren Exemplaren kursierte, weist auf jene zentrale Verdrängung hin, der alle Zeichen des kaiserlichen Alterns verfielen.

Auch hier sollte Elisabeths Bild den zerstörenden Kräften der Zeit entzogen bleiben. Das Alter nämlich – und das ist die große Angst der Götzendiener – zerstört den Gegenstand der Anbetung von innen heraus und zersetzt ihn ohne den gewaltsamen Beistand äußerer Faktoren. Nach und nach entzieht es der schönen Oberfläche die Spannkraft. Aus sich selbst läßt es den Schein des Schönen verblassen wie alles, was der Zeit unterworfen ist.

Der Mord indessen unterbindet die allmähliche Verfallsgeschichte weiblicher Schönheit mit dramatischer Plötzlichkeit. Unvermutet bringt er das bewegliche Ensemble der Züge zum Stillstand und bewahrt das liebliche Bild, indem er es dem Zugriff der zersetzenden Zeit abrupt entzieht. Der Mord besiegt das Alter zugunsten einer tödlichen Poesie und setzt dessen Wirkungen außer Kraft. Die Schönheit der Kaiserin, statt zu verfallen, triumphiert im roten Stigma der Wunde, die ihr der Anarchist Luccheni zufügt. Jetzt erst tritt sie – so Gabriele d'Annunzio – heftig aus dem Schatten.

Doch läßt die schnell geführte Feile des Attentäters nicht nur die Schönheit kristallieren, sie ruft auch Sehnsüchte nach dem Anblick jenes blutigen Chaos wach, das sich hinter der vollkommenen weiblichen Form der Kaiserin verbergen soll. Patriotische Broschüren, die kurz nach der Ermordung Elisabeths erscheinen, bezeugen den dringenden Wunsch der Bürger, auch das Innere der schönen Schale, wenn möglich die quellenden Gedärme, kennenzulernen: Im September 1898, dem Todesmonat der Kaiserin, wird keine Gelegenheit ausgelassen, dem Leser die Umstände des Mordes bis ins einzelne zu kolportieren. Während man einerseits der „überirdischen" Schönheit der Kaiserin gedenkt, schwelgt man andererseits in der minutiösen Rekonstruktion der Wunde, so daß das Gedächtnis der vollkommenen Form mit den mörderischen Bildern der Auflösung konkurriert. Wie so oft bei der Beschreibung von Frauenbildern hält sich der Eros der Anbetung mit dem der Zerstörung die Waage. In den medizinischen Schilderungen der Todesursache, in den Beschreibungen des in die Brust eindringenden Stahls entladen sich jene bilderstürmerischen Tendenzen, die die „despotische Vollkommenheit" des schönen weiblichen Bildes stets hervorrufen wird. Folgende detaillierte Studie stellt einen nicht unbeachtlichen Versuch dar, ins Innere der Sphinx, der Mona Lisa vorzudringen und sich an der unberührbaren Ikone der Kaiserin zu rächen:

Das Instrument, mit welchem die That begangen wurde, war ein spitziges, dreieckig zugeschliffenes Eisen oder ein Stahlstück. Dasselbe ist bei der vierten Rippe in den Körper eingedrungen; diese Rippe war von der Wucht des Stosses zerbrochen. Die Wunde hatte einen Umfang von 2½ Millimetern. Das Instrument nahm den Weg an der vierten Rippe entlang, durchstach die Lunge und den Herzbeutel und drang ins Herz, die linke Herzkammer durchschneidend. Die Waffe durchquerte das Herz von oben nach unten und trat bei dem untheren Theile der linken Herzkammer wieder aus dem Herzen heraus. Der Verlauf der Wunde reicht bis über diese Herzkammer hinaus, deren untere Wand gleichfalls durchbohrt ist. Durch den Stich trat das Blut in den Herzbeutel ein, wohin es allmählich sikkerte; so lange der Herzbeutel nicht so stark mit Blut gefüllt ist, dass dadurch die Thätigkeit des Herzens behindert wird, kann die verwundete Person leben. In dieser Zeit ist die Kaiserin zu Fuss gegangen mit dem durchbohrten Herzen. Der Austritt des Blutes in den Herzbeutel wurde dann immer stärker, bis der Tod in Folge der die Thätigkeit des Herzens lähmenden Blutansammlung im Herzbeutel eintrat. Wenn die Waffe nicht aus der Wunde herausgenommen wor-

Die Mediceische Venus aus dem Wiener Josephinum. Wachspräparat von Felice Fontana und Pietro Mascagni. Vor 1785

den wäre, hätte die Kaiserin noch länger leben können, da durch die in der Wunde steckende Waffe der Blutaustritt verlangsamt wird . . .[30]

Was sich hier den Anschein protokollarischer Präzision gibt, ist der lustvolle Nachvollzug des Mordes mit sprachlichen Mitteln. Doch wiederholt sich nicht allein der tödliche Streich, es eröffnen sich auch die feuchten Grotten einer unterirdischen Landschaft. Schreibend umkreist der Chronist die lieblichen Punkte der anatomischen Topographie, wieder und wieder kostet er das heilige Grauen, das die Worte Herzbeutel, Herzkammer, Blut und Rippe umwebt. Wieder und wieder folgt der innere Blick dem Messer, das wie ein Cicerone durch die purpurnen Interieurs des kaiserlichen Leibes führt. Alles kommt dreimal und stets neu zur Sprache, und jeder Satz, der auf das lang verbotene Gelände führt, protokolliert und beschwört zugleich.

Andererseits wird das schöne Bild der Leiche durch diese voyeuristische Expedition ins Innere nicht zerstört. Zwar kosten die Protokollanten der Wunde die Lust der Übertretung, zwar streben sie, hinter die Fassade der Haut zu dringen, um auch vom Ungestalten und Verheerten zu wissen, das dahinter anzutreffen sei, doch kehren sie stets zu den makellosen schimmernden Flächen zurück. Dort den Ort der Wunde einzuzeichnen als den Eingang in eine Höhle, die nur um den Preis des Todes besichtigt werden kann, ist der Voyeure liebstes Spiel. Es ist die „proleptische Bewegung“ zwischen Form und Verwüstung, die sie an der ermordeten Elisabeth interessiert.[31] Gleichzeitig schildern sie sowohl die postume *synthetische* Schönheit der aufgebahrten Leiche als auch die sezierten Organe. Nicht von ungefähr schenken sie den Umständen der Obduktion besondere Aufmerksamkeit, – sei es, daß man von einer Photographie der Wunde munkelt, deren belichtete Platten sofort zerstört worden seien, sei es, daß die sezierenden Ärzte die harmonischen Formen der Ermordeten bewundern. In alledem vollzieht sich wieder und wieder und an vielen Orten gleichzeitig jene Dialektik von analytischem und synthetischem Blick, dem der weibliche Körper und seine Bilder gewaltsam unterworfen bleiben. Blitzartig schlägt Bewunderung in Gewalt, Gewalt in Bewunderung um. Im Nu verwandeln sich die Augen des geblendeten Betrachters in Seziermesser, die weder bei den Kleidern noch bei der Haut einhalten. Zunächst legen sie die nackte Wohlgestalt frei und dringen durch die Haut in ein Inneres vor, das sich – in Folge der Verletzung – nie als lebendiges, sondern nur als totes oder sterbendes präsentiert. Hier hausen die Blicke gern. Doch bleibt ihnen vorbehalten, nach ihrem Aufenthalt zum unversehrten Bild der Oberfläche wieder zurückzukehren. Vor dem inneren Auge schließen sich die Wunden, als wäre die Stätte des Herzens nie entweiht worden. Nachdem die Hofdame Irma Sztáray bei der Obduktion der Kaiserin zugegen war und „das Herz voll Liebe und Qual“ in der sezierenden Hand des Arztes sah, sieht sie um weniges später „den erhabenen Genius der Trauer“ hingestreckt vor sich. Nichts erinnert mehr an das verwüstete Interieur.

Ihre herrlich schlanke Gestalt schien noch gewachsen zu sein, ihre alabasterweiße Stirne war mit den aufgesteckten Zöpfen des reichen Haares wie mit einer dunkel schimmernden Krone geschmückt, in den gefalteten Händen lag ein kleines Kruzifix aus Perlmutter und ein Rosenkranz, und auf ihrer Brust ein großer Strauß weißer Orchideen, die das durchstoßene Herz der schneeweißen Frau beschatteten.[32]

Trauer

Das Jubiläumsrundbild

Anläßlich des fünfzigjährigen Kaiserjubiläums Franz Josephs feiert man den Herrscher mit einem jener triumphalen Rundgemälde, die in einem perspektivischen Effekt das Panorama einer bedeutenden Zeit oder einer bedeutenden Situation zur Anschauung bringen.[1] Die zum Kreis geschlossene Leinwand – sie wird in einem eigenen Kunstpavillon untergebracht – führt in „wohlerwogener Auswahl" alle jene Menschen auf, die im Gedächtnis der Zeit eine „tiefere Spur zurückgelassen"[2] haben: Menschen und Dinge, wechselnd in Trachten und Farbe, repräsentieren in gedrängter Fülle Politik, Kultur, Technik und Wissenschaft des franzisko-josephinischen Zeitalters. Jeder seiner Dekaden sind eigene Abschnitte gewidmet, die in fortschreitenden Jahrzehnten die Portraits der jeweils bedeutendsten Persönlichkeiten um ihren „lichten Mittelpunkt", den Kaiser selbst, versammeln. Als ein Triumphzug ist das Gemälde angelegt. Dennoch aber scheint es, als ob der mit dem Titel „Gegenwart" versehene Gemäldeabschnitt die frohe Schau mit einer melancholischen Reverenz beschlösse: Der Schriftsteller Hugo Wittmann zumindest, der 1898 das Rundbild für eine Kulturgeschichte des franzisko-josephinischen Zeitalters beschreibt, weist auf die düstere Trauergestalt dort, wo im übrigen eine ganze Epoche verherrlicht werden soll:

Dort aber, abseits vom glänzenden Gewimmel, steht eine schwarze Dame, steht, wenn auch noch von etwas Hofstaat umgeben, wie vereinsamt, wie abgeschieden da. Der Maler wollte nur die schmerzensreiche Mutter darstellen, er ahnte nicht, als er die schwarze Dame malte, dasz schon menschliche Niedertracht auf diese köstliche Beute lauerte. Unwillkürlich scheidet man mit Wehmut von dem großen Bilde.[3]

Die Kaiserin Elisabeth ist es hier, die die Freude in Trauer verkehrt und den Tod des Kronprinzen sowie den eigenen Tod inmitten der Festversammlung einklagt. Ein Blick auf das z. T. nur in orientierenden Skizzen überlieferte Jubiläumsbild wird Wittmanns Vision jedoch nur schwerlich beglaubigen können. Die für den Rundgang empfohlene Begleitbroschüre gibt keinen Hinweis darauf, daß die Kaiserin im Abseits des Gemäldes getrauert haben könnte. Vielmehr ist ihr und ihrem Gefolge ein weithin sichtbarer Ort angewiesen: „Auf dem Plateau sehen wir Ihre Majestät die Kaiserin und Königin mit ihrem Hofstaat und Erzherzoginnen."[4] Die erhöhte Mitte verwandelt sich erst dann in ein düsteres Abseits, als die Nachricht vom gewaltsamen Tod der Kaiserin, ihre Ermordung durch den Anarchisten Luccheni die Jubiläumseuphorie von 1898 unwiderruflich zerstört. Rückwirkend manipuliert die Todesbotschaft die Bildbeschreibung des Jubelpanoramas. Nun, vom Rande her, verschatten Trauer und Tod, zur unlöslichen Einheit verbunden, den Glanz des selbstgewissen Epochenbildes. Statt sich ins strahlende Ganze zu fügen, eröffnet Elisabeth als die abgeschiedene „schwarze Dame" eine neue Erzählperspektive. Die unter tragischen Umständen Verstorbene wird aus dem Schaubild ausgegliedert und in den Geltungsraum einer um vieles erregenderen Geschichte versetzt: Es ist die Geschichte nicht nur Elisabeths, sondern die der Königinnen des 19. Jahrhunderts.

Diese Geschichte erzählt nicht von den Sonnenseiten, sondern von den Schattenseiten der monarchischen Existenz. Sie deutet die Zeichen eklatanten Unglücks, sie beschreibt die Umstände des Scheiterns, des Falls, des Niedergangs und widmet sich klagend den Moden der kaiserlich-königlichen Trauer. Die ergreifenden Erzählungen illustrer königlicher Leiden formieren sich zu einem eigenen Legendencorpus und treiben mit immer denselben Worten immer dieselben Tränen hervor. Im Saal des Gedenkens stellen sie die von Qual und Trauer kündenden Standbilder solcher Herrscherinnen auf, denen die Geschichte des 19. Jahrhunderts bewegende Schicksale zumutet und an denen sie die einstmals sprichwörtliche Glückseligkeit der Königinnen widerruft.[5]

Große Beispiele fordern das Mitleid der betrachtenden Welt: Die französische Kaiserin Eugénie entsagt nach einem beispiellosen Aufstieg, nach einem Leben des Luxus und der Moden dem Thron, nachdem Frankreich im Krieg gegen Preußen 1871 unterlegen ist. Nicht nur, daß ihr in Hinkunft das englische Exil beschert ist, sie verliert auch den Sohn in einem afrikanischen Dschungelkrieg und damit die Hoffnung, daß je ein Bonaparte auf den bourbonischen Thron zurückkehren könnte. Marie von Neapel, die Schwester der Kaiserin Elisabeth, verteidigt als „Heldin von Gaeta" den neapolitanischen Thron gegen die Truppen der italienischen Einigungsbewegung mit soldatischer Verve und muß dennoch als Entmachtete ins Exil. Die als „Kaiserin Friedrich" bekannte Victoria von Preußen verliert nach neunzig Tagen der Herrschaft nach dem Tod ihres Ehemanns Friedrich I. ihre Stellung im Reich und muß ertragen, daß ihr Sohn Wilhelm II. die Politik des Vaters hintertreibt. Kaiserin Elisabeth von Österreich beklagt nicht nur zahlreiche Todesfälle im Hause Wittelsbach und Habsburg, sondern seit 1889 auch den tragischen Tod des Kronprinzen Rudolf.

Je näher die Jahrhundertwende rückt und eine Zeit zu Ende geht, die die festen Fügungen alteuropäischer Dynastien ins Wanken brachte, desto intensiver nimmt man sich der Wirkungen des Verfalls, der Wirkungen des Todes und der Wirkungen des Verlustes an, die die absteigenden Lebensläufe der Kaiserinnen als ein farbiges und stimmungsträchtiges Verfallssyndrom erscheinen lassen. Wenn es gilt, die politischen Umwälzungen des 19. Jahrhunderts im Spiegel der Königsbiographien zur Anschauung zu bringen, so erweist sich vornehmlich das gekrönte Weib als die absolute Königin der Imagination. Die „Grande Dame" in ihren „emouvantes infortunes" (Ernest Daudet) vermag die Einbildungskraft weit mehr und in ganz anderer Hinsicht zu erregen als der ihr angetraute Potentat, sei es Napoleon III., sei es Franz Joseph. Sie viel mehr als ihr Gemahl trägt die symbolische Last des monarchischen Unglücks. Ihr schuldloser Schmerz entfaltet sich zu bewegenden Bildern, er lädt zu wohliger Teilnahme ein, denn nicht Politik, sondern undurchsichtiges Schicksal zeichnet für ihn verantwortlich. Im tragischen „Frauen-und Mutterlos" der Königinnen spiegelt sich die dynastische Geschichte des 19. Jahrhunderts als ein zeitenthobenes Martyrium, vor dem die Ratio der historischen Analyse versagt. Nur in bezug auf die Frauen läßt sich vom Niedergang absolutistischer Regimes reden, ohne seine zeitgeschichtlichen und politischen Ursachen zu ergründen.

Ihre Leidensgeschichten, Martyrien und Entsagungen finden ein sentimentales Publikum.

Mit dem schmerzensreichen Bilde der Monarchinnen kehren auch die anachronistischen Formeln barocker Königsdramen zurück: Nicht nur als gramgebeugte Muttergestalten stehen sie vor dem geistigen Auge ihres Jahrhunderts, sondern auch als Verkörperung jenes „Sic transit gloria mundi“[6], das den gefallenen Herrschern des Barock hinterhergerufen wurde. Ohnmacht und Sturz der neoabsolutistischen Systeme des 19. Jahrhunderts erscheinen als moderne Vanitas-Motive, die auch den modernen Menschen die Eitelkeit der Welt, die Nichtigkeit irdischen Glanzes und die Unbeständigkeit des Glücks verkündigen.

Wettbewerb der Schmerzensmütter

Vor diesem Hintergrund machen die Herrscherinnen Europas vornehmlich als trauernde Märtyrinnen biographische Furore, jede für sich und alle miteinander, so daß sie auch im Metier des Klagens miteinander konkurrieren. Wenn die „schwarzen Damen“, die „statues eplorées de martyr“ (Daudet), in den edlen Wettstreit des Leidens und des Duldens treten, entfaltet sich die ganze raffinierte Etikette der Trauer. So spielt etwa Charles Faucon, der in seiner Abhandlung „Trois malheureuses impératrices de notre siècle“ die Kaiserin Eugénie, die Kaiserin Elisabeth und die Kaiserin Friedrich in einem Wiesbadener Kursalon versammelt, die drei königlichen Martyrien gegeneinander aus: Welche der drei Damen die vom Unglück am härtesten Geschlagene sei, bemüht er sich herauszufinden.

In diesem Wettbewerb des Leidens ist es Elisabeth, die das schlechteste Ergebnis erzielt. Zwar bringt Faucon ihren Seelenwunden Ehrfurcht entgegen, doch tadelt er ihre unbedingte Reserve gegenüber einer Öffentlichkeit, der ein Recht auf Teilnahme durchaus nicht abzusprechen sei. Daß Österreichs Kaiserin im reifen Alter den unversöhnlichen Ausdruck der Kälte und der Düsternis angenommen habe, daß sie sich dem Publikum entziehe, verscherze ihr mit Recht viele Sympathien.

Eugénie hingegen wird mit patriotischer Sorgfalt betrachtet. Gründlich forscht der Autor nach den Spuren, die ein „schreckliches Schicksal“ in ihre Züge einzeichnete, und entspricht damit in lächerlicher Weise jenem spöttischen Aperçu der Kaiserin, nach dem sie gewohnt sei, betrachtet zu werden wie der fünfte Akt einer griechischen Tragödie.[7] Doch sieht er den Forderungen der *Katharsis* durchaus Genüge getan. Ganz nach den Regeln der aristotelischen Poetik zeigt sich die entthronte Herrscherin in philosophischer Ruhe, mit gereinigten Leidenschaften und geläutertem Charakter. Von „Heldenmut“ spricht ihre Haltung und steht der Geprüften ebenso wohl an wie einst die harmonische Wellenbewegung der gerühmten Schultern. An die Stelle eitler Roben ist das Trauergewand, an die Stelle der Koketterie die Glorie entsagender Würde, Resignation und Gottvertrauen getreten.

Böse Ahnungen

Die Kaiserin Eugénie interessiert Faucon jedoch nicht allein als Inbegriff würdiger Trauer, sondern auch als Paradefall eines schwindelerregenden Auf- und Abstiegs. Denn sie scheitert nicht als Abkömmling eines einstmals mächtigen Adelsgeschlechtes, sondern als Emporkömmling. Die vormalige Gräfin Montijo, Tochter einer schottischen Weinhändlerstochter und eines spanischen Granden, übernimmt die kaiserliche Karriere nicht als eine ererbte Pflicht, sie begreift sie vielmehr als ein kühnes Wagnis. Den Thron erwirbt sie sich durch ihre Verführungskünste, durch ebenso illegitime wie riskante Strategien. Schönheit und Intrige sind ihre Spielsteine.

Eine solche allem Standesdenken zuwiderlaufende Karriere eröffnet sich jedoch nur dort, wo die genealogischen Argumente der Ahnentafel durch die des Spiels, des *Vabanque* ersetzt sind, wo nicht mehr Aufstieg und Fall des Herrschers, sondern Gewinn und Verlust des Spielers verzeichnet werden. Mittlerweile nämlich dreht sich das alte Rad des Herrscherglücks auf den Roulettetischen des 19. Jahrhunderts, und das Glück der monarchischen Macht eröffnet sich auch solchen, die statt eines bourbonischen Stammbaums leidenschaftlichen Ehrgeiz besitzen. – Ein Aufstieg auf eigene Gefahr indessen, denn: „Wer ohne ernstliches Bedenken einer Sache nachjagt, riskiert manchmal seine dringendsten Interessen, wenn nicht sein Leben".[8] Das Leben stellt den höchsten Einsatz des späten und unberechenbaren Kaiserspiels dar.

So kann sich auch die erfolgreiche Aufsteigerin Eugénie ihrer Sache niemals sicher sein. Ständig lebt sie in der Angst des Spielers, der nach höchsten Gewinnen höchsten Verlust befürchten muß, in der Angst des Glücksritters, der seine politischen Spielschulden zu begleichen hat. Abergläubisch fürchtet Eugénie die Guillotine, die Fusilierung oder auch nur das Exil, die ihre angemaßte Herrschaft bedrohen. Noch auf der Höhe ihrer Macht sieht sie die Omina ihres zukünftigen Unglücks, die Vorboten ihres Falls. Nicht die politischen Verhältnisse, sondern ein uneinsichtiges Schicksal macht sie für das kommende Verhängnis verantwortlich. Noch bevor sich ihr Spiel endgültig zum Schlechten wendet, projiziert sie die Ursachen ihres Sturzes ins dunkle Reich der Mythen, in dem nicht der hohe Einsatz des Spielers, sondern das Recht des Fluchs, der Ahnung, des blinden Vollzugs und der unausweichlichen Wiederholung gilt. Hier droht dem kaiserlichen Delinquenten ein von lang her bestimmter Untergang, hier klirren eiserne Schicksalsketten.

Daß Eugénie den eigenen Aufstieg stets im „Fall" Marie Antoinettes, der enthaupteten Vorgängerin, gespiegelt sehen möchte, daß sie sich bemüht, als deren Wiedergängerin zu erscheinen, mag also nicht erstaunen. Beharrlich imitiert die Gattin Napoleons III. die Gattin Ludwigs XVI. Dem jungen Kaiserhof zeigt sie sich gern in Gewand und Gebärde der unglücklichen Königin. Düstere Leidenschaft für das Rokoko und seine Henker veranlaßt sie sowohl zu aufwendigen Gardaroben wie zu theatralischen Vorahnungen:

> *... nach dem Diner brach sie plötzlich in schallendes Gelächter aus, das schauerlich in den großen Sälen des Palastes widerhallte und auf einmal in jammerndes Schluchzen überging. Unheimliche Ahnungen befielen Eugénie mehr als je – besonders das Andenken an Marie Antoinette war ihr beständig vor Augen. „Niemals", sagte sie, „schreite ich die Treppe hinunter ohne eine furchtbare Ahnung."*[9]

Das aus unzähligen Schauerstücken vertraute Motiv der Vorahnung ermöglicht der heimgesuchten Eugénie glanzvolle Auftritte und große Szenen. Als Schauspielerin und Regisseurin ihres künftigen Schicksals profitiert Eugénie von den düsteren Vorgaben der Geschichte. Um dem eigenen Abgang theatralisch vorauszugreifen, beschwört sie die kopflosen Gespenster der Bourbonen, bestückt sie ihre Bühne mit den Reliquien Marie Antoinettes, trägt sie die Moden des vorrevolutionären Hofes. In ihren höfischen Schauerstücken verbinden sich Pracht und Todesdrohung zu einem effekthascherischen Ganzen. (Zu solchem Theater mag auch das angebliche Hochzeitsgeschenk des Hauses Habsburg an die Nachfolgerin Marie Antoinettes beigetragen haben -„ein Miniaturbild, das sie [M. A. – Anm. d. V.] darstellt mit erhobenem Arm, den Finger an dem roten Band, das sie nach damaliger Mode um den Hals trug, als zeige sie auf einen blutigen Strich auf einer weißen Haut."[10])

Das Peinliche an dieser Inszenierung wird allerdings wahrgenommen und als geschmacklose Platitude verlacht. In ihren „Journaux" bezeichnen die Brüder Goncourt Eugénie schlicht als „Maskenballkaiserin" und zitieren die vernichtenden Worte einer dem Hofe nahestehenden Dame:

... dieser Kult um Marie-Antoinette ist widerlich, lächerlich, indezent genug. Wissen Sie, was sie in ihrem Zimmer hat? Sevres' Marie-Antoinette-Büste, ein Portrait des kleinen Dauphin und auf dem Tisch einen Band der Lebensgeschichte von Marie-Antoinette, den sie niemals gelesen hat, denn weder liest sie, noch beschäftigt sie sich mit irgend etwas."[11]

Bei alledem spielt Eugénie zwar eine lächerliche, doch keinesfalls eine beliebige Rolle. Der Aufsteigerin, der es an dynastischer Vorgeschichte fehlt, ist der tragische Part der Königin Marie Antoinette durchaus angemessen. Die theatralisch ausgespielte Ahnung, es werde ihr das gleiche Schicksal beschert sein wie der durch hohe Abkunft ausgezeichneten Vorgängerin, verschafft der Parvenue eine wenn auch gespenstische Legitimität. Eugénie sieht sich nunmehr von standesgemäßen Geistern heimgesucht und in den illustren Reigen tragischer Königinnen aufgenommen. Kann sie sich nicht durch einen königlichen Stammbaum nobilitieren, so wenigstens durch ein königliches Unglück. Legitimität und Tod bezieht sie aus dem Namen Marie Antoinettes. Wird sie also „fallen", dann à la Bourbon.[12]

Doch nicht nur Eugénie beschwört das Gespenst des Ancien régime, auch Elisabeth von Österreich wird in bedrohliche Relation zu ihrer habsburgischen Verwandten gesetzt. Ein anonymes Machwerk („Kaiserin Elisabeth im Zigeunerlager“) dichtet ihr gar eine „Halsbandaffaire“ nach dem Vorbild jener Episode an, die mit Anfang und Auslösung der französischen Revolution verknüpft wird und Königin Marie Antoinette in die betrügerischen Machenschaften der Madame de la Motte verwickelte. Hundert Jahre danach greift der Autor des „Zigeunerlagers“ in seiner phantasievollen Geschichte der Kaiserin Elisabeth auf das verderbliche Requisit des „Brillantcolliers“ zurück. Auch in seiner Erzählung wird ein Halsband zur schicksalhaften Bedrohung einer Monarchin: Ein Schmuck, „der den Hals einer schönen, edlen Frau geschmückt habe, die zugleich eine unglückliche Königin war“[13], gerät auf vielen Umwegen in die Hände einer früheren Geliebten Kaiser Franz Josephs, einer ebenso schönen wie bösartigen Dame. In Eifersucht gegen Elisabeth entbrannt, sucht diese die kaiserliche Nebenbuhlerin durch eine satanische Intrige mit dem Diebstahl des Brillantcolliers zu belasten und sie in aller Öffentlichkeit als Diebin zu kompromittieren.

Nicht nur der fiktive Einsatz eines historisch aufs höchste belasteten Corpus delicti ruft hier die tödliche Erinnerung der Place de Grève herauf, auf der Marie Antoinette hingerichtet wurde. Das Halsband verweist schon von sich aus auf den „blutigen Strich“, der den Hals Marie Antoinettes ziert, auf die dekorativen Male der Guillotine.

Bei alledem debutiert Maria Theresias Tochter nicht nur in Frankreich, sondern auch im österreichischen Raum als das prädestinierte Gespenst des Ancien régime. Hier wie dort mahnt sie die Vergänglichkeit und die Gefährdung der Monarchien an. Sie treibt ihr Unwesen, wo immer die neoabsolutistische Misere ihre Protagonisten der Angst bzw. dem Wahnsinn preisgibt. Folglich nimmt sie auch die Einladung zu einem jener berüchtigten Geisterdiners an, die der wahnsinnige König von Bayern, Ludwig II., seinen historischen und literarischen Vorgängern im königlichen Amte anrichtet:

Der mit dem goldenen Besteck, kostbarem Glas und Blumen ge-

schmückte Tisch war für dreizehn Gäste gedeckt; fünf Minuten vor Mitternacht betrat König Ludwig den Saal, ihre Ankunft zu erwarten. Als die Uhr zwölf schlug, öffneten sich die großen Flügeltüren, und der Zeremonienmeister meldete – Königin Marie Antoinette. Ludwig ging ihr entgegen, und was sah er? Eine märchenhaft schöne Frau in zarter Seide, das gepuderte Haar mit Perlen und Rosen umwunden, und um den Hals einen dünnen, blutigen Strich. Denn der König bildete sich ein, daß auf seine Einladung hin der Geist der Königin wieder das irdische Aussehen aus den prunkvollen Tagen von Versailles annahm, freilich verdüstert durch das grausame Zeichen der Guillotine.[14]

Die Bilderwelt des Schauerstücks tritt an die Stelle politischer Einsicht in die Unhaltbarkeit bzw. Unbegründbarkeit monarchischer Regimes. In der Beschwörung der Geköpften des Ancien régime weist die traumatische Vergangenheit der Revolution auf eine nicht minder traumatische Zukunft, die unausweichliche Wiederholung des Entsetzlichen wird zum Gesetz königlicher Schicksale erhoben.

Das verfluchte Geschlecht

Da aber in Österreich keine Kaiserinnen geköpft wurden, ist das Verhängnis, das soviel Unglück im Hause Habsburg erklären soll, an noch anderer Stelle aufzusuchen. Das mannigfache Leid, das Elisabeth zu dulden hat, findet dort seine plausible Erklärung, wo es Eugénie zu ihrem Bedauern fehlt: in der Familie bzw. im Alter ihres Geschlechts. Von den Biographen wird die persönliche Tragik der Kaiserin aus den Zerrüttungen überalterter und unkräftiger Dynastien begründet, besonders aber jenes fluchbeladenen Geschlechts, dem Elisabeth väterlicherseits und mütterlicherseits entstammt: den Wittelsbachern. Herrschaftsgeschichte wird somit im Spiegel des Schicksalsdramas des Biedermeier geschrieben. Nach den Vorbildern Tiecks oder Grillparzers wird die zerstörerische Wirksamkeit eines auf dem Stamme ruhenden Fluchs für die Sprößlinge der Wittelsbacher nachgewiesen. Was Tieck in „Karl von Berneck“ programmatisch formulierte – „Jedem von unserm Stamme ist ein alter unversöhnlicher Fluch mitgegeben, der magnetisch nicht von uns läßt“[15] –, verpflichtet auch die Biographen der bayerischen Königsfamilie. Die unnatürliche Häufung der Todesfälle einerseits, die Neigung zum Wahnsinn andererseits beschreiben sie als Zwangsvollstreckungen eines gnadenlosen Schicksals, dessen Drohungen bereits die ersten Seiten ihrer biographischen Werke verdunkeln.

Die Wittelsbacher sind allezeit sehr exzentrisch gewesen. Geisteskrankheiten haben unter ihnen gewütet, und im Laufe eines einzigen Jahrhunderts sind zwischen zwanzig und dreißig Glieder ihres Geschlechtes dem Wahnsinn anheimgefallen[16],

heißt es eingangs in Clara Tschudis Elisabeth-Biographie. Auch Jacques de la Faye eröffnet sein Buch mit den Vorboten des Wittelsbachschen Verhängnisses:

Aber ach die großen Schwingen der Nächstenliebe, die sich so weit über Elisabeths Wiege geöffnet hatten, werden nicht imstande sein, das düstere Schicksal abzuwenden, das der Sprößlinge des alten Wittelsbacher Geschlechtes harrt, und die am fröhlichen Weihnachtsabend geborene Herzogin wird den schweren Weg eines qualvollen Kalvarienberges ersteigen müssen, um in der Geschichte weit weniger wegen ihrer Schönheit und ihres Zaubers als wegen ihres stumm erduldeten Schmerzes hervorzuragen.[17]

Durchwegs bedienen sich die Biographen Elisabeths der literarischen Motive der Vorahnung und Vorausdeutung, die die Zukunft der Könige von Beginn an einem unabwendbaren, uneinsichtigen Schicksal unterstellen und den Gang der Geschichte als den Vollzug eines schrecklichen Fluchs interpretieren. Zudem sind sie ein verläßliches Mittel sowohl der Spannungserzeugung als auch der erzählerischen Verknüpfung. Die Dramaturgie der düsteren Vorzeichen schlingt das dunkle Band der Ahnung um die in der Zeit zerstreuten Ereignisse und verbindet das Unverbundene im Zeichen böser Omina.

Zum Sprachrohr dieser Ahnungen wählen die Biographen mit Vorliebe alte Weiblein, Zigeunerinnen, Wahrsagerinnen und Handleserinnen, jenes undurchsichtige weibliche Personal, aus dem sich auch in der Sage und im Schicksalsdrama die Vorboten des Unglücks rekrutieren. Regelmäßig werden sie in die Erzählungen des kaiserlichen Lebens eingeschleust. Sie haben die Wege der österreichischen Herrscherin wieder und wieder zu kreuzen und sie von von Kindheit an mit Mahnung, Fluch und Hohn zu begleiten.

Bei de la Faye wird Elisabeth bereits am Tage der Geburt durch eine weise Frau ein schweres Schicksal vorausgesagt, in „Kaiserin Elisabeth im ungarischen Zigeunerlager“ beteiligt sich eine böse Wahrsagerin an den Intrigen der Feindin. In Georg Samarovs „Der Krone Dornen“ verschafft sich eine bleiche, schwarzgekleidete Frau Einlaß in die Gärten der Wittelsbacher, in denen sich der dynastische Nachwuchs tummelt. Hier sind neben Ludwig II. und Elisabeth auch die vom Verderben bedrohten Geschwister Sophie und Marie versammelt. Elisabeth aber ist die erste, die die von der fremden Frau ausgehende Gefahr verspürt:

Ihr wunderbar und eigenartig schönes Gesicht, von antik griechischer Form, von reichem dunklen Haar umflossen, war erbleicht. Ihre grossen Augen blickten starr auf eine weibliche Gestalt, die in dem tiefen, schattigen Dunkel des Gebüsches sich zeigte und nun ruhig und unbeweglich dastand.[18]

Grau und blutleer von Antlitz – so verlangt es das Genre –, verheißt sie den Königskindern nichts Gutes:

So hoch nur das irdische Auge auf dieser Welt zu blicken vermag, werdet ihr steigen . . . auf jener Höhe, die mein Auge fast blendet, erwarten Euch schwere entsetzliche Prüfungen. Das teuerste auf Erden werdet ihr verlieren, unstät werdet ihr die Welt durchziehen, bis euch der Tod erlöst. Und das Schicksal wird euch alles geben, was herrlichs und schönes einem Menschen gegeben werden kann, aber ihr werdet alles verlieren, was das menschliche Leben erwärmen und erleuchten kann . . . Des Schicksals Hand wird euch von Eurer Höhe hinabstoßen. Eure Krone und Euer Leben werden hinabsinken in schaudervollen Abgrund.[19]

So verzichtet Samarov, dessen historischer Bilderbogen ansonsten der politischen Großlage des 19. Jahrhunderts gewidmet ist und Elisabeth als intelligente Causeurin an diplomatischen Entscheidungen beteiligt, keineswegs auf die – die geschichtliche Logik übersteigende – Dramaturgie der Ahnung. Der Ausgleich mit Ungarn bildet den realhistorischen Hintergrund gespenstischer Intermezzi. Die Prophezeiungen stereotyper Unheilsfiguren verweisen auf die Kräfte hinter der Geschichte, auf die „Macht des Schicksals“ und eine rationaler Kontrolle nicht unterworfene Zwangsläufigkeit. Sie schieben ein nach verhüllten Plänen waltendes Fatum vor, wo den Verantwortlichen keine politischen Entscheidungen mehr gelingen.

Stellt man in Rechnung, daß angeblich auch Kaiserin Eugénie im Kindesalter einer Zigeunerin begegnete, die ihr Größe und Fall geweissagt habe[20], so wird man den bösen alten Weiblein einige Nutzbarkeit attestieren müssen. Als dämonische Prophetinnen verhöhnen sie die offizielle Geschichtsschreibung und verknechten ihre schönen Opfer einer okkulten Unheilsgeschichte. Auch das hatten die Biogra-

Eine Wahrsagerin sagt Eugénie, der künftigen Kaiserin von Frankreich, die Zukunft voraus. Xylographie von Karl von Häberlein. Um 1855

phen schon in der Oper gesehen. Verdis „Maskenball" etwa mag mit seinen nächtlichen Wahrsager-Szenen, die die Machinationen eines Königsmordes ins schummerige Licht des Schicksalsdramas setzen, auch die Trivialbiographik der zweiten Jahrhunderthälfte inspiriert haben. Zudem sind sich Librettisten und Biographen einig darin, daß das Unheil am besten im Weibe zu repräsentieren sei, daß Flüche und Orakel dort am Platze sind, wo zwischen zwei Frauen jene vergiftete und haßgeschwängerte Atmosphäre herrscht, die nach dem Willen der Autoren immer auch der Rivalität entspringt; und keine größere Gefahr wissen sie der Heldin anzudichten als die, die ihr aus den Umtrieben einer Geschlechtsgenossin erwächst.

Mater dolorosa

Fluch und Orakel kündigen jedoch nicht nur die „schicksalhaften Augenblicke" an, die nach Walter Benjamin die schlechten Romane kennzeichnen. Sie bereiten vor allem die spektakuläre Heraufkunft schmerzgebeugter Muttergestalten vor, deren Würdigung zu den vornehmlichen Pflichten des Biographen gehört. Demgemäß führt er den Lebenslauf der Kaiserinnen und Königinnen bis zu jenem Punkt, an dem sie – nach „schicksalhaften Augenblicken" zum Inbegriff der Trauer werden. Die hochwohlgeborene „Mater dolorosa" ist unverzichtbare Ikone monarchischen Legendentums, ihr Schmerz aber das Emblem wahrer weiblicher Herrscherwürde. Folglich feiern die Apotheosen Elisabeths, Eugénies, Victorias das Leiden der Regentin, nicht die Machtvollkommenheit.

Bereits der sechzehnjährigen Elisabeth führt man das ihrer künftigen Rolle versprochene Gethsemane vor Augen, wo einst „der volle Kelch der Schmerzen"[21] überlaufen werde. Bevor noch Gründe vorliegen, die zu einer langen Trauer berechtigen würden, bevor noch die Kette der Todesfälle in den Häusern Wittelsbach und Habsburg Trauer verordnet, legen sich die verabredeten Züge der Mater dolorosa über die der Kaiserin. Hätte die Geschichte sie nicht reichlich mit schmerzlichen Anlässen versorgt, sie hätte sie erfinden müssen, um dem schönen Bild zu genügen.

Der Schmerz wird nicht zuletzt seiner adelnden Wirkungen wegen gerühmt: als eine Weihe kommt er über das Leben und verleiht ihm erst ergreifende Gestalt. De la Faye spricht gar vom „Mysterium", von der „ersten Einweihung"[22] des Schmerzes und zählt ihn zu jenen Quellen geheimen und auszeichnenden Wissens, das zu den Gipfeln des Menschlichen hinleite.

Die Mater dolorosa nun, deren Bild von solchen Schmerzensweihen künden soll, ist nicht nur Mutter, sondern auch Standbild. Reglosigkeit, steinerne Starre soll ihr Erscheinen prägen. Tschudi vergleicht die Kaiserin anläßlich der Feier des ungarischen Kronjubiläums mit einer Bildsäule:

... ihr Antlitz war weiß und unaussprechlich kummervoll. Die

Kaiserin Elisabeth als „Mater dolorosa". Gemälde von Leopold Horovitz. 1899

langen Augenwimpern waren gesenkt. Still und teilnahmslos saß sie auf dem Throne, gleich als ob sie nichts sähe und hörte; sie glich einer Bildsäule ... in dem Gesichte der Kaiserin stand nichts zu lesen; es blieb ebenso bleich, ebenso unbeweglich. Der Redner nannte ihren Namen. Nicht ein Muskel bewegte sich an ihr. Aber als der Name Elisabeth erklang, brausten Eljenrufe (= Hochrufe – Anm. d. V.) durch die Versammlung. Es war der Ausbruch eines einstimmigen Gefühles ... Das bislang gefühllose majestätische Haupt bewegte sich; leise, kaum erkennbar nickte sie zum Danke. Es lag ein wunderbarer Reiz in diesem Gruße. Das schneeweiße Antlitz rötete sich mehr und mehr. Ihre Augen öffneten sich ganz; der alte Glanz strahlte aus ihrem Blicke, und eine Thräne perlte aus ihrem Auge. Sie führte das Spitzentaschentuch nach dem Auge und trocknete die Thräne hinweg. Der Präsident setzte seine Rede fort. Die Röte wich langsam aus ihrem Gesichte; und bald saß sie wieder an der Seite Franz Josephs als „Mater dolorosa".[23]

Ein ganzes Volk muß jubeln, um die steinernen Züge zu beleben, deren Unbeweglichkeit eindringlich geschildert wird. In den stillen Formen des *marble mort,* den „statues eplorées de Martyr" (Daudet), empfehlen sich die leidenden Herrscherinnen der Öffentlichkeit.

Lebende Bilder

Unter den Frauenbildern des 19. Jahrhunderts nimmt die Schmerzensmutter denn auch einen bevorzugten Rang ein. Ihren Gebärden wird besondere Ehrfurcht entgegengebracht. Die ausgeformte Pose der „Mater dolorosa" setzt jene Reihe der sogenannten „Attituden" fort, die seit dem Ende des 18. Jahrhunderts die „innerste" Natur des Weiblichen in kunstvollen Stellungen zum Vortrag bringen sollen. Ihre Präsentation obliegt nicht nur den Königinnen, sondern vor allem tänzerisch geschulten Künstlerinnen, die sowohl bei privaten als später auch bei öffentlichen Gelegenheiten ausgewählte weibliche Haltungen zu durchchoreographierten Posenfolgen verbinden. In ihren bewunderten Vorstellungen üben sie eine Gebärdenkunst, die dem 19. Jahrhundert als die wahrhaft weibliche gilt. Dabei liegt die Leistung dieser Attituden-Künstlerinnen weniger in der Erfindung ausdrucksvoller Posituren als in der leiblichen Nachahmung berühmter kunstgeschichtlicher Vorbilder. Sowohl antike Stand-und Vasenbilder als auch die berühmten Gemälde der italienischen und niederländischen Schulen liefern einprägsame und ergreifende Vorlagen für abendfüllende Programme. Isis, Ariadne und Iphigenie werden zu täuschenden Imitationen ebenso herangezogen wie die Madonnen des 15. und 16. Jahrhunderts.[24]

Der Rückgriff auf große mythologische und historische

Frauenschicksale, deren eindrücklichste Momente szenisch nachgestellt und musikalisch untermalt werden, befriedigen aber den Betrachter nicht nur in ästhetischer Hinsicht – als schöne Statuen –, sie wollen ihn auch rühren. Demgemäß reißen die Virtuosinnen dieser Vortragskunst – Henriette Hendel-Schütz, Ida Brun oder Emma Hamilton, besonders dann zu Begeisterungsstürmen hin, wenn sie das Sujet der „Trauernden" wählen. Neben verlassenen Ariadnen und sehnsüchtigen Iphigenien nehmen hier zu Stein erstarrte Schmerzensmütter einen bevorzugten Platz ein: Auf Niobe, Medea, Maria verweilt der teilnahmsvoll erregte Blick des Betrachters mit Vorliebe.

Im Zeichen der Trauer vereinigen sich sogar die beiden geschiedenen Kunstwelten: Antike und Christentum, denn leicht läßt sich, zumindest wenn hohe Frauen leiden, die antike in die christliche Ikonographie überführen. Nahtlos kann etwa Henriette Hendel-Schütz den sentimentalisierten Mütter-Szenen aus dem mythologischen Griechenland christliche aus dem Marienleben anschließen: Altertum und Neuzeit werden in der einen Pose der Leidenden versöhnt. Das Hingegossen-Sein, das Ringen schöner Hände, die verzweifelte Preghiera, die sehnend ausgestreckten Arme, d. h. sämtliche skulpturale Einfälle der vereinigten antiken und christlichen Kunstgeschichte sprechen zum Herzen des Betrachters und führen den Beweis, daß hinter klassischem Marmor wie hinter der Madonnenbrust eine empfindsame Seele verborgen sei. In solchen „Attituden" wird der weibliche Körper den kanonisierten Gebärden kunstgeadelter Frauenschaft unterworfen. Ihre Grundzüge sind Demut, Hingabe und Unbeweglichkeit.

Als Leidende und nicht als Täterin zieht die Attituden-Stellerin die Blicke auf sich, wann immer ihr die ästhetische Gestaltung jener schmerzlichen Momente gelingt, die eine männlich dominierte Mythologie und eine männlich dominierte Geschichte herbeiführten. In den bevorzugten Posen der Verlassenen, der Witwen, der trauernden Mütter legt sie rührendes Zeugnis ab von angetanem Leid und spendet den Trost des schönen Bildes dort, wo dessen gewaltsame Ursachen zu ergründen wären. In prachtvollen Haltungen, im Rahmen von *Kunst-* und *Leidens*-Geschichte, erheischt sie die

Aufmerksamkeit derjenigen, die männliche Welt-Geschichte und damit Gewalt-Geschichte machen. Statt den Tätern wenigstens die Bilder zu verweigern, verschönert sie noch den Schmerz, den diese verschulden.

In diesem Sinn verlangt auch Elisabeths Schmerz kunstgeschichtlichen Ausdruck. Und nicht nur christliche, sondern auch antike Vorbilder stehen ihm Pate. Der Mater dolorosa tritt auch in Elisabeths „Bildersaal" eine antike Dulderin zur Seite. Christlicher Inbrunst und klassischer Form wird gleichermaßen Rechnung getragen. Wie in den Posenprogrammen der Attituden-Künstlerinnen wird auch in Hinblick auf Elisabeth das Leid der Muttergottes durch das der Niobe ergänzt und in griechische Form gesenkt. „Kein Sterblicher wäre imstande gewesen, eine solche Niobe zu meißeln", heißt es bei de la Faye über die reisende Kaiserin von Österreich.[25] Dabei gedenkt er jener thebanischen Königin und Mutter von vierzehn Kindern, die ihr reiches Mutterglück in so anmaßender Weise pries, daß sie den Zorn Apollons und seiner kinderlosen Schwester Artemis heraufbeschwor. Ihre Überhebung zu bestrafen, töteten die göttlichen Geschwister Niobes Kinder mit Pfeilen. – De la Faye stellt nun das „lebende Bild" Elisabeths noch über jene antike Statue, die das berühmte Urbild jeder Niobe-Darstellung ist: die Mutterfigur des der Schule des Praxiteles zugesprochenen Ensembles von Statuen ist unter dem Namen „Niobe und Niobiden" in den Uffizien zu betrachten und dem weltläufigen Abendländer durch Illustrationen und Italienreisen stets gegenwärtig. Es zeigt neben den sterbend verdrehten Körpern der Söhne und Töchter die flehende Niobe, die ihr jüngstes Kind vergeblich vor Pfeilen zu schützen versucht. In ihr wird die Mater dolorosa der Antike erkannt. Das auslösende Moment der Hybris, der blasphemischen Anmaßung, tritt dabei ebenso in den Hintergrund wie der andernorts bewunderte plastische Eros der trauernden Niobe bzw. ihre „alterslose Weiblichkeit" (Heinrich Füssli).[26] Allein der in die Schmerzenspose geworfene, tragisch umhüllte Frauenleib, nur die schimmernde, nicht die bloße Nacktheit interessiert die Liebhaber der Attitude. So versteht sich, daß de la Faye seine kaiserliche Niobe mit schwarzen Trauergewändern bekleidet und nur keuschen Blicken zeigt.

Das Widerspiel von antiker Plastik und christlicher Inbrunst, das Vexierspiel von Maria und Niobe, der Antagonismus zweier konkurrierender Ikonographien bei der statuarischen Darstellung höchsten Mutterschmerzes läßt sich besonders anhand jener Phantasien veranschaulichen, die die Biographen der Ausgestaltung von Elisabeths Schlafzim-

Friedrich Rehberg: Lady Emma Hamilton als „Lebendes Bild“ der Niobe. Umrißzeichnung. 1794

mer in der Wiener Hermes-Villa in Lainz widmen. Dort nämlich befand sich eine makabre Statue, die der Kaiserin zu jeder Tageszeit den eigenen traurigen Zustand widerspiegeln sollte. Elisabeth hatte sie, eine „bemalte und bronzierte Melancholia“, auf einer Reise erworben und in Lainz aufgestellt. Von kunstgeschichtlicher Seite wird sie weniger mit einer Allegorie als mit einer gegerbten Mumie verglichen und als ein „Mittelding zwischen Grabfigur und Panoptikumsfigur“[27] bezeichnet.

De la Faye spricht in seiner Biographie neutral vom Erwerb einer „Statue einer verschleierten Frauengestalt“ in Lugano[28], wobei für ihn der Schleier auf die Verweigerungsgewohnheiten der Käuferin hindeutet. Tschudi indessen will nicht nur von einer Muttergottes, sondern auch von einer Niobe gehört haben:

> *In einer Ecke des Zimmers hatte sie eine Statuette der Jungfrau Maria aufstellen lassen. In einer anderen Ecke hatte sie eine Bronzestatue der Niobe angebracht, die, von Grün umgeben, einen eigentümlichen, fast unheimlichen Eindruck hervorbrachte. In der entgegengesetzten Ecke hingen grüne Glühlampen. Wenn die Kaiserin im Bette lag, konnte sie das elektrische Licht anschalten und so drehen, daß sie weiter kein Licht sah als den grünen Schein, der auf Niobe fiel.*[29]

Andernorts berichtet man von einer mit Farn und Zwergpalmen umpflanzten Niobe-Statue aus rosa Marmor. Dabei besteht keinerlei Wahrscheinlichkeit, daß sich in der Hermes-Villa je eine Nachbildung der praxitelischen Skulptur oder sonst einer Niobe befand. Doch ist das auch nicht nötig. Das imaginäre Ambiente, mit dem die Biographen die Kaiserin umgeben, bedarf keiner empirischen Absicherung. Zuverlässiger als nachweisliche Einrichtungsgegenstände sorgen phantastische, der kollektiven Einbildungskraft verdankte Requisiten für symbolische Fülle. Besser als die Kaiserin selbst, die für ihre intimen Andachten nur eine Melancholia beanspruchte, gewährleisten die Biographen die bedeutungsschwere Stimmigkeit der Ausstattung. Indem sie die gängigen Bildformeln der Trauer versammeln, verwandeln sie das Schlafzimmer in einen „Gemeinplatz“ im wahrsten Sinne des Wortes. Gleichzeitig verliert es seine weltliche Bedeutung und wird zur Stätte des Gebets. Schummerlicht und die Bildsäulen der Niobe und der Maria verwandeln es in eine sakrale Räumlichkeit, die weniger dem Kult christlicher oder antiker Gottheiten als dem der Trauernden selbst gewidmet ist. Die von reflektierenden Statuen umgebene Elisabeth ist die eigentliche Heilige des Schlafzimmers. Statt zu ruhen, betet sie ihr eigenes Bild an.

Zudem vollzieht sich der Gottesdienst der Schmerzensmütter vor dem Hintergrund eines ästhetischen und religiösen Synkretismus. Nicht nur wird der griechischen Plastik eine christlichen Statue zugesellt, sie wird auch in ein so mystisches Kapellenlicht gesetzt, daß die grünbeleuchtete Niobe in gotischer Unheimlichkeit erscheint. Doch hat es mit ihr wenig Dämonisches auf sich: Die schauerliche Wirkung verdankt sie derselben pseudosakralen Illuminierungstechnik, die auch der Maler Hans Makart seinen großen Gemälden angedeihen läßt. Die effektvolle Belichtung von Bildern und Statuen zeugt nicht von religiöser Inbrunst, sie durchleuchtet auch keine tiefen Leidensgründe, sie greift vielmehr auf die Errungenschaften zeitgenössischer Ausstellungstechnik zurück. Die Ausleuchtung üppiger weiblicher Formen im dunklen Raum bewährt sich nicht nur in intimen Kapellen, sondern in jedem besseren Interieur der Zeit. So ist es eine Frage eher der Lichtregie als der Andacht, wenn auch den griechischen Skulpturen düstere christliche Ekstasen gestattet werden.

Wie tief die zum paraten Klischee, zum Trauernippes herabgekommene Niobe zu sinken vermag, wie schnell die Tragödie zur Farce werden kann, wie leicht die tragischen und die komischen Aspekte eines Gemeinplatzes einander abwechseln, zeigt sich nun in Elisabeths unmittelbarer Nähe. Während die Kaiserin nach Rudolfs Tod der Wiener Öffentlichkeit als schmerzgebeugte Niobe erscheint, tritt Katharina Schratt, Freundin des Kaisers und Schauspielerin, auf der Bühne des Burgtheaters als „Niobe“ auf.[30] Beim gleichnamigen Stück handelt es sich aber nicht, wie zu erwarten wäre, um eine griechische Tragödie, sondern um eine Farce des englischen Autors Paulton. Diese ist nicht der thebanischen Königin selbst, sondern der elektrischen Wiederbelebung ihrer Statue gewidmet, und wer immer in diesem Stück „nach Antiken seufzt“, der möchte zuvorderst an „weichen Marmorpartien herumtatscheln“.[31] In dem Maße, in dem Paulton das Motiv des niobidischen Mutterschmerzes vernachlässigt, protegiert er das der antikischen Nacktheit. Sein Stück prostituiert die in nur unzureichender Verhüllung ins moderne Leben gerufene Niobe hinter dem Wandschirm eines bürgerlichen Salons und liefert das Trauerbild als Erotikum den Blicken aus. Dabei werden die alten Wechselbeziehungen zwischen der Schmerzensmutter und der Hure aufs schönste sichtbar. Einmal mehr erweisen sie sich als die zwei Seiten derselben Bildformel, desselben Klischees. Lust und Leid bedienen sich Niobes gleichermaßen und erweisen die Doppelgesichtigkeit des antiken Typus. – In einem Brief an die Kaiserin bezeichnete Kaiser Franz Joseph die niobidische Premiere als einen „Faschingsscherz".[32]

Persephone – die „Tagebuchblätter"

Les poètes, devant mes grandes attitudes
Que j'ai l'air d'emprunter aux plus fiers monuments
Consumeront leurs jours en d'austères études.
Charles Baudelaire: La Beauté

Doch auch abseits der ikonographischen Peinlichkeiten werden von der Kaiserin große Gebärden erwartet. Constantin Christomanos, der Verfasser der „Tagebuchblätter", wendet den ganzen Geist des Schwärmers daran, die „grandes attitudes" der trauernden Elisabeth zu studieren und die Rätsel ihrer melancholischen Schönheit in immer neuen Hieroglyphen vorzuführen. Dabei sucht er die billigen Bilder der Trivialmythologie, die allzu leicht verfügbaren Figuren etwa der Niobe oder der Mater dolorosa zu vermeiden. Sorgfältig umgeht er die Gefahren feuilletonistischer Platituden. Zwar greifen auch die „Tagebuchblätter" auf Kunst- und Literaturgeschichte zurück, um die verschiedenen Erscheinungsweisen der Kaiserin zu bebildern und zu benennen, doch versehen sie die abgebrauchten Namen mit einer neuen ästhetischen Begründung. Bei der Darstellung der Schmerzensgestalt verlassen sie sich nicht auf die verbrauchten Pathosformeln der gängigen Hagiographie. Vielmehr erheben sie die kaiserliche Trauer über alles Zufällige und bloß Biographische hinaus zum Daseinsgrund der Existenz Elisabeths. Trauer grundiert ihre Erscheinung. Sie ist das zentrale, alles vermittelnde Element, in dem sich nicht nur die Handlungen, Gedanken und Reden der Kaiserin, sondern die ganze melancholische Welt der sie umgebenden Dinge realisieren. Jedes Gespräch, das Elisabeth mit Christomanos führt, widmet sich der Zelebration der Trauer, jeder Gang verläuft in Todesnähe. Keine Antwort könnte der

Frage nach den Gründen Genüge tun. Es unterbleibt jede Anspielung auf den Tod des Kronprinzen, jede Andeutung, die den Schmerz zum bloß mütterlichen begrenzen wollte. Schmerz soll den Akzidentien der Biographie vorausgehen und diese im ganzen bestimmen.

So betritt Elisabeth die Bühne des Tagebuchs nicht nur als

Erotische Antike als zeitgenössisches Postkarten-Sujet. Um 1900

eine den Mächten der Trauer Unterworfene, sondern als Macht und Personifikation der Trauer selbst. Christomanos mißt ihren Reden, die den Tenor von Trauer und Melancholie, von edler Resignation und Absage an das Leben durchwegs bewahren, programmatische Qualität zu. Der Gedanke an den Tod soll alles das bestimmen, was zu sagen ihr nicht zu gering ist.

Diese Form entrückter Rede wird nun vom Autor der Tagebuchblätter im Rahmen griechischer Mythologie motiviert. Aus Elisabeths Mund vernimmt er die Weisheiten der antiken Todesgöttin Persephone. Doch nicht nur ihre Sprache, auch ihre zwischen Wien und Griechenland abwechselnde Lebensweise ruft ihm Persephones Schicksal ins Gedächtnis, jener Göttin, die von Hades, dem Totengott, in die Unterwelt entführt wurde und nur der trauernden Mutter Demeter zuliebe jeweils ein halbes Jahr, das sommerliche, fruchtbare, in der Welt des Lebens zubringen durfte.

Christomanos erfährt denn auch die ersten Begegnungen mit der Kaiserin als eine auf das imperiale Ambiente abgestimmte Hadesfahrt des Poeten hinab zur Königin der Toten. Dabei erstrahlt die neubarocke Herrlichkeit der Hofburg im irisierenden Glanz unterirdischer Paradiese:

Und der Ausdruck ihres Antlitzes machte mich auch an Persephone denken, die ebenso ein halbes Jahr in der Unterwelt zubringt. Die dunkelroten schimmernden Wände, die zahllosen Flammen, die über Goldflächen rieselten und aus der Tiefe der Spiegel wieder hervorquollen, die Kristallrauten der Lüster . . . all das ließ mir den Gedanken an eine solche unterirdische Welt fast zur realen Wahrnehmung werden. Wie aus einer anderen Welt stand die schwarze Kaiserin vor mir da, Herrin über all diesen Glanz.[33]

Im trüben Spiegel der Tagebuchblätter erscheint die Hofburg, das politische Zentrum der österreichischen Monarchie, als ein Ort der Entrückung, als Unterwelt, wenn nicht gar als lockender Venusberg. Hier residiert nicht der Kaiser, sondern die kaiserliche Totengöttin.

Doch irrt, wer annimmt, daß die Kaiserin Persephone die zweite Hälfte des Jahres tatsächlich bei den Lebenden verbringt. Die Tagebuchblätter weisen keinen Ort, der sich als „Oberwelt" zu erkennen gäbe. Die reisende Kaiserin gerät, auch wenn sie der flimmernden Tiefe der Hadeswelt entrinnt, von einer Unterwelt in die nächste. Bewohnt sie in Wien die Grüfte prunkvollen Interieurs, so nähert sie sich, wenn sie in Begleitung Christomanos' nach Korfu reist, dem mythologischen Hades des alten Griechenland. Die Tagebuchblätter zumindest sparen nicht mit gelehrten Anspielungen, die Korfu als eine jenseitige Unterweltlandschaft erscheinen lassen. Die Bilder der Natur verwandeln sich in vielsagende Kulissen:

Wir wendeten uns der aufsteigenden Sonne zu: hinter den akrokeraunischen Bergen, wo die Eumeniden hausen und der Eingang zur Unterwelt sich befindet, kam sie hervor.[34]

Die jenseitige Bedeutung des der Küste vorgelagerten Eilandes indessen geht nicht nur auf antike Mythologie, sondern auf die Kunstgeschichte des 19. Jahrhunderts zurück.

Arnold Böcklin: Toteninsel. Öl/Metall. 1884

Aber mitten aus den Wassern des Schlummers erhob sich ein Bündel schwarzer Zypressen, die ein weißes Kirchlein umklammerten . . . – Wie das Vorbild der Todesinsel Böcklins kommt mir dieses Eiland vor, sagte ich. Diese Zypressen stehen da wie dunkle Träume und die roten Blumen, die ihre Reflexe auf die spiegelnden Wasser werfen, sind der Persephone heilig.[35]

In Korfu formt sich das antike Jenseits nach dem Vorbild von Böcklins berühmtem Gemälde. In dessen Beschreibung werden Motive der Wiener Hades-Kulisse wieder aufgenommen. Das Rot der höfischen Tapeten hat sich ins Rot der Blumen verwandelt, das wirre Licht der Spiegel in die Reflexe auf spiegelndem Wasser. Auch Arkadien erweist sich als das künstliche Paradies des Todes, wie es sich das 19. Jahrhundert erträumt.

als das künstliche Paradies des Todes, wie es sich das 19. Jahrhundert erträumt.

Wir werden sehr oft hingehen, sagte mir die Kaiserin. Es ist unten ein Fährmann, der ganz wie Charon aussieht. Ich lasse mich von ihm zum Eiland rudern wie eine sehnsüchtige Seele. Wenn ich hinunterkomme, löst er gleich sein Boot, ohne ein Wort zu sprechen; und ich besteige es und schweige ebenfalls. Drüben empfängt mich immer der Einsiedler. Er bringt mir Honig und Mandeln, damit ich davon genieße und die Oberwelt vergesse.[36]

Leicht spielt die trauernde Elisabeth die ihr von Christomanos zugeteilte Rolle. Wo sie erscheint, fügt sich alles bereitwillig dem mythologischen Vorbild: Insel, Speise und Charon, der Schiffer der Toten.

Die Geburt der Tragödie

Auch im Fortgang der „Tagebuchblätter" werden die Lebensräume der Kaiserin in immer neuen literarischen, kunstgeschichtlichen, mythologischen und philosophischen Anspielungen als unterweltlich gekennzeichnet. Dabei greift der Autor niemals naiv auf die Rollenstereotype der Trivialbiographik zurück. Zwar malt auch er die „grandes attitudes" der trauernden Totengöttin, zwar huldigt auch er dem Klischee der Schmerzensgestalt, doch begründet er sie im Rahmen einer Philosophie des Tragischen, die den ganzen Text durchstrukturiert. Zwingend leitet er die mythologische Trauergebärde der Kaiserin aus seinem eigenen tragischen Weltverständnis ab. An ihrer Gestalt und an ihren Worten sollen sich die Grundkräfte jener Befindlichkeit artikulieren, deren Erkenntnis Christomanos vor allem einem Buch verdankt: Nietzsches „Geburt der Tragödie aus dem Geiste der Musik", dem bis ins Detail präsenten Kryptotext der „Tagebuchblätter".

In Nietzsches Abhandlung erschließt sich Christomanos vor allem der Antagonismus des Dionysischen und des Apollinischen, der Welt des Rausches, des Willens, des Schmerzes, der Musik einerseits, der tröstlichen Welt der Vorstellung, der Erscheinungen, des Traumes und der bildnerischen Künste andererseits. Nietzsches Ausführungen zufolge schützt die apollinische Welt des Sichtbaren den einzelnen Menschen, der in einer nur trügerischen Individualität verharre, vor dem tödlichen Anblick des „Weltgrausens", des „Wahrhaft-Seienden, und Ur-Einen, des Ewig-Leidenden".[37] Die Stunde der griechischen Tragödie, deren Erscheinen sich im ständigen Kampf des Dionysischen und des Apollinischen vorbereitet, ist aber dann gekommen, wenn die apollinische Welt der bildnerischen Kunst ihre Herkunft aus der dionysischen Welt der Tiefe zu erkennen gibt, wenn die dionysische Musik des Abgrundes ein „gleichnisartiges Traumbild" aus sich hervorbringt. „Jener bild- und begrifflose Widerschein des Urschmerzes in der Musik" werde erlöst im „Scheine" tragischer Kunst. Diese erst erlaube dem Betrachter einen Einblick in den „dionysischen Urgrund der Welt", ohne ihn zu versehren, in ihr erst versöhne sich die Welt der Erscheinungen und die der Musik.

Der Erlösung der dionysischen Musik im Scheine der tragischen Gestalt vollendet sich nach Christomanos auch in Elisabeth. Die Tagebuchblätter schreiben die Geburt der Kaiserin aus dem Geiste der Musik, sie verstehen Elisabeth als eine zwischen Apollon und Dionysos vermittelnde Grenzerscheinung, in der der verlorene tragische Mythos wiedergeboren werden soll.

Immer wieder weist Christomanos auf die Musikalität der beweglichen Konturen Elisabeths, auf die dionysische Herkunft ihrer apollinischen Lineatur -„ihre Linien fließen dann in einer Folge von unhörbaren Tonfällen, die den Rhythmus ihrer sichtbaren Existenz bedeuten."[38] Immer wieder werden Rhythmus und Schönheit dialektisch gegeneinander gesetzt. Ihr apollinisch-dionysisches Widerspiel erfaßt sogar die Topographie der Insel Korfu. Diese teilt Christomanos in das Reich der durch den Schein und seine Bilder betäubten Phäaken und in das dionysische Reich des Pan, des antiken Satyrgottes. Während die vordere Inselseite im apollinischen „Gaukelspiel" befangen sei, ertöne an der anderen Küste Nietzsches Panflöte: „nur die Seufzer der Hirtenflöte drangen überall hin, in Qualen über sich hinausgehend, und es war, als ob die Schleier der Träume und des Vergessens davon zerrissen würden." – „Diese Flötenlaute sind das tiefe Leben selbst", erklärt die kundige Kaiserin, „deswegen hört man jetzt aus diesen wenigen Lauten das ganze Weh und alle Seligkeiten der alten und neuen Menschheit zusammen."[39] Die Panflöte ist nach Nietzsche jenes dem Dionysos gewidmete und der Lyra Apollons entgegengesetzte Instrument, das die „orgiastischen Flötenweisen"[40] hervorbringt und die apollinischen Bilder bedroht. Aber auch der zerrissene Schleier spielt in seinem Traktat eine dionysische Rolle. Wann immer die trügerische Welt des Individuums durch

Anselm Feuerbach: Iphigenie (2. Fassung). Öl/Lwd. 1871. Staatsgalerie, Stuttgart

die dahinterliegende Welt des „Urschmerzes", der Qualen, hindurchscheint, wann immer der Traum zerreißt, sprechen Nietzsche und Schopenhauer vom zerrissenen Gewebe.[41]

Das eigentliche Reich der Kaiserin ist jedoch nicht die Insel mit ihren mythologischen Kulissen, sondern der Ozean. Nicht mehr als Symbolfigur der österreichischen Monarchie durchwandert sie die fragile Welt der Erscheinungen, sondern als „Königin des Meeres". Christomanos wird nicht müde, auf ihre Verwandtschaft mit den tiefen Wassern des Dionysos hinzuweisen. Er zeigt sie als ein dem Wasserdunkel nur widerwillig entrungenes Zwittergeschöpf – „als ob sie etwas versinnbildliche, das zwischen Leben und Tod liegt"[42], denn stets zieht es sie zurück in die Tiefe, in das formauflösende Element des „Ureinen". Als Reichsverweserin des Meeres wünscht sie, die Qualen der Vereinzelung, der Individualität zu überwinden und in das amorphe Dunkel des Ozeans zurückzukehren. Das unverschleierte Meer, „das selbst den Traum eines Segels entbehrte"[43], das keine „gleichnisartigen Traumbilder" mehr aus sich heraussetzt, erklärt sie zu ihrer wahren Heimat. Diese ist vor allem musikalisch. „Wir dürfen hier nicht sprechen, wir müssen lauschen", gebietet Elisabeth am Meeresufer, – „und so lauschten wir gleichsam einer Symphonie . . . und den süßen Akkorden, die im Innern der Akkorde mitklingen . . ." – Das dionysische Element „glüht am Brennpunkt seiner Leidenschaft".[44]

Dementsprechend wird auch Elisabeths Tod, der bei Erscheinen der „Tagebuchblätter" durch den Dolch bereits herbeigeführt ist, als eine Rückkehr in den Ozean, in die Wassertiefe des Lebens verstanden. Die der Kaiserin zustehende Todesart sei das Ertrinken. Schon die am Starnberger See verbrachte Kindheit habe sie mit diesem Schicksal vertraut gemacht. „Das Meer will mich immer haben; es weiß, daß ich zu ihm gehöre."[45], gesteht sie ihrem Chronisten.

Das vorausdeutende Leitmotiv des Ertrinkens, der Heimkehr ins musikalische Urelement indessen bereitet das große nietzscheanische Finale der „Tagebuchblätter" vor. Es steht wie auch Nietzsches Tragödienschrift im Zeichen Richard Wagners. Hier wie dort tritt der Komponist des Rings und „Tristan und Isoldes" als „Erlöser" von den Zwängen des *principium individuationis* auf. Seine Musik rührt an die innersten Geheimnisse der Menschen, die sich nach Auflösung, nach der Heimkehr in die Musik des Wassers sehnen. „Wir sollten zurückkehren", sagt Elisabeth zu Christomanos, „dorthin, von wo wir gekommen sind, in den Urton des Rheines, aus dem das Rheingoldlied geboren wurde."[46] Nach den lockenden Sirenenrufen des Starnberger Sees vernimmt sie nun den ersten Ton des „Rheingold“: den Orgelpunkt der Tonika Es, mit dem Wagners Ring-Tetralogie aus der Tiefe des Kulissenrheines anhebt. Das Wasser jedoch, das zum enthusiastischen Tod einlädt, ist nicht nur der Strom des Nibelungenzyklus, sondern auch des „Wonnemeeres wogender Schwall“, in dessen Armen Wagners Opernheldin Isolde freudig den Liebestod erleidet. Ihren Schwanengesang zitiert Nietzsches Tragödienschrift an zentraler Stelle: „in des Wonnemeeres/ wogendem Schwall/ in der Duft-Wellen / tönendem Schall / in des Weltatems /wehendem All / *ertrinken – versinken* / unbewußt – höchste Lust.“[47] – Nur in solchen Bildern vermag sich Christomanos den Tod Elisabeths vorzustellen. Im imaginären Wassertod der Kaiserin soll sich Isoldes Liebestod wiederholen. Das Meer wird endgültig Musik, Schall und Schwall verschmelzen, der tragische Vollzug kommt in einer Fusion Wagnerscher Klänge zum Abschluß. Das Leid der Kaiserin, das der Sehnsucht nach dem Urgrund der Erscheinungen entsprang, findet in der Philosophie Friedrich Nietzsches und in der Musik Richard Wagners seine Erklärung und seine Erlösung. Als Prophetin tragischer Weltanschauung erscheint Elisabeth in den Tagebuchblättern. Sie unterrichtet den Dichter – denn als Dichter versteht sich der Chronist – über die flüchtige Beschaffenheit der Erscheinungen, über die ephemere Schönheit der sichtbaren Welt. Den größten Teil ihrer Zeit widmet sie der poetischen Initiation ihres griechischen Begleiters. Nur für ihn wandert sie in den mit Lesefrüchten reich gesegneten Landschaften Korfus umher, nur sie teilt seine lethargische Einsamkeit. Seine Aufgabe hingegen ist Anbetung. Ihrer allwissenden Schönheit folgt er durch die künstlichen Gärten seiner Phantasie. Die Tagebuchblätter führen den Beweis, daß nicht nur das Dasein (wie Nietzsche schrieb), sondern auch die allen irdischen Geschäften enthobene Kaiserin allein als ästhetisches Phänomen gerechtfertigt sei. Als politisches keinesfalls.

Verschwinden

Vanitas

Als der französische Dichter Jean Cocteau das Altersgesicht der Kaiserin Eugénie beschrieb, blieb er ohne Trauer. Keine Zähre gönnte er ihren an die Zeit verlorenen Reizen, keine Vanitas-Klage bewegte seinen Text. Vielmehr trug er jenem irreversiblen Verfahren Rechnung, welches das Gesicht im Alter aufs neue entwirft und seine im Laufe des Lebens erschütterten Proportionen noch einmal und anders zusammenfügt. In nichts erinnert ihn das Antlitz der Greisin an die plastische Vollkommenheit der regierenden Kaiserin, und das dem Gedächtnis Entfallene wird nicht vermißt. Cocteaus Eugénie bewegt sich auf die androgyne Welt der Masken zu. Besonders das getünchte Auge fasziniert nun den Betrachtenden:

Das Blau und der schwarze Augenschatten, der es unterstrich, erinnerte an die tätowierten Augen junger Matrosen, die aus ihrer Haft entlassen werden, wenn sie alt sind . . . unzerstörbare Zeichen einer grimmigen Schönheit.[1]

Als „kaiserlicher" Matrose setzt Eugénie die Reihe der Gestrandeten und Verlorenen fort, jener Masken, die über dem Schutt des Ersten Weltkriegs geistern, da sie mit ihrer Welt nicht untergingen. Die Bühne dieser geschminkten Schar ist nicht mehr der Hof, sondern der expressionistische Film. Die gealterte Eugénie scheint dem berühmten „Kabinett des Dr. Caligari" entsprungen, jenem 1920 von Carl Mayer und Hans Janowitz gedrehten Stummfilm, der die charakteristischen Personnagen der dämonischen Leinwand, die schwarz und weiß gezeichneten Gespenster der Vergangenheit, im Hof einer Irrenanstalt versammelt. Zugleich aber nimmt es die französische Kaiserin mit dem bösen Geist auf, den die österreichische wie keinen anderen fürchtete: mit dem Betrachter. Sie verscheucht ihn nicht. Auch der Greisin darf man ins Gesicht sehen, und auch ihr Altersbild ist, wie die Huldigungen Cocteaus, Lucien Daudets und Charles Faucons zeigen, ein poetisches Sujet.

Das bedeutet andererseits nicht, daß Eugénie der „Verwandlung zum Matrosen" gelassen entgegengeblickt hätte. Zu kränkend ist die Vorgeschichte. Den Verlust der jugendlichen Schönheit muß sie doppelt schmerzlich fühlen, bedeutet er doch nicht nur die Niederlage gegenüber der fortschreitenden Lebenszeit, sondern auch ein politisches Fiasko: 1871, nach dem preußischen Sieg über Napoleon III., muß sie ihre politischen Funktionen zurücklegen und damit auch als Schönheitskönigin Frankreichs abdanken. Da sie jedoch ein von dunklen Vorahnungen heimgesuchtes Geschöpf ist, beschäftigt sie sich schon zwei Jahre vor Zusammenbruch und Rücktritt mit der Vergänglichkeit der menschlichen Schönheit. In Ägypten, wo sie 1869 der Eröffnung des Suezkanals beiwohnt, läßt sie sich von den pharaonischen Mumien zu ahnungsvollen Gedanken anregen. In einem nächtlichen Gespräch gesteht sie einer Hofdame Angst vor Verfall und Verwesung und Neid auf die kunstvoll einbalsamierten Leichen der Ägypter:

Ich habe immer geglaubt, daß die Ägypter eine große Überlegenheit dadurch hätten, daß sie ihren Toten den Anschein des Lebens erhalten – sie ist so entsetzlich – diese Auflösung im Grabe . . . sich sagen zu müssen, daß sich ein schöner und starker Jüngling innerhalb weniger Stunden in einen Gegenstand des Entsetzens verwandelt . . . entsetzlich besonders für jene, die ihn am meisten geliebt haben! Niemals habe ich die Vorstellung der totalen Zerstörung ertragen können. Sie widert mich an.[2]

Dennoch wird sie der „totalen Zerstörung" ungetröstet entgegengehen, kein Balsam erspart ihr das Altersgesicht. Das Publikum sieht sie dick werden, sieht die Jahre voranschreiten – Eugénie jedoch repräsentiert auch als abgedankte, als gealterte Kaiserin. Sie zeigt sich, denn die physische Präsenz in der Öffentlichkeit, der „große Auftritt" auch in fortgeschrittenen Jahren, ist ihr wertvoller als ein Kultus ihres Jugendbildes. Zudem kann sie auch im Alter auf Betrachter rechnen, die in ihren Falten nicht die Grausamkeiten, sondern die Gnaden des Alters erblicken.[3]

Das Altern der *österreichischen Kaiserin* indessen entzieht sich der Wahrnehmung der Öffentlichkeit, es unterliegt dem Tabu. Die vorangegangenen Ausführungen zu Schönheit und Tod haben denn auch nur jene makellosen Bilder vorüberziehen lassen, die die Nachwelt von der Ermordeten ungeachtet ihrer sechzig Jahre aufbewahrt. Daß dabei die erodierenden Wirkungen des Alters unterschlagen bleiben, einer gültigen Imagerie des Schönen zuliebe, ist bereits gesagt und belegt. Doch wären hier nicht nur die Manipulationen der Hagiographen zu verzeichnen, sondern auch jene Konservierungsmaßnahmen aufzuführen, die Elisabeth selbst zur Bewahrung ihrer Schönheit vornimmt. Dabei ist es ihr sowohl um die Erhaltung des schönen Bildes zu tun, als auch um die Erhaltung dessen, was es abbildet – des schönen Körpers. In einer doppelten Anstrengung sucht sie das Alter zu überlisten. Einerseits wirkt sie ihm mit gymnastischen Exerzitien, mit Muskelwasser und Gladiatorenbädern[4] entgegen, andererseits aber trägt sie Sorge, daß die im Publikum umlaufenden Bildnisse die fortgeschrittenen Jahre nicht verraten. Nur die Photographien und Lithographien der „großen Zeit" der Kaiserin werden verbreitet, andere gibt es nicht. Sie werden gar nicht erst angefertigt. Systematisch schneidet die Kaiserin jeden Zugang zu ihrem Altersbild ab. Sich weder öffentlich zu zeigen noch photographieren zu lassen[5], sich weder in den kaiserlichen Repräsentationstableaus noch allein zur Schau zu stellen – so könnte das langjährige Verweigerungsprogramm der Kaiserin zusammengefaßt werden. Mit ihrem Abgang von der Kaiserbühne entzieht sie sich Photographen und Zeichnern.

Was dem Publikum bleibt, ist neben den Portraits der Jugend eine einzige Photographie. Diese, etwa 1870 entstanden, wird stets dann herangezogen, wenn das Sujet „Kaiserin Elisabeth in späteren Jahren" würdiger Verbildlichung bedarf. Den postumen Gedenkbroschüren ist sie meist vorangestellt. Retouchiert und schließlich weit über zwanzig Jahre alt, ein in keiner Weise wahrscheinliches Dokument der letzten Lebensjahrzehnte, ist sie doch in jeder Weise geeignet, die Neugier des Publikums auf das wirkliche, das gealterte Gesicht Elisabeths zu unterbinden. Nicht mehr die jugendliche Schönheit der Herrscherin stellt sie in den Vordergrund, sondern den klösterlichen Nimbus einer erhabenen Persönlichkeit. Zeitlos streng tragen sich die Gesichtszüge vor. Schön, aber nicht mehr lieblich, berücken sie weniger, als daß sie christlich ermahnen. Ein schweres, mit großen Steinen besetztes Kreuz, ein schwarzes, den Hals eng umschließendes Kleid verweisen den lüsternen Betrachter in seine Schranken und erzählen allein von der römisch-katholischen Fürstin des Reiches. Mag Elisabeth als Landesmutter sonst versagen, für diesmal genügt sie dem vernachlässigten Bild. Ein wirksameres, eines, das landesmütterlicher Propaganda mehr entsprechen könnte, hätte sie auf ihrem Weg

Gedenkpostkarte 1898

ins Alter und in die Fremde nicht zurücklassen können. Der Abwesenden ein perfektes Alibi, dementiert die späte Photographie, daß die Abgebildete ständig auf Reisen und auf ihre Pflichten nicht ansprechbar sei.

Elisabeth indessen verschwindet aus den festlichen Reihen, sei es daß sie die traditionelle Fußwaschungszeremonie am Gründonnerstag versäumt, sei es, daß sie bei fälligen Jubiläumsveranstaltungen absagt. Daß man sie bei ihrer Silbernen Hochzeit 1879 und bei der Eröffnung der Weltausstellung 1873 in Wien zu Gesicht bekommt, ist gefeierte Ausnahme. Ehestens noch in Ungarn genügt sie ihrer öffentlichen Rolle. Das Pester Krönungstableau von 1867 zeigt sie als strahlende Herrscherin, vorschriftsmäßig bewegt sie sich durch die traditionellen Zeremonienbilder, doch wieder geht

Wien, das Zentrum der habsburgischen Monarchie, leer dabei aus. Die Peripherie glänzt auf, während die Wiener in ihrem Prachtbedürfnis in ihrem Anspruch auf Elisabeth enttäuscht werden.[6]

Die folgenden Jahrzehnte prüfen die Geduld der Öffentlichkeit noch härter. So etwa gibt sich die Kaiserin 1883, anläßlich des 25jährigen Regierungsjubiläums Kaiser Franz Josephs

so unnahbar wie nur möglich. Schon bei der Ankunft am Bahnhof in Wien trug sie einen Hut „mit undurchdringlichem silbergrauen Gaze-Schleier", wie in den Zeitungen nachzulesen ist. Bei der feierlichen Rundfahrt der Majestäten durch Wien während der abendlichen „Illumination" fuhr der Kaiser mit dem Kronprinzen in einem offenen Wagen, die Kaiserin dahinter in einem geschlossenen Wagen, so daß man sie nicht erkennen konnte.[7]

Nicht nur notorische Abwesenheiten, auch beleidigende Anwesenheiten löschen das aktuelle Bild der Landesfürstin aus dem Bewußtsein des österreichischen Untertanen. Entweder fehlt sie ganz und gar, und nur eine Lücke weist darauf, daß das Reich eine Kaiserin besitzt, – oder aber sie verhüllt sich so sehr, daß Presse und Volk nicht mehr als eine verheißungsvolle Silhouette zu sehen bekommen.

Der Schleier

Von undurchsichtigen Schleiern, ledernen Fächern und Sonnenschirmen läßt sie sich schützen, wenn immer sie auftritt. Dabei hilft ihr jenes elegante Waffenarsenal, von dem Constantin Christomanos im folgenden spricht:

Ich blickte da wieder zu jenem Schirm und jenem Fächer auf – dem berühmten schwarzen Fächer und dem allbekannten weißen Schirm – treuen Begleitern ihrer äußeren Existenz, die fast zu Bestandteilen ihrer körperlichen geworden. In ihrer Hand sind sie nicht das, was sie den anderen Frauen bedeuten, sondern nur Embleme, Waffen und Schilde im Dienste ihres wahren Wesens.[8]

Anders als Kronen und Reichsäpfel, die der metallischen Hervorhebung der gesalbten Person dienen und die Sterblichkeit ihres Leibes aufheben, sind die Attribute Elisabeths gleichzeitig ihre Fluchthelfer. Kenntlich wird die Kaiserin just an jenen Requisiten, die sie unkenntlich machen sollen. Der Ruhm ihrer Schönheit geht auf den Fächer, auf Schirm und Schleier, auf die Embleme der Verweigerung über. Nicht von ungefähr, daß man vor dem Schaubett der Ermordeten – vor dem geschlossenen Sarg, der das Gesicht auch im Tod verbirgt – nicht nur die monarchischen Trauerinsignien – die Funeralkronen –, sondern auch einen schwarzen Spitzenfächer aufbahrt. Der Schirm Elisabeths indessen geht

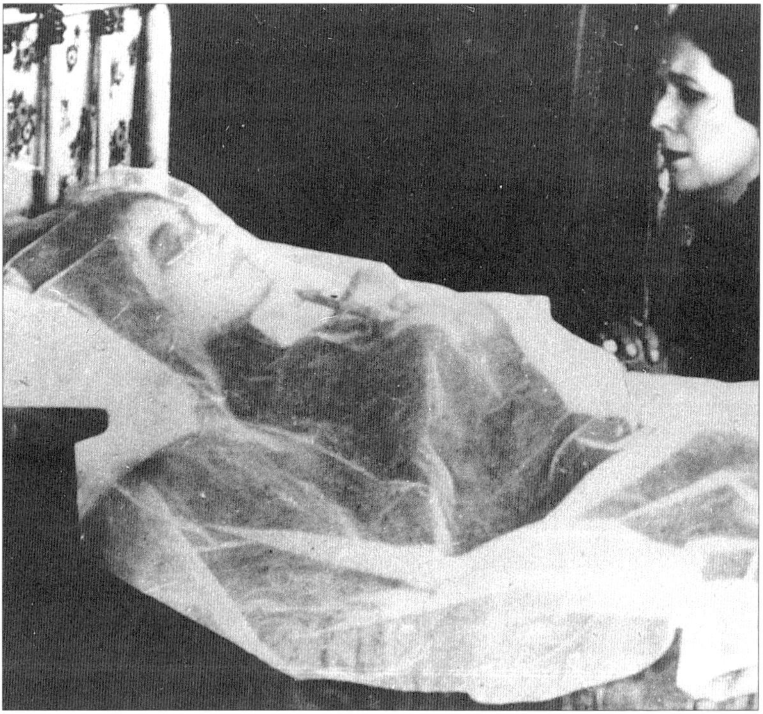

Die aufgebahrte Kaiserin im Hotel Beau-Rivage in Genf. Nachgestellte Szene aus einem Film. Stand-Photographie

als ein Andenken an die Kaiserin Eugénie, die mit der makaberen Gabe jedoch wenig anzufangen weiß.[9]

Doch greift zu kurz, wer die Beschildung der kaiserlichen Person nur als eine Konsequenz ihrer Schönheitspolitik beschreibt. Zwar hängt die Verwahrung des Gesichtes mit seinem Altern eng zusammen, zwar mag Elisabeth jene höfische Regel befolgt haben, die Balthasar Grázian in seinem

Verhaltenscodex von 1653 dem Höfling unterbreitete: „Eine Schöne zerbreche schlau beizeiten den Spiegel, um es nicht später aus Ungeduld zu tun, wenn er sie aus der Täuschung gerissen hat“[10], doch haben die Utensilien des Verschwindens noch andere, mythische Dimensionen.

Dabei kommt dem Schleier der Kaiserin besondere Bedeutung zu. Anders als der den galanten Codes der guten Gesellschaft verpflichtete Fächer ist er stets mehr als ein verführerisches Accessoire. Er partizipiert wesentlich an jener abendländischen Enthüllungs- und Verhüllungsmythologie, deren Bilder nicht nur die Erkenntnis der Frau, sondern auch die des Schönen, der Kunst und des Wahren symbolisieren sollen. Wer das Motiv des Schleiers in diesem Zusammenhang verwendet, geht von der Unzuverlässigkeit und Vorläufigkeit des Sichtbaren aus und von der schmerzlichen Einsicht, daß das Sichtbare – und sogar das Nackte – dem wahrheitsdurstigen Betrachter mehr verberge als offenbare. Auch das (die) Unverhüllte enthält ihm jene Erkenntnisse vor, die er sich vom Moment der Entschleierung erwartet, und überläßt ihn weiterhin der Sehnsucht. Wie mit einem Schleier verhüllt sich ihm das „Eigentliche des Seins“[11], auch dort, wo es offenzuliegen scheint. Vor diesem Hintergrund verwandeln sich die Verweigerungsrequisiten Elisabeths zu trivialen Erkenntnismetaphern. Sie deuten an, daß sich hinter dem Schleier nicht nur eine schöne Frau, sondern eine „geheime und esoterische Wahrheit“ verberge, ein „magischer Raum“[12] sich eröffne:

> *Als Hindernis und zwischengeschoben erzeugt der Schleier der Poppäa*[13] *eine entzogene Vollkommenheit, die gerade durch ihre Flucht fordert, von unserem Begehren eingeholt zu werden. So erscheint dank des vom Hindernis aufgerichteten Verbotes eine gewaltige Tiefe, der es gelingt, als wesentlich eingeschätzt zu werden. Dem Zauber entströmt eine reale Anwesenheit, die uns verpflichtet, ihr das vorzuziehen, was sie verstellt, das Ferne, das zu erreichen sie uns hindert, eben wenn sie es uns darbietet.*[14]

Eben dieses okzidentale Spiel, das den Moment der Desillusionierung in die Unendlichkeit verlegt, treiben auch die Betrachter der verschleierten Kaiserin. Auch sie gehen davon aus, daß alles, was sich dem Blick in scheinbarer Sichtbarkeit zeigt, doch nur eine weitere Verhüllung der innersten Wahrheit sei. Constantin Christomanos vermutete oben schon das „wahre Wesen“ der Kaiserin hinter den Paravents der Schirme, Schleier und Fächer. In einem weiteren Schritt trennt er das Essentielle vom Sichtbaren in noch radikalerer Weise:

Ja, Majestät, wir halten die begleitenden Erscheinungen und die äußeren Bedingungen der Existenz für das sublime Leben selbst, während es nur Trabanten und Knechte um die verschlossene Sänfte einer Fürstin sind: etwas roh Kämpfendes und geräuschvoll Aufdringliches um das Leben herum . . .[15]

Dem Jünger Schopenhauers muß die gesamte sichtbare Welt als ein Schleier erscheinen – als der „Schleier der Maja“ der „trüglichen Erscheinungswelt“[16], der sich über die „bild- und begrifflose“ Wahrheit des Lebens breitet. Den ihm eingewebten Gestalten steht kein eigenes Leben zu, sie bestimmen sich nicht selbst, als „Trabanten und Knechte“ umkreisen sie das Zentrum, die verschlossene Mitte, die Christomanos beziehungsvoll der „verschlossenen Sänfte einer Fürstin“ vergleicht. Daß sich hinter ihren Vorhängen Elisabeth befinde, ist damit mehr als nahegelegt. Die Kaiserin wird zum Inbegriff des „sublimen Lebens“. Wie sie sich zu Fächer und Schleier, so verhalte sich die verhüllte Wahrheit zur äußerlichen, scheinhaften Existenz. In seinen Visionen sondert Christomanos jedoch nicht nur den Schein von der unsichtbaren Wahrheit, er bettet seine Metaphern in jene Herrschaftsverhältnisse ein, in denen auch philosophische Erwägungen von hierarchischen Gesichtspunkten ausgehen. Der Unterschied zwischen „wahrem“ und trügerischem Leben erscheint nicht allein als ein philosophischer, sondern vorab als ein Klassenunterschied. Nur als unterworfene Trabanten begleiten die ephemeren Geschöpfe des Scheins ihre blaublütige Regentin.

Jacques de la Faye wählt in seiner Biographie eine andere Art der Entwirklichung. Er projiziert die Silhouette Elisabeths als eine Rätselfigur in die Ferne der Zukunft:

Wenn die Jahre erst vergangen sind und diese anziehende Gestalt mit der Patina der Vergangenheit umkleidet haben, wird sie in der Geschichte gleich jenen Heldinnen längst vergangener Zeiten emporragen, die wie von Schleiern umhüllt scheinen und deren . . . Anwesenheit sich nur in dem von ihnen gebrachten Glück offenbarte.[17]

Die Pragmatik des kaiserlichen Verschwindens ist in einer solchen Deutung weit zurückgelassen; Schleier und Fächer sind keine Galanteriewaren, sondern Vorboten jener mystischen Undeutlichkeit, durch die sich eine künftige Erinnerung auszeichnen wird. Damit ist der Moment der Entschleierung weder für die Gegenwart noch für die Zukunft zu erwarten, zu keiner Zeit wird die enthüllte Kaiserin sichtbar werden. Nicht der Anblick des begehrten Bildes wird den Betrachter letztlich entlohnen, sondern ein Glück, dessen Spenderin im dunkeln bleibt.

Blickphobie und Fernrohr

Wer jedoch der Kaiserin wie dem verschleierten Bild von Sais begegnet, wird leicht jenen Umstand in Vergessenheit geraten lassen, dem Schleier, Schirm und Fächer ihren Einsatz verdanken: die Unerträglichkeit fremder Blicke. Die „Blickphobie" Elisabeths (Ceronetti) schlägt die Sorge um Schönheit und Alter weit aus dem Feld. Keine Angst bestimmt sie so sehr wie die, gesehen zu werden. Und doch steigert sich die Neugier des betrachtenden Publikums gerade dann, wenn es um seine Beute gebracht werden soll. Nun erst recht setzt es der Flüchtigen nach. Zudem vermag gerade die gewohnheitsmäßige Maskierung die Gesetze der Höflichkeit außer Kraft zu setzen:

In Amsterdam hielt man sie übrigens für etwas exzentrisch, weil sie dort, wie überall, mit einem Fächer vor dem Gesichte auf der Straße zu gehen pflegte. Es ereignete sich hier, daß ihr ein Gassenjunge den Fächer wegriß, indem er rief: „Laß mich dein Gesicht sehen."[18]

Wird man hier das Kind entschuldigen, das mit seiner Forderung aus Andersens Märchen „Des Kaisers neue Kleider" entsprungen scheint, so lassen sich die Wünsche der betrachtenden Männlichkeit kaum verharmlosen. Weniger leicht lassen sie sich abwehren als die Zudringlichkeit der Gassenjungen. Wer aber verschafft sich hier, – und wie –, den ersehnten Augenschein? Diese Frage beschäftigt die Biographen zuvorderst, und sie suchen sie mit seismographischer Präzision zu beantworten. Zunächst widmen sie sich den Vorkehrungen eines ausgewählten Betrachters – des Kaisers selbst. Naturgemäß ist es der erlauchte Bräutigam, der den ersten – den deflorierenden – Blick auf die Kaiserin werfen darf. Er ist denn in eine strategisch günstige Position zu befördern, die ihm ungesehen einen ersten optischen Eindruck verschafft – eine Kutsche oder ein Gebüsch. Doch nicht mit unbewaffnetem Auge überläßt man den Freier seinem Abenteuer, man stattet ihn mit einem Fernrohr aus. Auf der Brautfahrt müssen die gleichen Vorbereitungen getroffen werden, die auch der zünftige Voyeur zu treffen gewohnt ist, das gleiche Jagdgeschirr hervorgeholt werden, das auch dieser stets bei sich trägt. Auf diese Weise wird der direkten Begegnung des Brautpaars eine indirekte vorangestellt, der Begegnung von Angesicht zu Angesicht geht eine voyeuristische voraus:

Während der Reisewagen (Kaiser Franz Josephs – Anm. d. V.) auf der staubigen Landstraße dahinrollte, stieß sein Adjutant plötzlich einen Ruf der Bewunderung aus. „Sehen Sie dort, Majestät!" brach er aus. Franz Joseph zog sein Fernglas hervor; er erblickte im Fluge ein wunderbar schönes Kind.[19]

Das flüchtige Bild der Braut – des fliegenden Elfenkindes – kommt dem Bräutigam ins Visier wie die Wildtaube in das Fadenkreuz des Jägers. Das Fernrohr spielt seine Rolle jedoch nicht nur als fiktives Requisit der Brautwerbungsepisode, es schärft auch „den abscheulichen Blick der Menge". Die Menge ist der eigentliche Gegner der von der Blickphobie erfaßten Kaiserin. Mit ihr führt sie einen raffinierten Stellungskrieg. In diesem erweiterten Zusammenhang dürften nun jene Fehden interessieren, die ein Zeitgenosse Elisabeths, der französische Historiker Jules Michelet, gegen den männlichen Blick führte. Sein besonderes Augenmerk galt dabei nicht dem Bräutigam und seiner Braut, sondern solchen Momenten, in denen „die arme gedemütigte Frau" den allgemeinen Blicken schutzlos ausgeliefert ist. Im folgenden zeichnet er ein Bild jenes Voyeurismus, der weniger die bräutliche Elisabeth als die badende Elisabeth vor das Visier bekommen möchte. Was Michelet beschreibt, trifft jene Zuschauer, die die Kaiserin während ihres Aufenthalts in der Normandie im Jahr 1869 beim Baden zu beobachten wünschen:

Es ist eine grausame Zurschaustellung vor einer kritischen Menschenmenge ... vor den albern lachenden und erbarmungslosen

Männern, die mit dem Fernrohr in der Hand den kläglichen Verlauf der Toilette . . . beobachten.[20]

Doch auch der mitleidige Historiker ruft sich lustvoll die unglücklichen Fluchtbewegungen, die Zuckungen der den Blicken ausgesetzten Badenden ins Gedächtnis. Zwar sehnt er sich, die den Fluten Entstiegene mit einem Badetuch zu umfangen und zu bergen, zwar will er Susanna vor den lüsternen Greisen schützen, doch ist auch er von Schaulust nicht frei. Genüßlich hält er sich bei jenen Krankheiten auf, die sich seiner Meinung nach das erblickte Weib in der Öffentlichkeit zuzieht – gesundheitliche Störungen mit furchterregenden Namen: Aneurismen, Apoplexien mit tödlicher Wirkung.

Elisabeth jedoch, die der „kritischen Menschenmenge" am Strand von Sassetot ausgesetzt ist, bedarf keines schützenden Begleiters. Sie schirmt sich selbst. Aus Segeltuchbahnen läßt sie einen blickdichten Gang von der Badekabine bis zum Wasserrand errichten, so daß sie den Weg zwischen den Wellen und den abgelegten Kleidern nicht ungeschützt zurücklegen muß. Nichtsdestoweniger erhöht sich gerade dadurch die Spannung: Das nur kurz aufleuchtende Badebild muß den Jäger am Strand um so mehr reizen. Er wird sich gerade an der Flüchtigkeit berauschen, an der Koinzidenz von Erscheinen und Verschwinden:

Die Kaiserin nahm ihr Bad. Ich hatte das Glück, sie das Wasser verlassen zu sehen; geschmeidig und schäkernd einen Moment lang mit nackten Füßen über die Kiesel schreiten zu sehen – in die Arme der Frau des Bademeisters – und in dem aus Segeltuch gefertigten Verbindungsgang zu verschwinden, den man zwischen dem Wasser und der Kabine aufgezogen hatte, die sie erreichte, ohne von indiskreten Blicken verfolgt zu werden. Wenige Momente später stieg sie mit ihrer Tochter und ihren Hofdamen in den Wagen und kehrte nach Sassetot zurück.[21]

Leicht wechselt der französische Betrachter von der indiskreten zur diskreten Perspektive über. Nachdem er die Kaiserin dem Wasser hat entsteigen sehen – „einen Moment lang" –, läßt er sie getrost hinter den Leinwänden verschwinden. Die englischen Touristen in Korfu haben es dagegen schwerer. Denjenigen, die sich vor dem Achilleion aufstellen, wird nur die kaiserliche Unsichtbarkeit zuteil. –

„Die Engländer sind ganz verzweifelt", sagte die Kaiserin, „weil sie sich stundenlang auf dem gegenüberliegenden Hügel postieren und doch nichts sehen können."[22]

Doch ist der echte Voyeur auf den Augenschein, auf einen Moment der Sichtbarkeit zwischen zwei Unsichtbarkeiten nicht angewiesen. Was man ihm vorenthält, das malt er sich aus. Leicht dringt seine vorauseilende Einbildungskraft zum Ungesehenen, zum Ungeschehenen vor. Ernest Tissot etwa unterhält den Leser seines "Livre des Reines" mit einer schmierigen Spekulation. Er geht von der offenbar verbreiteten Annahme aus, die Kaiserin schlafe ohne Nachthemd – „schmucklos schön in der einfachen Tracht der Schönheit, die man aus dem Schlaf reißen wird". Der Autor begnügt sich nicht damit, die schlafende Schönheit Elisabeths zu vergegenwärtigen, er will sie gewaltsam geweckt sehen. Mehr als ihr fortdauernder Schlaf reizt ihn die Scham der plötzlich Erwachten, die sich in ihrer Nacktheit den Blicken ausgesetzt sieht. Diesen Effekt zu erzielen, läßt er keinen menschlichen Störenfried in die nächtliche Kammer ein. Stattdessen springt moderne Technik bei: Tissots nackte Kaiserin schläft nicht im Schutz der Hofburg, in stiller Kemenate, sondern im rasenden Nachtzug, – einem Fahrzeug, das das Freiwild der Blicke transportiert und unbeschirmt von kaiserlichen Garden ins Ungewisse führt. Hier wird es hüllenlos zu überraschen sein, wenn das eilende Gefährt auf seiner Strecke aufgehalten wird, wenn die Geschwindigkeitstechnologie, die der reisenden Kaiserin das Verschwinden ermöglicht, sich überschlagend, versagt. Ein *Eisenbahnunfall* soll sie gewaltsam wecken, dem Betrachter den ersehnten Anblick gewähren und die Entkleidete „im Lichte der Flammen" zeigen.

Tissots Spekulation, die von einer angeblichen Kollision des Hofzuges auf der Strecke nach Frankfurt ausgeht, setzt auf eine vorerst futurischen Schaulust. Sie verbindet das traditionelle Wunschbild des „Spanners": die nackte Frau, mit dem modernen Katastrophenbild der entgleisten Eisenbahn. Erst wenn die gestaltauflösende Beschleunigung des Zuges zum Stillstand kommt, wird man die Kaiserin „in der einfachen Tracht der Schönheit" bewundern können. Maschinen müssen versagen, damit der Genuß des vertrauten

Frauenbildes gewährt sei, und doch wird man sich später fragen, ob die Lust an der technologischen Katastrophe die Lust an den Schlüssellöchern nicht längst schon überbietet.[23]

Mythen des Verschwindens

Augengläser, Fernrohre, voyeuristische Imagerien einerseits, Couloirs, Fächer, Schirme, Schleier und Mauern andererseits – die Waffenarsenale der Gegner vervollständigen sich. Das Schlachtfeld der Blicke zeichnet sich allmählich ab. Doch tun sich sowohl die Zeitgenossen als auch Elisabeth schwer, die kaiserliche Blickphobie und ihre Ursache präzise zu benennen. Wie schon bezüglich der Reisenden hilft man sich aus mit mythologischen Deutungen. Griff man dort zu Motiven der Odyssee oder des Fliegenden Holländers, so hält man für die, die sich den Blicken beharrlich entzieht, die antiken Namen *Diana* und *Artemis* bereit. Elisabeth kann dem Vergleich mit der scheuen Jagdgöttin der griechisch-römischen Mythologie schlechterdings nicht entrinnen. Besonders die berühmte Aktaeon-Episode, die das traurige Schicksal dessen beschreibt, der die Göttin beim Baden überraschte, scheint wie für sie erfunden, versammelt sie doch sämtliche Momente und Elemente der voyeuristischen Versuchsanordnung.

Elisabeth war für mich ein Wesen aus der alten Götterwelt – Artemis war sie – kalt, herrlich und unnahbar. Meine Phantasie sah sie mit ihren Hunden durch die Wälder streifen auf der Spur des Hirsches. Dann malte ich mir wieder ihre Schönheit aus, wie sie im Bade im Mondlicht weiß wie Elfenbein aufglänzte, eine Venus. In dieser würzigen Einsamkeit war sie mir wie eine Gottheit aus alten verklungenen Tagen.[24]

Die Autorin, die von Artemis zu Venus wechselt, wäre besser beim Bild der Jagdgöttin geblieben. Denn gerade diese verbirgt sich in den Wäldern, gerade Artemis, die Göttin nicht nur der Jagd, sondern auch des Mondes, badet zur Nacht, und gerade sie verwandelt den Zeugen ihrer Blöße – Aktaeon – in einen Hirsch, um ihn von seinen eigenen Hunden zerreißen zu lassen. Doch wird man einer Zeit, die die griechischen Mythologie nur mehr als konventionelle rhetorische Ornamente einsetzt, keine Genauigkeit abverlangen.

Entstammt Artemis somit dem antiken Fundus und vermag sie die Indiskretionen der Zeitgenossen mythologisch zu verbrämen, sucht Elisabeth auch noch andere Mythen auf. Zur Mythologisierung ihres Rückzuges erwählt sie einen Abenteuerroman zum Vorbild. Nach Berichten ihrer Nichte Marie Gräfin Larisch-Wallersee war es ein Roman des englischen Karl May, Henry Rider Haggard, mit dem rätselhaften Titel „SHE“, in dem sie sich wiedererkannte. Ihr besonderes Interesse galt dabei der Titelheldin, deren archaische Kontur bereits in ihrer Namenlosigkeit anklingt. SHE nun ist nicht nur Meisterin des Verschwindens, sie muß auch den Tod nicht fürchten. SHE ist eine mit den Kräften der Natur und des Lebens vertraute Zauberpriesterin, die sich, indem sie ihre Jugend in der an verborgenem, unzugänglichem Ort aufsteigenden Lichtsäule des Lebens von Jahrtausend zu Jahrtausend erneuert, eine okkulte Unsterblichkeit sichert. In einem felsigen Gelände an der Küste Afrikas steht sie einem auf primitivster Stufe dahinvegetierenden Kannibalenstamm als grausame Priesterin und Königin vor. Ihr Reich, das die sinistren Gänge ausgehöhlter Berge umfaßt, gründet sich auf den Trümmern einer versunkenen, ganz dem Dienst der Toten geweihten Kultur. Mumien, Totenstädte, Folterungen und Totenbräuche bilden den Hintergrund. SHE selber hat sich in den dreitausend Jahren ihrer Herrschaft ganz ins Bergesinnere zurückgezogen. Ihren Untergebenen zeigt sie sich nicht,

> *es sei denn in einen großen Mantel eingehüllt, so daß niemand ihr ins Gesicht sehen konnte. Die, die ihr zu Diensten standen, waren taub und stumm und konnten daher nichts erzählen, aber es wurde berichtet, daß sie so schön sei wie kein anderes Weib schön sei oder je gewesen sei.*[25]

Doch beschreibt der Autor mehr als ein geheimnisvolles Regime. Er schickt zwei aufgeklärte englische Wissenschaftler auf die Reise, die, von alten Schriften nach Afrika gewiesen, das Reich der SHE aufsuchen und ihre Schönheit und Unsterblichkeit erforschen wollen. Auf ihrem Weg treffen die beiden Männer, die nicht nur Professoren, sondern auch gelehrte *Voyeure* sind, auf viele Hindernisse – gewaltige und scheinbar unübersteigliche Kulissen schützen das unsichtbare Weib: das entlegene afrikanische Sumpfgelände, das es zu durchqueren gilt, das Vulkanmassiv dort, „wo die reiche braunfarbige Klippe von Abgrund zu Abgrund aufschoß, bis sich ihre Krone in den Wolken verlor“[26]. Wer sich SHE nähern möchte, scheitert an schroffen Felswänden, verdirbt in den tellurischen Sümpfen eines matriarchalischen Landes. Allein die Kenntnis geheimer Pfade bringt die Eindringlinge dem Ziel ihrer Blicke, der verborgenen Königin, näher. Doch noch bevor sie gefunden ist, zeigt sie sich dem Wissenschaftler Holly in einer Traumvision, die ihn durch ein raffiniertes Widerspiel von Verbergen und Enthüllen fesselt. Noch bevor er ihrer ansichtig wird, phantasiert er ihre allmähliche Entkleidung:

Dann schwankte im Hintergrund der Traumszene immerzu eine verhüllte Gestalt, die – so schien es – von Zeit zu Zeit die Hüllen von ihrem Körper riß, um jetzt einerseits den vollkommenen Umriß einer lieblich blühenden Frau zu offenbaren, andererseits aber wieder die weißen Knochen eines grinsenden Skeletts, das, während es sich entschleierte und verschleierte, den rätselhaften und scheinbar sinnlosen Satz äußerte: Das Lebendige hat den Tod gekannt, und das Tote kann niemals sterben, denn im Kreis des Geistes ist das Leben nichts und der Tod nichts.[27]

Im träumerischen Vorgriff deutet sich jene „proleptische“ Bewegung an, der sich die Betrachter der ermordeten Elisabeth überlassen werden: den artistischen Wechselsprüngen zwischen Gestalt und Skelett einerseits, zwischen bewundernden und sezierenden Blicken andererseits. SHE rückt dabei nicht als Leiche, sondern als lebendiges Forschungsobjekt ins Visier. Der Forscher indessen, der sie betrachtet, unterscheidet sich kaum mehr von Ernest Tissot, der die Leser des „Livre des Reines“ mit pikanten Experimenten unterhielt. Den Arbeitshypothesen des reisenden Professors aus Cambridge sind enge Grenzen gezogen. Sein wissenschaftliches Interesse erweist sich als ein vordringlich voyeuristisches. Auch er vermag sich die Unbekannte allein in einer Entkleidungsszene vorzustellen, ihrer Nacktheit gilt sein höchstes Forschungsinteresse. Darüber hinaus will ihm zu einer dreitausendjährigen Königin nichts einfallen, und sein Traum wird ihn nicht täuschen. Als Holly das Allerheiligste, das Gemach der Königin, betritt, hebt das geträumte Spiel von Verbergen und Enthüllen planmäßig an:

Eine große Gestalt stand vor uns ... nicht nur der Körper, sondern auch das Gesicht war mit einem weißen und hauchdünnen Stoff eingehüllt und zwar auf eine Weise, daß sie mich ... heftig an eine Leiche in ihrem Grabgewand erinnerte. Doch (sah ich), daß die Hüllen so dünn waren, daß ich deutlich den Schein des rosigen Fleisches darunter bemerken konnte ... Ich konnte jedoch klar er-

SHE enthüllt sich. Illustration von Maurice Greiffenhagen und Charles H. M. Kerr zu Henry Rider Haggards Roman „She". 1892

kennen, daß die eingewickelte, mumienähnliche Form die einer großen und schönen Frau war, – in jedem ihrer Teile durchdrungen von Schönheit und von einer gewissen schlangenhaften Anmut, der ich bis heute nichts zu vergleichen wüßte. Wenn sie eine Hand oder einen Fuß bewegte, schien ihr ganzer Körper in Wellenbewegungen überzugehen.[28]

Bevor sich die Enthüllung vollendet, gibt die geheimnisvolle SHE bereitwillig über ihre Lebensweise Auskunft. Es ist zu vermuten, daß sich Elisabeth an dieser Stelle ihrer Verwandtschaft mit Haggards Romangestalt in besonderer Weise bewußt wurde. Tatsächlich sind die Ähnlichkeiten sowohl im Äußeren als auch in der Lebensführung frappant. Erstens exzellieren beide mit derselben Haartracht: die rabenschwarzen Locken der SHE, die auf die schneeigen Gewänder herabfallen, rufen jenes berühmte Portrait ins Gedächtnis, das der Maler Franz Xaver Winterhalter von der Kaiserin mit offenem Haar anfertigte, und auf dem Elisabeth ein ähnliches Negligée trägt wie ihre archaische Kollegin. Zweitens erinnern auch die frugalen Mahlzeiten der Unsterblichen an die asketischen Speisepläne Elisabeths. Nichts als Früchte, ein bißchen Wasser und etwas Mehlgebäck dienen beiden zur Nahrung.[29]

Im selben Moment aber, in dem SHE über sich selbst spricht, warnt sie den begehrlichen Betrachter vor den versehrenden Wirkungen ihres Gesichtes. Dabei gemahnt sie ihn an jenen Mythos, den die Zeitgenossen auch für Elisabeth bereit halten – an die Geschichte von Artemis und Aktaeon. Dreitausend Jahre Bildung zeitigen ihre Früchte:

Es scheint – sagt SHE (Anm. d. V.) –, daß du die alten Mythen der griechischen Götter kennst. Gab es nicht einen Aktaeon, der elend zugrunde ging, weil er zuviel Schönheit gesehen hatte? Wenn ich dir mein Gesicht zeige, würdest du vielleicht ebenso elend zugrundegehen, vielleicht würdest du dein Leben in ohnmächtigem Begehren vertun, denn wisse: Nicht für dich bin ich.[30]

Obwohl ihm der Blick auf SHE langjährige Depressionen und Delirien einträgt, kann hier das traurige Ende der afrikanischen Exkursion nicht gewürdigt werden. Dennoch mag schon aus den zitierten Passagen erhellen, daß die mythologischen Reize des Textes für das Selbstverständnis und die Selbstinszenierungen der Kaiserin einige Bedeutsamkeit beanspruchen. Haggards Roman versetzt die Verweigerungen und das Verschwinden Elisabeths in ein atemberaubendes, archaisches Szenario und versieht sie mit mythischen Entsprechungen: Der Rückzug aus den Pflichten der Repräsentation führt nun ins dunkle Herz eines afrikanischen Felsens, Fächer und Schirm der Kaiserin verwandeln sich in die Gazebinden der Mumie. Aber auch der zudringliche Blick der Männer, unter dem die Herrscherin des 19. Jahrhunderts leidet, wird in die Erzählung eingebunden. Wie in Österreich konkurrieren im fernen Afrika die Listen der weiblichen Verweigerung mit denen der Voyeure, wobei die Gegner nicht im kleinräumigen Europa, sondern vor ungeheuren Kulissen aufeinandertreffen. Haggard siedelt den Stellungskrieg der Geschlechter auf monumentalem Gelände an.

Gleichzeitig schreibt er der Königin SHE die mythologischen Eigenschaften jenes Typus zu, der als Femme fatale die Literatur des 19. Jahrhunderts traumatisch beschäftigt. In der Gestaltung der Titelfigur bewährt sich der Typus jener verderbenbringenden Weiber, die schlangengleich und böse den Mann in ihre Netze locken. Mit SHE setzt sich die Reihe der weiblichen Dämonen fort, die das Bild der österreichischen Kaiserin vielfach überblenden und über seine bloß menschlichen, bloß weiblichen Begrenzungen hinausführen. Kaiserin, Totengöttin, Femme fatale verschmelzen zur archetypischen Figur, und aufs neue drängen sich die Schatten von Leonardos Mona Lisa oder Christomanos' Persephone an Elisabeth heran.

Aber nicht nur die Texte Haggards, Hermann Bahrs oder Christomanos' zeugen von der Wirksamkeit solcher Männerphantasien. Auch die Kaiserin selbst verfolgt das grandiose und sadistische Projekt fataler Weiblichkeit. Ihre Gedichte, die zu großen Teilen einer romantischen Selbstbestimmung dienen, weisen deutliche Spuren der Haggard-Lektüre auf. Ganz nach dem Vorbild von SHE führen sie Elisabeth als männermordende Zauberin vor. Gleichzeitig bemüht die belesene Verfasserin byronsches Gedankengut, um ihre illustre Einsamkeit zu formulieren. Sie spricht aus der Mitte jener Eiswüsten, die der englische Dichter in den Herzen der Herrschenden wachsen sah:

Aus meiner hohen Eisregion/ Ruf ich zu dir hernieder: Dein Minnen ist umsonst, mein Sohn (vgl. „denn wisse: Nicht für dich bin ich!")/ Erstarrtes grünt nie wieder.

Viel hundert Jahre bin ich alt/ Jung bist noch du/ Mein Herz ist kalt, so eisig kalt/ Kehr heim in Ruh.

Besitzest du den kecken Mut/ Mich jemals zu erreichen?/ Doch tödtet meine kalte Glut,/Ich tanze gern auf Leichen.[31]

Bilder und Konstellationen dieses Gedichtes erklären sich

buchstäblich aus den archaischen Herrschaftsverhältnissen, die Haggard in seinem Roman zur Anschauung bringt. Auch SHE feiert ihre Orgien auf den Leichen der kaltblütig Gemordeten, auch sie genießt den unermeßlichen Abstand zwischen sich und ihren Verehrern.

Die „vielen hundert Jahre", von denen SHE/Elisabeth in ihrem Gedicht spricht, vermelden indessen nicht die Siegesbotschaft einer heiteren Unsterblichkeit. Sie stehen ganz im Zeichen des Todes, so wie sich auch die langlebige SHE anstatt mit den Symbolen des Lebens und der Fruchtbarkeit mit toten Dingen, mit den Zeichen des Todes umgibt. Die Konservierung der Jugend erfolgt in beiden Fällen um den Preis verfrühter Todesstarre und allgegenwärtiger Todesnähe. So wie sich SHE in die Felsen zurückzieht, verschwindet die hinter dem Fächer verborgene Kaiserin für lange Jahre in der Niemandszone zwischen Tod und Leben. Niemand weiß, ob die im Umlauf befindlichen Portraits der Verborgenen noch gerecht werden. Die Maske des Lebens, die sie darstellen, zeigt nur die Totenstarre einer trügerischen Jugend, und fraglich ist, ob die Kaiserin auch weiterhin ein Meisterwerk der Natur oder aber das gealterte Gesicht vor den Blicken schützt.

Der Todesgedanke reinigt wie ein Gärtner, der das Unkraut jätet, wenn er in seinem Garten ist. Aber dieser Gärtner will immer alleine sein und ärgert sich, wenn Neugierige in seinen Garten schauen. Deshalb halte ich den Schirm und den Fächer vor meinem Gesicht, damit er ungestört arbeiten kann.[32]

Während der Gärtner im Verborgenen seine Arbeit tut, bleiben die Portraits der schönen Kaiserin unwiderrufen. Noch in den achtziger Jahren des 19. Jahrhunderts bekunden sie den alterslosen Liebreiz Elisabeths. Doch sind sie nun nicht mehr Dokumente eines bestimmten Lebensalters, sondern verklärende Beschwörungen einer zeitlos gültigen Imago. Indem sie so früh die tödliche Erstarrung vorwegnehmen, bereiten sie die postume Karriere Elisabeths vor, die nur die ebenso makellosen wie zeitlosen Bilder ihrer Schönheit in Umlauf setzen wird. Diese Alterslosigkeit ist aber auch der Nährboden des Unheimlichen und trägt der Kaiserin die dämonischen Attribute der Mona Lisa, der Femme fatale ein. Elisabeth wird mit der gefährlichen Aura versunkener Zeitalter versehen und den mythischen Gestalten der Dekadenz eingereiht. Nach ihrem Tode leuchten die Bildnisse, die die verschwiegene Zwischenzeit des Alters überdauerten, in den düsteren und prächtigen Farben des Fin de siècle auf. Aus der jugendlichen Schönheit geht die tausendjährige Sphinx hervor.

Verschwinden und Geschwindigkeit

So öffnet sich ein mythologisches Feld, auf dem sich die biographischen Motive aus dem Leben Elisabeths mit den literarischen Motiven der Epoche verknüpfen. Dabei geht das Verschwinden der Kaiserin in eine archaisierende Erzählung ein, als realisiere sich in Elisabeth nicht ein zeitgenössischer – gar ein moderner Frauentypus, sondern die Chiffre weiblicher Abgründigkeit. Die weitläufige afrikanische Kulisse, in der die Ausstattung späterer Hollywoodproduktionen vorweggenommen ist, lenkt von jenen konkreten historischen Konstellationen ab, die Elisabeths Verweigerung bedingen und die ihrem Verschwinden eine ganz andere und zeitgemäße Form geben.

Denn so deutlich sich hinter den Dächern der Hofburg Haggards afrikanisches Vulkanmassiv abzeichnen mag, so glücklich der Vergleich zwischen SHE und Elisabeth sich anläßt, er ist nicht bis zum Ende durchführbar. In je verschiedener Weise wirken die Kaiserin und die Königin am Gewebe ihrer Mystifikationen. SHE zieht sich an einen innersten Punkt zurück, in die Höhle, um sie, vor den Blicken und vor der Zeit geschützt, niemals zu verlassen. „Lebt SHE immer hier“, fragte Holly, „oder verläßt sie dann und wann den Berg?“ „Nein, nein, mein Sohn, wo sie ist, da ist sie.“[33] Diese Behauptung würde gegenüber der österreichischen Kaiserin ein kategoriales Mißverständnis darstellen. Anders als SHE ist Elisabeth nicht dort, wo sie ist. Während die afrikanische Königin bei aller Unsichtbarkeit seßhaft ist und den Blicken der Beharrlichen durchaus willfahrend, wird Elisabeth im Bergesinnern nicht anzutreffen sein, und auch sonst hat sie keinen festen Wohnsitz.

Demnach ist an dieser Stelle die *Mythologie* des Verschwindens, die mit Haggards Roman geliefert ist, von der

Inszenierung des Verschwindens genauestens abzugrenzen. Es zeigt sich im Vergleich, daß die geheimnisvollen und unbeweglichen Bilder der SHE diejenige nicht zu bezeichnen vermögen, die das Bergesinnere mit Schiffen und Zügen vertauscht. Die Fluchthelfer der Kaiserin sind nicht die Höhle und ihr undurchdringliches Dunkel, sondern die Geschwindigkeiten. Durch Reisen verbirgt sie sich vor den Augen der Menge, ein Reisen zudem, das sich modernster Vehikel bedient und das Tempo der traditionellen Fortbewegung bei weitem überbietet. Nicht allein Fächer, Schirme und Schleier, sondern vor allem Schnelligkeit und Beschleunigung bedrohen die Tableaus der kaiserlichen Repräsentation und entführen die Herrscherin. Statt das eigene lebende Bild auszustellen und das Publikum mit ihrem Anblick zu erfreuen, besteigt sie ein Fahrzeug und verschwindet. Nur ein Eisenbahnunfall könnte sie aufhalten und das entführte Bildnis zurückerstatten.

Andererseits werden der Geschwindigkeit nicht nur kleptomanische, sondern auch ikonoklastische Wirkungen zugeschrieben: Wer sein Menschenbild dem Tempo überantwortet, der wird es nicht immer unbeschadet zurückerhalten. Insbesondere muß jene strahlende Bildlichkeit leiden, welche die traditionelle Erscheinungsweise der Frau darstellt. Wo die Frau nicht mehr zur Stelle ist und auf Reisen geht, ersetzen Streckenkarten die Linienzüge ihres Gesichtes, und die unberechenbare Folge der Reisestationen bestimmt das paradoxe Bild der Verschwindenden.

Zu dieser Entwicklung sei der französische Theoretiker Paul Virilio befragt, denn der Begründer der „dromologischen“ Wissenschaft, die sich mit den ästhetischen, urbanen, physikalischen und metaphysischen Folgen der Geschwindigkeitsentwicklung befaßt, untersucht den Sturz der alten Göttinnen und den Kurswechsel weiblicher Schönheit im Zeitalter moderner Fortbewegungstechnologie. Er beschreibt die unwiderrufliche Metamorphose der weiblichen Repräsentation. Seinen Ausführungen zufolge ist das Bild der Frau, das in den Schreinen vergangener Epochen anzutreffen war, nun zu einem bedeutungslosen Ornament geworden, während sie selbst sich den transformierenden Wirkungen der Geschwindigkeitstechnik überläßt:

Zu Beginn des Jahrhunderts begibt sich auch die Frau zunehmend ihres Rechts auf Schönheit; sie gibt ihr berühmtes Korsett auf zu einer Zeit, als die Rüstung des Wettlaufs und der Rüstungswettlauf gesellschaftliche Dimensionen annehmen. Die Befreiung der Frau setzt etwas frei, die Verführung durch die Technik. Die Frau kann nun sportliche Rekorde aufstellen, in schnelle Maschinen steigen; auch für sie wird das Cockpit des Flugzeugs oder die Fahrkabine des Autos zum neuen Korsett . . . das artifiziell Weibliche wird nunmehr eingesetzt zur Aufwertung des Fahrzeugs, im Schönheitswettbewerb, als Werbemetapher und in der politischen und militärischen Propaganda.[34]

Das Zentrum weiblicher Repräsentation sei damit verwaist, das Bild der Frau weiche der „wunderbaren Mechanik des Körpers der Frau als Bewegungsträger."[35] Die Mobilisierung erfaßt nun auch die alten Ikonen der Weiblichkeit, sei es nun der Madonna oder der Landesmutter, auch sie, die Heiligtümer traditioneller Frauenschaft, die Seßhaften, die Lieblichen, werden von der Beschleunigung der Bilder in Mitleidenschaft gezogen. In Zukunft haben sie den Vergleich mit jenem Typus zu ertragen, der nicht im Innern der Berge, sondern auf der Leinwand sein zeitgemäßes Wesen treibt – mit dem Filmstar, mit der ephemeren Diva, die mit einer Geschwindigkeit von 24 Bildern pro Sekunde über die Kinowände flackert. Ihre Sichtbarkeit verdankt sie in Hinkunft allein dem Licht.

Per definitionem muß der Star leuchten . . . spiegelnde Stoffe aus blinkenden Metallen sollen aus der Schauspielerin selbst ein Wesen machen, das keine feste Form besitzt und so durchscheinend ist, als würde das Licht den Körper durchdringen. Das Material des Films ist allerdings wirklich durchsichtig und der Star nur das Absorptionsspektrum, das dem Blick des Zuschauers dargeboten wird: ein Phantom, das man inter-viewt.[36]

Der Pakt von Licht und Tempo gefährdet das alte Theater weiblicher Repräsentation, indem er es einer grandiosen Dynamik unterwirft. Auftritt und Verschwinden verschmelzen ineinander, das eine das andere bedingend. Das Frauenbild transformiert sich in die illuminierte Erscheinung einer flüchtigen Sekunde, es verläßt die alten Stätten der Anbetung, um als „rapide vision" ein allzu vergängliches Glück zu versprechen. Damit sind die alten Auftrittsregeln außer Kraft gesetzt und die alten Paravents und Wandschirme, hinter denen sich die Königinnen der Komödie versteckten, aus der Mode. Elisabeth nimmt es mit Licht und Tempo auf, auch wenn das Kino erst erfunden werden muß: Sowohl die filmischen Lichteffekte als auch die Geschwindigkeit des Lichtbildes sind in ihren Erscheinungskünsten vorweggenommen.

Georges Seurat: Dame in Schwarz. Kreidezeichnung. Um 1892

So betreiben letztlich alle Themen der kaiserlichen Biographie die Auflösung des repräsentativen Kaisertableaus. Sei es, daß sich das elisabethanische Gegenzeremoniell hinter geschlossene Türen zurückzieht, sei es, daß die heraldische Schönheit hinter dem Fächer verschwindet, sei es, daß sie den offiziellen Anlässen mit dem Zug davonfährt – bei allem werden die monarchischen Zeigepflichten widerrufen.

Zwar entfaltet die Schau des Kaiserhauses zur gleichen Zeit eine ungeheure Pracht. Doch sagt die Lücke im Zeremonienbild, der Schleier, wo ein Gesicht sein sollte, das Ende der habsburgischen Demonstrativa voraus. Elisabeths Abwesenheit destabilisiert jenes machtvolle Zeugnis monarchischer Kontinuität und Potenz, das der Öffentlichkeit geboten werden soll.

Nur das Phantasieren überläßt die Kaiserin der Mitwelt und Nachwelt. Mit ihrem Verschwinden räumt sie denen das Feld, die den Schemen der Abwesenden mit den eigenen schalen Traumfarben bemalen. Die Flüchtige taucht in Hinkunft in den imaginären Menagerien der patriotischen Schwärmer, der Dichter des Fin de siècle auf: einmal als Mater dolorosa, dann wieder als kaiserliche Garantin zeitgenössischer „Nervenkunst", und in alledem hätte sich erwiesen, daß es das Weib ist,

das den stärksten Schatten und das stärkste Licht in unsere Träume wirft. Das Weib ist verhängnisvoll suggestiv; es lebt von einem anderen als seinem eigenen Leben; es lebt ein geistiges Leben in jenen Phantasien, in denen es befruchtend umgeht.[37]

Elisabeth hinter vorgehaltenem Fächer bei einer Reitjagd im ungarischen Gödöllö. Photographie. Um 1875

Die Bildnisse der Kaiserin Elisabeth

Dem Verfall von Öffentlichkeit und der Auflösung von gesellschaftlichen Zeremonien im bürgerlichen 19. Jahrhundert scheint das repräsentative Herrscherbildnis vorerst zu entgehen. Ein einheitliches Bildschema behauptet sich bis in die zweite Hälfte des 19. Jahrhunderts mit erstaunlicher Konstanz. Sein Prototyp, das Bildnis Ludwigs XIV. von Hyacinthe Rigaud (Abb. Seite 178), zeigt den Sonnenkönig als Mittelpunkt eines Tableaus, das demonstrativ die prunkvollen Zeichen absolutistischer Macht zur Schau stellt.[1] Die Rhetorik dieses Bildes wird im Staatsportrait des 19. Jahrhunderts verbindlich: ausladende Draperien monumentalisieren Herrscher und Herrscherin. Kronen, Szepter und Orden schmükken eine statuarische Symbolfigur, die, einzig durch die Portraitähnlichkeit individualisiert, in die Ahnengalerie einer monarchischen Dynastie eingeht. Denn Individualität ist in diesem „portrait d'apparat"[2] kaum gefragt. Das Repertoirestück staatlicher Propaganda benötigt vielmehr einen affektlosen Hauptdarsteller, der die Attribute seines Standes möglichst vorteilhaft präsentiert. Als Beispiel sei hier das Staatsbildnis von Victoria von England aus dem Jahr 1843 zitiert (Abb. Seite 178). Ästhetische Angriffe auf die stereotypen Bildnisse werden pariert, indem eine akademische Doktrin das „portrait d'apparat" zur aller Zeitlichkeit und Veränderung enthobenen Formel erklärt. Im Herrscherportrait des 19. Jahrhunderts gehen Historismus und politische Repräsentation ein heikles Verhältnis ein. Die Bildformel beschwört den ideologischen Anspruch gottgestifteter Monarchie und die Kontinuität einer Herrschaft, die durch die politische und soziale Entwicklung längst in Frage gestellt ist. Die monarchistische Propaganda behauptet ihre prekäre Legitimität im erstarrten Bild: Das Symbol wird zum nostalgischen Ornament.

Daß sich die stereotype Formel des repräsentativen Bildnisses so lange zu halten vermochte, liegt nicht zuletzt daran, daß die europäischen Herrscherhäuser zwischen 1838 und 1870 den gleichen Hofmaler beschäftigten. Franz Xaver

Winterhalter, ein deutscher Maler, der sich in Paris niedergelassen hatte, konterfeite in dieser Zeit beinahe sämtliche Hoheiten Europas. Zu Recht behauptete der französische Kunstkritiker A. Stevens in seinem Salonbericht von 1863: „Winterhalters Spezialität ist es, alle Königinnen und Prinzessinnen dieser Welt zu malen; man könnte meinen, die

Links: Hyacinthe Rigaud: Ludwig XIV. im Krönungsornat. Öl/Lwd. 1701. Louvre, Paris
Rechts: Franz Xaver Winterhalter: Victoria von England. Öl/Lwd. 1843

erlauchten Häupter erhielten ihre Weihe erst durch seinen Pinsel.“[3] Die Winterhalterschen Bildnisse des französischen, englischen, russischen und österreichischen Hofes zeigen eine heute gespenstisch anmutende Galerie von gekrönten Häuptern, deren Einheitlichkeit die jeweiligen Einzeldarsteller in Statisten des monarchischen Theaters verwandelt. Bei näherem Hinschauen erweist sich jedoch das traditionelle Herrscherportrait als eine Fassade, die vor einer andersartigen Bilderwelt steht. Vor allem in den Frauenportraits lassen sich Verschiebungen und Verzerrungen beobachten, die auf die Brüchigkeit der Gattung, auf Sprünge im Tableau hinweisen. Hinter der dynastischen Propaganda des repräsentativen Bildnisses tut sich eine Welt auf, die Königin Victoria von England in ihrem Tagebuch poetisch als „secret“[4] bezeichnet. Dieser geheimnisumwitterte Raum ist derjenige der Privatheit oder „Intimität“, der im bürgerlichen 19. Jahr-

Franz Xaver Winterhalter: Königin Victoria mit gelöstem Haar. Öl/Lwd. 1843. Besitz der Königin von England

hundert in Absetzung von der aristokratischen Kultur entstanden ist. In den Portraits von Winterhalter spiegelt sich die Infiltration der aristokratischen Hochkultur durch bürgerliche Formen. Die „Heimlichkeit“ der für die Öffentlichkeit nicht einsehbaren Räume der Herrscher beherbergt eine Sammlung „privater“, bürgerlich inspirierter Bilder.

Gleichzeitig mit dem offiziellen Staatsportrait (Abb. Seite 178) malt Winterhalter 1843 ein weiteres Bildnis der englischen Herrscherin, „Königin Victoria mit gelöstem Haar“ (Abb. Seite 179). Der Kopf einer jungen, sinnlichen

Frau ruht ungezwungen auf einem roten Kissen, über Schulter und Brust kringelt sich neckisch eine Locke. Unterschiedlicher könnten die beiden Bildnisse nicht sein: Der pathetischen Herrscherinnendarstellung steht das intime, genrehafte Medaillonbildnis gegenüber. Ein Doppelbildnis von Victoria und ihrer Cousine Victoire, ebenfalls den intimen Darstellungen zuzurechnen, ist dem Bildnis der jugendlichen Victoria sehr nahe und weist auf die Ästhetik der geheimen höfischen Bildproduktion hin: „. . . etwas Almanach, etwas Vielliebchen und Vergißmeinnicht . . . man sieht ihnen (den Bildern, Anm. d. V.) eben eine Zeit an, wo es Stammbücher, viele Spiegel, Modejournale und viele Titelkupfer von Taschenbüchern gibt"[5]. Das boshafte Zitat macht deutlich, daß es sich beim intimen Bildnis der englischen Königin keineswegs um eine individuelle Darstellung, sondern um sentimentale Salonromantik handelt. Formeln aus zweiter Hand – man denke an die Mädchenbildnisse eines Greuze oder an englische Vorbilder aus dem 18. Jahrhundert wie Thomas Gainsborough – werden klischeehaft variiert. So ist es nicht die „Innerlichkeit" der Königin, die zur Darstellung kommt, sondern es sind trivialisierte bürgerliche Bildformeln, die schon ihres erotischen Gehaltes wegen geheimzuhalten wären: die intimen Bildnisse der Königin mit sinnlich halbgeöffnetem Mund und sehnsüchtig-verhangenem Blick könnten deutlicher nicht sein. Der Blick auf ein weiteres Gemälde von Winterhalter illustriert die Liaison von Geheimnis und Sinnlichkeit am viktorianischen Hof. „Florinde" (Abb. Seite 194), eine Mischung aus allegorischer Historie und Genreszene nach einer modischen literarischen Vorlage, zeigt den ikonographisch nur leicht verhüllten voyeuristischen Blick des 19. Jahrhunderts auf nackte Weiblichkeit. Im Unterholz versteckt, beobachtet ein Zuschauer heimlich eine Gruppe von locker gekleideten Schönheiten, die sich am Ufer eines Teiches tummeln. Orientalische Vergnügungen, ein Bad Dianens und romantisch inspiriertes Mittelalter verbinden sich zur akademisch geglätteten Genreszene; dem Bildbetrachter wird als Anleitung zur Lektüre des Gemäldes pikanterweise der königliche Voyeur in den Büschen mitgeliefert. Winterhalter versuchte sich durch die Ausstellung von „Florinde" an der Royal Academy als respektabler Historienmaler von seinen „Portraitsünden“ zu rehabilitieren. Königin Victoria jedoch, die das Bild im Atelier des Künstlers sah, wollte es als geheimes Gemälde in ihre Sammlung aufnehmen. Was von Winterhalter als akademisches Bravourstück gemalt wurde, rezipiert Victoria als virtuelle „peinture secrète“. Das konventionelle Salongemälde ist ebenso „geheim“ wie das intime Bildnis von Victoria. Beide Gemälde kennzeichnen die Übernahme bekannter Bildformen aus der Geschichte der Malerei und die erotisierte Darstellung von Weiblichkeit. Geheim sind sie lediglich dadurch, daß sie der Öffentlichkeit nicht gezeigt werden.

Dies wirft ein interessantes Licht auf die intimen Bildnisse der englischen Königin: Im privaten Bildnis scheint nicht mehr Individualität auf als im Staatsportrait, das intime Herrscherinnenbildnis ist konventionell und formelhaft. Der Eindruck von Intimität entsteht im Kontrast: Der pathetischen Herrscherinnendarstellung steht das bürgerlich inspirierte Medaillonportrait gegenüber. Diese Verbindung von Geheimnis und Konvention zeigt die höfische Privatheit als Gegenstück zur offiziellen Repräsentation. Privatheit und Repräsentation sind zwei Seiten des königlichen Ausstattungswesens, denen zwei Formen bildlicher Darstellung entsprechen. Während das offizielle Bildnis durch die traditionelle Herrscherikonographie fixiert ist, bestimmen die eklektische Wahl genrehafter Bildformen und ein Akt der Ernennung zum „Geheimnis“ das intime Portrait.

Diesem erweiterten Zeremoniell des Herrscherinnenbildnisses mit seiner Aufteilung zwischen öffentlichem und privatem Raum innerhalb der höfischen Sphäre gehorchen die Portraits der Kaiserin Elisabeth von Österreich nicht mehr. Der internationale Hofmaler Winterhalter wurde 1864 nach Wien berufen und schuf drei außergewöhnliche Gemälde: Die Bildnisse „Kaiserin Elisabeth mit verschlungenem Haar“ (Abb. Seite 79) und „Kaiserin Elisabeth mit gelöstem Haar“ (Abb. Seite 2) scheinen zwar dem intimen, das Bildnis im Ballkleid „Kaiserin Elisabeth von Österreich“ (Abb. Seite 185) dem repräsentativen Genre anzugehören, alle drei sprengen jedoch ihren Rahmen.

Die intimen Portraits frappieren durch ihren unverkennbaren Ausdruck von Individualität und ihre eigenwillige Ikonographie. Ihre Verwendung im höfischen Milieu – beide hingen im Arbeitszimmer von Franz Joseph, dem intimsten Raum des Kaisers, – macht sie zu eigentlich privaten Bildnissen:

Die intimen Bilder zeigen Elisabeth einmal mit entblößter rechter Schulter und lang herabfallender, wie ein Kleid um sie gelegter brauner Haarpracht. Das Bild ist in seiner Art sehr schön, das zweite aber, das Elisabeth in einem leichten, duftigen Morgengewand darstellt und die breiten Flechten ihres wundervollen Haares vor der Brust zu einem Knoten geschürzt herabfallen läßt, erregte das höchste Entzücken des Kaisers Franz Joseph. Dieses Gemälde wurde im Arbeitszimmer des Monarchen dem Schreibtisch gegenüber so aufgestellt, daß sein Blick darauf fiel, sowie er von den Papieren aufsah.[6]

Nicht der Ausschluß der Öffentlichkeit verleiht diesen Bildern Privatheit, sondern ihre private, individuelle Funktion. Die intimen Bildnisse der Kaiserin Elisabeth vergegenwärtigen dem arbeitssüchtigen Monarchen die Schönheit seiner ewig abwesenden, reiselustigen Gattin.

Im offiziellen Portrait, einem Gegenstück zum Bildnis des Kaisers Franz Joseph (Abb. Seite 184), fehlen Ornat und Insignien. Ein Vergleich mit dem männlichen Pendant macht die Besonderheit des Elisabeth-Bildes deutlich: Der Kaiser trägt die Uniform eines Marschalls der österreichischen Armee. Verschiedene Orden zieren seine Brust. Auf einem Sessel links vom Kaiser liegt sein zusammengefalteter Umhang und der Helm. Repräsentives Säulendekor bildet auf beiden Seiten den Bildrand und unterstreicht die statische Haltung des Herrschers. Auch die Kaiserin bewegt sich im üblichen Dekor des repräsentativen Portraits, monumentale Säulen und eine vage Parklandschaft bilden jedoch den Rahmen für einen märchenhaften Auftritt. Halb abgewendet und über die Schulter zurückblickend, dreht Elisabeth ihr Gesicht dem Betrachter zu. Nur kurz scheint sie in ihrem Gang über die Terrasse einzuhalten, den Eindruck von Flüchtigkeit unterstreicht der Schleier um ihre Hüften und ein dunkler Schatten, der auf die impressionistisch gestalteten Satin- und Tüllfluten der Pariser Kreation fällt, die sie trägt. Im kunstvoll geflochtenen Haar stecken ihre berühmten Diamantsterne; eine Perlenkette und ein großer Fächer bilden die einzigen weiteren Accessoires, sieht man vom üppigen Oleanderstrauch ab, der aus ihrem Kleid hervorzusprießen scheint. Nur für einen kurzen Moment taucht die Ballkaiserin als romantische Vision im hellen Licht auf. So wenig ist dieses Bildnis der österreichischen Kaiserin Staatsportrait, daß Egon Conte Corti in einem Aufsatz über Winterhalter die Existenz eines zweiten repräsentativen Portraits postuliert:

Von den beiden Bildern im großen Hof- und Ballstaat ist das herrlichste das mit den funkelnden Edelsteinsternen im Haar. Das andere, etwas kälter und förmlicher, schmückt neben einem gleichen Bild des Kaisers den großen Audienzsaal der Hofburg.[7]

Nun ist von einem weiteren Portrait der Kaiserin nichts bekannt; weder durch das Verzeichnis der Winterhalterschen Werke bei Franz Wild[8] noch durch Kopien oder Stiche hat man Kenntnis von einem zweiten Staatsportrait. Ein weiteres Rätsel dieses ungewöhnlichen Bildnisses ist dessen Datierung auf das Jahr 1865. Man weiß, daß Winterhalter im Laufe des Sommers 1864 nach Wien gekommen war, abgereist ist er jedoch noch vor Jahresende. Auf einer signierten Zeichnung vom 19. Oktober 1864, die ein persönliches Memento des Malers darstellt, hält dieser zudem fest: „Dies ist ungefähr die Stellung in welcher ich das letzte Portrait I. M. der Kaiserin Elisabeth gemalt habe.“[9] Das Staatsbildnis muß also trotz der späteren Datierung schon 1864 entstanden sein.

Das seltsame Gerücht von einem weiteren Bildnis der Kaiserin und die rätselhafte Datierung des offiziellen Bildnisses lassen sich nur durch die besonderen Umstände der Berufung Winterhalters und die von Kaiserin Elisabeth intendierte Funktion der Bildnisse erklären. Nicht als Hofmaler, sondern als Maler weiblicher Schönheit war der Künstler nämlich nach Wien bestellt:

Hier reizte es ihn vor allem, die klassischen Züge und die unvergleichliche Anmut der jungen Kaiserin Elisabeth von Österreich zu malen, deren körperliche Eigenschaften sie im vollsten Sinn des Wortes und nicht nur in byzantinischer Schmeichelei zur vollkommensten Schönheit ihrer Zeit erhoben.[10]

In den sechziger Jahren des 19. Jahrhunderts war die Stellung Elisabeths als schönste Herrscherin Europas jedoch noch nicht gesichert, hatte sie doch eine mächtige Konkurrentin in Eugénie, der Gemahlin Napoléons III. Als Tochter eines spanischen Adeligen und einer schottischen Weinhändlertochter verdankte Eugénie ihren Aufstieg zur Impératrice weiblichen Reizen. Im Frankreich des Second Empire erhält die Schönheit eine öffentliche und repräsentative

Franz Xaver Winterhalter: Kaiser Franz Joseph I. Öl/Lwd. 1864. Kunsthistorisches Museum, Wien

Funktion, die Aristokratie des Körpers ersetzt diejenige des Blutes. Das wissen die Gebrüder Goncourt, wenn sie im Hinblick auf Eugénie ironisch kommentieren:

Die Frau ist eigentlich reizend. Sie hat Augen, die nur Lächeln sind, und Grazie . . . Weder Königin noch Prinzessin, – eine Kurortkaiserin, eine Kaiserin nicht von Frankreich, sondern von Baden-Baden. Wenn man so will: Marie-Antoinette vom Ball Mabille.[11]

Die Schönheit der Maskenballkaiserin entschädigt für ihre fehlende dynastische Legitimität.

Franz Xaver Winterhalter nun war der Leibmaler Eugénies, seine hauptsächliche Aufgabe bestand in der bildlichen Reproduktion ihrer Reize. 1853 hatte das Second Empire mit erstaunlicher Nonchalance den Hofmaler seiner gestürzten

Franz Xaver Winterhalter: Kaiserin Elisabeth. Öl/Lwd. 1864. Kunsthistorisches Museum, Wien

Vorgänger übernommen und ihm den Auftrag zur Anfertigung von Staatsbildnissen erteilt. Winterhalter entledigte sich der Aufgabe mit der Virtuosität und Versiertheit seiner über zwanzigjährigen Erfahrung im Konterfeien der Mächtigen: Napoléon III. und Eugénie prangen in vollem Ornat vor dem üblichen repräsentativen Dekor. Gleichzeitig malte er als Gegenstück zum offiziellen Bildnis ein intimes Portrait der schönen Eugénie (Abb. Seite 27). In einem lockeren, négligée-artigen Abendkleid sitzt die Kaiserin vor einer malerisch nur angedeuteten Samtdraperie und lehnt sich an ein grün-blau schillerndes Kissen, das farblich zu dem Violett der Robe einen ähnlich gewagten Kontrast bildet wie das rötliche Haar zum purpurnen Hintergrund. Die ungewöhnlichen Farbeffekte dienen dem Maler zur raffinierten Inszenierung der perfekten Brust- und Schulterpartie, die so in einem beinahe übernatürlichen Weiß erstrahlt. Eugénies Schönheit gipfelte nach Aussagen von Zeitgenossen darin, daß sie es sich erlauben konnte, in einer Abendtoilette ohne Schmuck zu erscheinen, da ihre Schultern und Brust schon einen unbeschreiblichen Anblick boten. Anders als das intime Bildnis der englischen Königin Victoria, dem dieses Gemälde sehr nahesteht, blieb das Schönheitsbildnis von Eugénie nicht geheim, sondern wurde an der „Exposition Universelle" 1855 und ein Jahr später im „Wiener Kunstverein" in einer Ausstellung gezeigt, die nicht zuletzt bei der österreichischen Kaiserfamilie ein großer Erfolg war. Das private Herrscherinnenbildnis wird vor der Öffentlichkeit nicht mehr geheimgehalten. Vielmehr erhält es neben dem repräsentativen Bildnis eine neue Funktion als individuelle Schönheitsdarstellung.

In den Winterhalterschen Bildnissen nimmt die Kaiserin von Österreich mit ihrer französischen Konkurrentin den Kampf um den ersten Rang als Schönheitskönigin auf. Conte Corti bringt den Fürstinnenwettstreit in direkten Zusammenhang mit den Winterhalterschen Bildern:

Nach Paris zurückgekehrt (nach seinem Wien-Aufenthalt, Anm. d. Verf.), um Kaiserin Eugénie neuerlich zu malen, erzählt der Künstler ihr von der wunderbaren Schönheit, aber auch von den interessanten Gesprächen, die er während den Sitzungen mit Elisabeth geführt hat. Die Kaiserin hat schon lange den Wunsch, ihre „Kollegin" von Wien kennenzulernen, schon weil sie sich überzeugen will, ob sie wirklich so schön ist, wie man sagt, und ob sie sich darin von der österreichischen Kaiserin geschlagen bekennen muß.[12]

Eugénie soll über den Botschafter Sondierungen für ein mögliches Zusammenkommen in Bad Kissingen vorgenommen haben, getroffen haben sich die beiden Frauen jedoch erst 1867 in Salzburg anläßlich des Sühnebesuches des französischen Kaiserpaares wegen der Mexiko-Affäre, deren unmittelbares Opfer Franz Josephs Bruder Maximilian geworden war. Politisch gesehen, war dieser Staatsbesuch wenig ergiebig, die Gemüter jedoch wurden durch den Vergleich zwischen den beiden Frauen bewegt. Daß dieser Schönheitswettbewerb nicht nur ein politisches Ablenkungsmanöver und inszeniertes Volksspektakel war, weiß Graf Wilczek als „Schlüssellochgucker" zu berichten:

Ich öffnete ganz still die Türe und mußte durch zwei leere Zimmer des Appartements gehen, sogar durch das Schlafzimmer bis zum Toilettenkabinett, dessen Türe halb offen stand. Ihr gegenüber befand sich ein großer Spiegel, und mit dem Rücken gegen die Tür gewendet, hinter welcher ich stand, waren die beiden Kaiserinnen damit beschäftigt, sich mit zwei Zentimetermaßen die schönsten Wadenbeine, die damals wohl in ganz Europa zu finden waren, abzumessen. Der Anblick war unbeschreiblich und ich werde ihn mein Leben nicht vergessen.[13]

Der Wettbewerb zwischen Elisabeth und Eugénie findet jedoch seinen Niederschlag schon in der Berufung Winterhalters und seinem Auftrag, die individuelle Schönheit der österreichischen Kaiserin zu malen. Indem sie Winterhalter nach Wien bestellte, reiht sich Elisabeth in die hocharistokratische Schönheitengalerie des Malers ein. Das Hauptthema der beiden intimen Bildnisse ist das Haar der Kaiserin. Im ovalen Bildnis (Abb. Seite 79) – dem gebräuchlichen Format für intime Darstellungen – steht die Kaiserin leicht schräg, ihr Gesicht jedoch wendet sie fast frontal dem Betrachter zu, dem sie mit einem ruhigen Blick direkt in die Augen schaut. Zwei mächtige Haarstränge legen sich schalartig um ihren Hals und verschlingen sich zu einem gewichtigen Knoten, der auf den gekreuzten Armen aufliegt. Arme und Hände hält Elisabeth wie auch auf den beiden anderen Portraits verborgen, reichen diese ihrer Plumpheit wegen doch nicht an Eugénies schlanke Gelenke und elegante Finger heran. Das Bildnis mit verschlungenem Haar ist zweifellos das außergewöhnlichste „intime" Bildnis im Werk von Winterhalter. Das griechisch anmutende Négligé, die übereinandergelegten Arme und der individuelle Gesichtsausdruck sprengen den Kodex der ritualisierten Darstellungsformen im höfischen Portrait. Die schlichte Kleidung, die unprätentiöse Haltung und der direkte Blick Elisabeths auf den Betrachter stehen in spannungsvollem Kontrast zu einem höchst kunstvoll inszenierten Motiv: den verschlungenen Haaren der Kaiserin. Das Natürlichste im Bild, ihr Haar, steht im Zentrum der Aufmerksamkeit, um künstlerisch – oder gar künstlich – überhöht zu werden. Die Kaiserin braucht weder Juwelen noch prachtvolle Kleidung; wie ein edles Halsgeschmeide oder ein prachtvoller Schal schmücken sie ihre langen Flechten, das wahre Wahrzeichen ihrer Schönheit.

Für diesen Haarkult findet sich in Elisabeths bayerischer Verwandtschaft ein illustrer Vorläufer. Ludwig I. ließ sich von Joseph Stieler für seine Münchner Schönheitengalerie Frauenbildnisse malen, bei denen die Frisur zum ornamentalen Mittelpunkt einer Bildkomposition gemacht wird. Der König selber legte großen Wert auf seinen sternenförmig abstehenden Haarkranz, der ins ikonographische Repertoire des jugendlich-dynamischen Herrschers gehört und von frühen napoleonischen Bildnissen inspiriert zu sein scheint. Diese neuen Haarschöpfungen bilden eine bürgerlich-gemäßigte Variante zu Perücke und Lorbeerkranz, sie spiegeln aber auch das ambivalente Verhältnis der Monarchie zur traditionellen Insignie – der Krone. Schon Maria Theresia hatte sich über ihr „Narrenhäubchen" lustiggemacht, und im 19. Jahrhundert wird die Darstellung gekrönter Häupter immer problematischer. Der Maler Friedrich von Amerling bedauerte Franz I. seiner gewichtigen Insignien wegen, und tatsächlich macht der Kaiser von Österreich im repräsentativen Bildnis (Abb. Seite 189) einen angestrengten Eindruck unter der etwas überproportionierten Krone. Zudem hatte die Neuinterpretation der traditionellen Kronen nach der Schaffung des österreichischen Kaisertums einige Probleme aufgeworfen. Die Brillantenkrone, die schon Maria Theresia getragen hatte, wurde nie zur offiziellen Kaiserinnenkrone. Diese fehlende Insignie ersetzte Kaiserin Elisabeth durch ihre berühmte Haarpracht, die als organische Substitutskrone interpretiert wurde:

Majestät tragen das Haar wie eine Krone anstatt der Krone. Nur daß man sich jener anderen leichter entledigen kann, erwiderte sie (Elisabeth, Anm. d. V.) mit bekümmertem Lächeln.[14]

So verwandelt das Motiv der verschlungenen Haare das intime Bildnis der Kaiserin im Gegensatz zum Portrait von Victoria (Abb. Seite 179) nicht in ein leicht schlüpfriges Mädchenbildnis; sein symbolischer Gehalt oszilliert zwischen kaiserlicher Insignie und individuellem Schönheitsattribut. Elemente des intimen und des repräsentativen Bildnisses

Friedrich von Amerling: Franz I., Kaiser von Österreich. Öl/Lwd. 1832. Kunsthistorisches Museum, Wien

vermischen sich zu einer zwitterhaften Form, die letztlich die Unvereinbarkeit der beiden Sphären zeigt.

Als „höfisches Boudoirstück" verschwindet das Bildnis mit verschlungenem Haar im Arbeitszimmer des kaiserlichen Gemahls, wo auch das Portrait mit gelöstem Haar (Abb. Seite 2) hängt. Um dieses zweite intime Bildnis herrscht ein seltsames Schweigen, kaum je wurde es ausgestellt. Die junge Kaiserin steht im Mondenschein auf einer Terrasse. Sie trägt ein aus kostbarem Stoff gefertigtes Kleid, das die rechte Schulter freiläßt, und ihre Arme verschwinden in einem schalartigen Umhang, der in lockeren Falten um die Hüften liegt. Erhabenheit und aristokratische Gelassenheit strahlt die Figur der Kaiserin aus, der ernste Gesichtsausdruck vermittelt keinerlei erotische Zweideutigkeit. Die unübliche Rückenansicht dient der Schaustellung der überlangen Haarfluten der österreichischen Kaiserin. Hatte Winterhalter die Schönheit von Eugénies weißer Brust mittels raffinierter Farbeffekte inszeniert (Abb. Seite 27), so zeigt er Elisabeth in dieser ungewöhnlichen Haltung, um der Darstellung der Haare volles Gewicht zu geben. Auch in diesem Bildnis findet die Haarmythologie Elisabeths ihren Ausdruck in einer individuellen Schönheitsdarstellung.

Diese persönliche Mythologie der Kaiserin wurzelt in einer weitverzweigten, archetypischen Metapher. Das Schlangenhaar der Erinnyen, das wild fliegende Haar der Mänaden, Medusen- und Venusdarstellungen, die Geschichte von Samson und Dalila, Isolde, Lorelei, der Liebeskult mit der abgeschnittenen Locke – immer wird das Haar mit besonderen Kräften in einer vielfältigen Symbolik aufgeladen. Das Gedicht „Am Turme“ von Annette von Droste-Hülshoff mag einen Hinweis auf die Bedeutung geben, die Kaiserin Elisabeth mit ihren Haarinszenierungen verband:

Ich steh auf einem hohen Turm,/Umstrichen vom schreienden Stare,/Und laß gleich einer Mänade den Sturm/Mir „wühlen im flatternden Haare; . . .

Nun muß ich sitzen so fein und klar,/Gleich einem artigen Kinde,/Und darf nur heimlich lösen mein Haar,/Und lassen es flattern im Winde.[16]

Nicht die Kräfte des Erotischen und Sinnlichen meinen die flatternden Haare der Dichterin, sondern Rebellion und Auflehnung. Dies dürfte auch Elisabeth beabsichtigt haben, wenn sie die gelösten Haare aus der Intimität der Frisierstube und des ehelichen Schlafgemaches als Schönheitsattribut ins Bild setzen läßt.

Die Zeit des gelösten Haares ist die Nacht. Zur kosmischen Metapher wird es auch im Mythos von Königin Berenike, die ihr Haar im Tempel für die glückliche Rückkehr ihres kriegerischen Gatten opfert. Die Götter erheben es als Sternbild zwischen Jungfrau und Löwe an den Himmel, und in den „Carmina“ des Catullus glänzt das Gestirn „Locke der Berenike“ als symbolische Krone der Königin am nächtlichen Himmel. Als klassische Form der Huldigungsliteratur taucht der „Katasterismus“, die Versternung der schönen Angebeteten, in den poetischen Ergüssen des Vorlesers Christomanos auf:

Heute abends waren es goldene und purpurne Gedanken, die hinter dem Marmor ihrer (Elisabeths, Anm. d. V.) Stirne sich regten, und sie enthüllte sie nicht. Aber ein Lichtschein rieselte von ihrem schattigen Haar, so daß ich dasselbe nach dem Himmel meiner Seele versetzte, wie jenes der Königin Berenice, das von sichtbaren Sternen am Himmel festgehalten wird.[17]

Der nächtliche Himmel als Dekor eines repräsentativen Bildnisses ist ungebräuchlich, Herrscher und Herrscherin präsentieren sich meist lieber im hellen Licht der Sonne. Die Affinität von Sonnen- und männlicher Herrschersymbolik ist bekannt, der Königin bleibt als Flucht vor dem strahlenden Licht ihres Gatten nur der symbolische Sternenhimmel. Wo Vorlagen für nächtliche Königinnen in der Malerei fehlen, springt das Theater ein. In J. W. v. Goethes Inszenierung der „Zauberflöte“ für das Weimarer Hoftheater steht die Königin der Nacht, selber zu einem strahlenden Stern stilisiert, vor dem gestirnten Firmament.[18] Einen Höhepunkt des klassizistischen Bühnenbildes zeigen die Entwürfe von Karl Friedrich Schinkel für Wolfgang Amadeus Mozarts „Deutsches Singspiel“; auf einer Mondsichel über Wolken schwebend, thront die Königin der Nacht als säkularisierte Immaculata unter einer gigantisch anmutenden Halbkuppel aus Sternenbögen. Die bildliche Tradition der Königin mit dem nächtlichen Himmelsgewölbe als ihrem symbolischen Raum und den Sternen als metaphorischer, kosmisch überhöhter Krone findet sich im Grenzbereich von Malerei und Theater – dem Bühnenbild. Für Elisabeth wird jedoch nicht die Königin aus der Zauberflöte zum Vorbild. In der persönlichen Mythologie der Kaiserin übernimmt ihren Part eine andere Traumgestalt aus der Märchenwelt des Theaters. Die Nacht gehört nicht nur der bösen Herrscherin, im Licht des Mondes tauchen auch zauberhafte Gestalten auf – Elfen und ihre Königin: Titania.

Wissen Sie, welches mein liebstes Shakespeare-Stück ist? frug sie (Elisabeth, Anm. d. V.) mich (Christomanos, Anm. d. V.), nach einer Weile, ganz plötzlich: Hamlet, Majestät? Nein, der „Sommernachtstraum". Haben Sie das Bild in Ihrem Zimmer in Lainz nicht gesehen – Titania mit dem Eselskopf? Das ist der Eselskopf unserer Illusionen, die wir unaufhörlich liebkosen. Ich habe in jedem Schlosse ein solches Bild: ich kann mich daran nicht sattsehen.[19]

Während Shakespeares „Sommernachtstraum" in den Foyerbildern des Wiener Burgtheaters zur allgemeinen Allegorie romantischer Theaterfiktion erhoben wird, gerät Titania zur Identifikationsfigur einer Kaiserin, die sich ihre Enttäuschung narzißtisch an all ihren Aufenthaltsorten bildlich darstellen läßt. Das Bild der Kaiserin vor dem Abbild ihrer Täuschung ist die Chiffre von Elisabeths Leben:

Nur ich, die schier wie Verfluchte,/Ich Feenkönigin,/Ich finde nie das Gesuchte,/Nie den verwandten Sinn.[20]

Das Gedicht „Titanias Klage" ist zwanzig Jahre nach dem Winterhalterschen Bildnis in einer Phase von Resignation und Ausweglosigkeit entstanden. 1864 war jedoch die Zeit der Rebellion und der Gegenbilder. Elisabeths Macht ist der Zauber der Schönheit. In der Fülle ihrer Haarpracht unter nächtlichem Himmel hat sie sich ein Denkmal als märchenhafte Feenkaiserin gesetzt. Das „Bildnis mit gelöstem Haar" – ein symbolisches Gegenbild aus einer entrückten Märchenwelt – ist Ausdruck der Revolte der österreichischen Kaiserin, es illustriert ihre Suche nach Privatheit und Individualität.

„Reisebilder" nennt der Maler Moritz von Schwind ein Ensemble von kleinformatigen Bildern, das neben seinen Auftragsarbeiten entsteht. Nur dem privaten Freundeskreis soll diese Werkreihe zugänglich sein, die seine individuelle Ikonographie zeigt und in der „von Schönheit die Rede ist"[21]. Eines dieser Bilder, die „Erscheinung im Walde" (Abb. Seite 193) zeigt frappante Ähnlichkeiten mit dem Winterhalterschen Schönheitsbildnis. Die gleichen langen Haare wallen über den Rücken einer weißgekleideten Erscheinung, die im Schein der letzten Abenddämmerung und im Lichte der schmalen Mondsichel durch ein parkähnliches, mit Bäumen bestücktes Terrain schwebt. Verfolgt wird sie von einem Knaben in mittelalterlicher Kleidung, dem sie verführerisch ihren Blick schenkt, ohne daß man an ihrer Unerreichbarkeit zu zweifeln brauchte. Blick und Gestik unterstreichen vielmehr die Distanz und machen den Raum zwischen den beiden Figuren zum Ort des Begehrens. Der Bildbetrachter wird zum Voyeur dieser märchenhaft verfremdeten Erotik, einer Anekdote von begehrendem Blick und verfüh-

Moritz von Schwind: Die Erscheinung im Walde. Sepiazeichnung. Um 1823. Schack-Galerie, München

rerischer Flucht. Winterhalters Elisabeth-Bildnis hingegen stellt ein viel direkteres Verhältnis zum Betrachter her, indem es diesen die Rolle von Schwinds Knaben übernehmen läßt. Die Geschichte wird auf den Moment verkürzt, wo der Bildbetrachter die fiktive – ins Medium der Malerei enthobene – und doch Präsenz simulierende Kaiserin mit gelöstem Haar und entblößter Schulter erblickt; selbstversunken blickt sie in die Ferne. Jedem Blick enthüllt sich notwendig die intime Sphäre der Schönen, ein ungewöhnlicher Einblick in das nächtliche Leben einer Kaiserin.

Schwinds „Erscheinung im Walde" liest sich als leicht abgewandelte Szene aus der traditionellen Ikonographie: Waldlichtung, Verfolgung, Blick und vor allem die Mondsichel am Himmel – wer dächte nicht an Apollos nächtliche Schwester

Diana. Das Diana-Motiv erfreut sich in der Malerei des 19. Jahrhunderts großer Beliebtheit. Wo es gilt, weibliche Nacktheit in Aktdarstellungen zu motivieren, wird häufig auf die Göttin der Jagd und ihre Nymphen zurückgegriffen; auch Winterhalters „Florinde“ (Abb. S. 194) gehört zu diesem Bildtypus. Wie prägend solche ikonographischen Vorlagen

Franz Xaver Winterhalter: Florinde. Öl/Lwd. 1852. Besitz der Königin von England

wirken konnten, mag eine Anekdote belegen: 1855 malte Winterhalter das Gruppenporträt von Eugénie von Frankreich im Kreise ihrer Hofdamen (Abb. Seite 195) und benutzte dabei eine ähnliche Komposition wie bei der leicht voyeuristischen „Florinde“. Daraufhin kam das hartnäckige Gerücht in Umlauf, daß die französische Kaiserin und ihre adeligen Damen für die schlüpfrige Genreszene Modell gesessen hätten, obwohl Eugénie damals noch gar nicht verheiratet war und ein solches Unterfangen angesichts ihrer Stellung undenkbar gewesen wäre. So liegt es nicht nur an der kompositionellen Ähnlichkeit der exotischen Genreszene mit dem berühmten Gruppenbildnis, sondern an der assoziationsreichen ikonographischen Vorlage, daß sich Phantasien von einer nackten Version der Schönheiten am französischen Hof entwickelten. Solchem „Mißverständnis" kann auch das intime Bildnis der österreichischen Kaiserin nicht entgehen. Elisabeth tritt im „Schönheitsbildnis" von Winterhalter in Begleitung einer fahlen Mondsichel als moderne

Franz Xaver Winterhalter: Kaiserin Eugénie im Kreise ihrer Hofdamen. Öl/Lwd. 1855. Musée National du Chateau, Compiègne

Diana auf, die nur verbotenen Blicken sichtbar wird. Die allegorische Verkleidung legitimiert weder die Aufmachung der Kaiserin noch das ungewöhnliche Szenarium des Winterhalterschen Bildnisses, sondern erweckt Assoziationen an erotische Weiblichkeitsdarstellungen. Die Schönheit der nackten Schulter wirkt als Versprechen für weitere Enthüllungen, und die absorptive Haltung der Schönen lädt ein zum Träumen von einem Dialog in nächtlicher Zweisamkeit, nachdem sich die straff geflochtene Haarkrone der Kaiserin zu züngelnden Flechten gelöst hat.

Elisabeths Portrait wurde als Gegenstück zum Schönheitsbildnis von Eugénie gemalt. Die individuelle Inszenierung mit dem gelösten Haar und der symbolistisch-romantischen Nachtstimmung gerät jedoch zu einer dem Herrscherinnenbildnis fremden, subjektiven Chiffre, die fragmentarisch verwendete Ikonographie erweckt Assoziationen an erotisch konnotierte Diana-Darstellungen. Was ein halböffentliches Kaiserinnenbildnis hätte darstellen sollen, wird unter der Regie Elisabeths zum Gegenbild, zum Protestportrait gegen ihre Herrscherinnenrolle.

Die beiden „intimen" Elisabeth-Bildnisse sind mit 1864 datiert. Das Bildnis mit gelöstem Haar war als halboffizielles Portrait, als Schönheitsbild der Kaiserin intendiert, das Bildnis mit verschlungenem Haar hätte sein intimes Gegenstück abgeben sollen. Diese Absicht ist gründlich mißlungen; beide Gemälde fallen aus dem Rahmen des Herrscherinnenkodex und werden innerhalb der höfischen Bildpolitik zu privaten Bildern, unbrauchbar für kaiserliche Propaganda. Da man nicht annehmen kann, daß der langjährige Hofmaler Franz Xaver Winterhalter sich plötzlich in seinem Metier nicht mehr auskennt und aus Unwissenheit gegen die Konvention herrschaftlicher Repräsentation verstößt, muß man diesen „faux-pas" der Kaiserin selber anrechnen. Die Inszenierungen Elisabeths haben Protestcharakter, in den zwei intimen Bildnissen scheint nur knapp verhüllt ihre Verweigerung der Kaiserinnenrolle auf. Dieser Skandal muß schleunigst durch eine neue Bildproduktion überdeckt werden, die zwei „anstößigen" Bilder verschwinden in den privaten Räumen, ein präsentables Portrait der schönen Kaiserin soll nach Winterhalters Wien-Aufenthalt vorzuweisen sein. So werden die zwei Staatsbildnisse von Elisabeth und Franz Joseph in Auftrag gegeben zur Korrektur des „unmöglichen" Bildes. Um diese Zusammenhänge zu verwischen, kann man annehmen, werden die Gemälde auf 1865 datiert, obwohl sie schon 1864 entstanden sein müssen. Nur in Cortis falscher Hypothese von der Existenz eines zweiten repräsentativen Bildnisses hat sich die Skandalgeschichte niedergeschlagen.

Das Gemälde „Kaiserin Elisabeth von Österreich" (Abb. Seite 185) wurde als Korrekturbild, „etwas kälter und förmlicher"[22] als das Bildnis mit gelöstem Haar, gemalt. Wie ein Palimpsest scheint das Skandalbild im Staatsportrait auf: Das

Ganzfigurenportrait bildet eine seitenverkehrte Replik zum Kniestück. Beibehalten wurde die Rückansicht in der Funktion der Zurschaustellung der Haartracht. Das gelöste Haar ist jedoch in einer kunstvollen Flechtfrisur gebändigt. Die kosmische Metapher des Sternenhimmels als symbolischer Krone erscheint zivilisatorisch gemildert: Die Sterne sind vom Himmel als zwar ungewöhnliches, aber menschlich gefertigtes Kunstprodukt in der Form von Diamantschmuck in die Haarflechten abgewandert und leuchten als Pailletten im eleganten Ballkleid der Kaiserin. Aus der rebellischen Märchenkaiserin ist eine schöne Ballkaiserin geworden. Die elegante Robe, die sich als Kreation des Pariser Modefürsten Worth zu erkennen gibt, und der Fächer in der Hand bilden die mondänen Attribute einer Schönheitskaiserin, die sich im traditionellen Säulendekor, der Metapher der repräsentativen Portraitkunst für den höfischen Raum, dem Betrachter präsentiert.

Die nächtliche Feenkönigin wirkte abwesend durch ihren sehnsüchtig ins unendliche All gerichteten Blick. Daß auch die Ballkaiserin eine märchenhafte Figur ohne Verwurzelung in der Räumlichkeit des Repräsentativen und ohne Präsenz in der realzeitlichen Gegenwart ist, verrät dem Betrachter die seltsame Symbiose der Frau mit einer exotischen Pflanze, dem Oleander. Sowohl der Rosenlorbeer als auch der Oberkörper der Kaiserin sprießen organisch aus der Stoffülle des Kleides heraus. „Der Betrug des Oleanders und seiner Blüten ist unbegreiflich; dem Blicke zeigt er sich gefällig, doch ist er giftig im Genusse.“[23] Schönheit und Gefahr, Gegengift für Menschen und Gift für Tiere, Metapher für schändliche Sinnlichkeit[24], die immergrüne Pflanze schillert in ambivalenter Symbolik. Im Winterhalterschen Bildnis repräsentiert der „Rosen-Lorbeer“ den spezifisch weiblichen Herrscherinnenruhm, die Schönheit der Frau. In zwei weiteren Bildnissen des Hofmalers findet sich der Oleander an prominenter Stelle: im Portrait der Prinzessin Sayn-Wittgenstein, einem frühen, außergewöhnlichen Gemälde, das eine odaliskenartige Frauendarstellung zeigt, und dem oben erwähnten Doppelbildnis von Victoria und ihrer Cousine. Beide Bilder gehören zum intimen Genre und in beiden symbolisiert die Pflanze träumerisch-exotische, sinnliche

Stimmungen, „die die vage Sehnsucht nach einem den Bedingungen der Zeit enthobenen, paradiesischen Zustand ausdrücken“[25]. Auch in der persönlichen Mythologie der Kaiserin taucht neben der symbolbefrachteten Orange der Oleander als Unterpfand nostalgischer Gegenwartsentrückung auf. Im Gedicht „Sehnsucht nach Corfu“ reimt sie:

O könnt' ich wieder sinnend schreiten/Im duftenden Orangenhain,/ Wie einst in längstentschwund'nen Zeiten/Allein mit meinen Träumerei'n!

Das Haus auch will ich wieder sehen,/Auf Säulen steht's, mit flachem Dach;/Die wilden Oleander wehen/Durchs Erkerfenster ins Gemach.[26]

Die Verbindung von Kaiserin und Oleander verleiht dem Staatsportrait die arkadische Atmosphäre träumerischer Abgehobenheit.

Auch die Lichtregie im Gemälde von Winterhalter entrückt Elisabeth den realzeitlichen Bedingungen. Ein Schatten – oder ist es die Nacht selber – verdunkelt den oberen Teil der dekorativen Säulen am rechten Bildrand. Ein anderer fällt auf die weißen Stoffbahnen des Kleides, und auch vom linken unteren Bildrand her droht Dunkelheit. Daß diese Technik dem Theater entliehen ist, versteht sich von selber, die spektakuläre Lichtführung nimmt aber schon die dramatischen Ausleuchtungen der Makartschen Ausstellungen vorweg. Durch diese Lichtregie wird das Bild selber und die Dargestellte in „höhere Sphären“ versetzt.

Abgesehen vom züngelnden, gelösten Haar, das man durch den wuchernden Oleanderstrauch ersetzt sehen mag, nimmt das Staatsbildnis alle Elemente des Protestbildes in abgeschwächter Form auf. Die dem Theater entliehenen Gegenbilder, Metaphern des Protestes und der Rebellion, werden im offiziellen Portrait zu den mondänen Attributen einer Ballschönheit. Die theatralische Lichtführung überhöht die profane Balldame ins Märchenhafte, eine „vision romantique“[27] taucht in der prekären Zeitlichkeit eines einfallenden Lichtstrahles auf.

Auch angesichts dieses Bildnisses muß man sich fragen, ob denn so eine Kaiserin aussehe. Die Frage muß verneint werden, stellt man das Bild in den Kontext des repräsentativen Herrscherinnenbildnisses. Das Staatsbildnis von Elisabeth vermag jedoch das zu leisten, was das Bildnis mit gelöstem Haar hätte darstellen sollen, ein halboffizielles Portrait von Elisabeth als Schönheitskaiserin. Erst in der Osmose der Formen der konventionellen Herrscherinnenikonographie und dem „unmöglichen“ Skandalbild entsteht ein für die Öffentlichkeit geeigneter Modus. Daß das Gemälde jedoch in keiner Weise den Anforderungen an ein repräsentatives Staatsportrait nachkommt, davon zeugt Cortis Ausspruch. Fast möchte man behaupten, daß dieses Bildnis der Kaiserin eines weiteren Korrektivs bedurfte, nämlich seines Gegenstückes, des Bildnisses von Kaiser Franz Joseph, um zu beweisen, daß es sich bei Elisabeth wirklich um die Kaiserin handelt. Das traditionelle männliche Uniformportrait dient dem von Metaphern der Verweigerung infizierten Elisabeth-Bildnis zur Legitimation.

Dem höfischen Zeremoniell, ihrem obligaten Auftritt als Kaiserin, verweigert sich Elisabeth in Schönheitsdarstellungen. Die ideologisch kodierte Formel des repräsentativen Portraits ersetzt sie durch individuelle Theaterinszenierungen. Zu Skandalbildern werden die Winterhalterschen Portraits, weil sie ihre politische Funktion nicht mehr erfüllen: „Der Staat bedarf der Portraitstatuen und Büsten nicht blos des Ruhmes, sondern auch der Selbsterhaltung wegen.“[28] In seinem Plädoyer für eine restaurative Kunstpolitik bemängelt Rudolph Eitelberger die Vermischung von Bühnenkunst und Portraitkunst als „Unarten des Komödiantenwesens“[29], denn die Infiltration des Theatralischen in den Bereich des Staatsbildnisses setzt eine Problematisierung politischer und gesellschaftlicher Rollen voraus und nimmt dem Bild des Herrschers seine Selbstverständlichkeit. Wer so als König oder Kaiser posiert, könnte sich auch in einer anderen Rolle aus dem Welttheater abmalen lassen. Die akademische Doktrin definiert zwar das „tableau d’apparat“ als eine „theatralische Handlung“, eröffnet damit jedoch nicht die Möglichkeit zur Variation der traditionellen Rollen oder zum Auffinden individueller Posen. Der Herrscher repräsentiert im theatralischen Akt, allfälligen Rollenwechseln wird jedoch vorgebeugt, indem die Bildformel für den zeremoniellen Auftritt festschrieben wird.[30] Das Theater spielt aber auch eine wichtige Rolle als Emanzipationsform des Bürgertums. Als Gegenentwurf zum aristokratischen Zeremoniell sucht sich die bürgerliche Welt ihre Rollen; deren Versuchsfeld und Aufführungsort sind die Bretter des Theaters.[31] Die Bühne als Öffentlichkeitsersatz wird wichtig insbesondere für Frauen, denen nicht nur die aristokratische, sondern die gesellschaftliche Öffentlichkeit überhaupt im Namen von ursprünglicher Natur abgesprochen wird. Die Auflösung traditioneller Repräsentationsformen im 18. Jahrhundert durch bürgerliche Paradigmen verwehrt der Frau als schamhafter Natur Öffentlichkeit, als Schönheit zeigt sie sich jedoch auf der Bühne und im Bild. So finden sich unter den repräsentativen Frauenbildnissen des 18. Jahrhunderts neben den Aristokratinnen auch Schauspielerinnen. Ihre Schönheit legitimiert die Anwesenheit im aristokratischen Milieu und nimmt die Idee einer klassenüberschreitenden, „demokratischen" Schönheitskonzeption vorweg, der sowohl die Münchner Schönheiten-Galerie Ludwigs I. als auch Kaiserin Elisabeths Photographien-Kollektion verpflichtet sind.

Daß sich in einer Umkehrung Elisabeth von Österreich ihre alternativen Rollen zur traditionellen Herrscherinnendarstellung und zu deren Neuinterpretation in der Welt des Theaters sucht, kann nicht erstaunen, ist es doch der einzige Ort, wo Frauen sich in der Öffentlichkeit – und nicht zuletzt in ihrer Schönheit – präsentieren. Vom Theater inspiriert, inszeniert sie in diesem Rahmen die „schöne Arabeske des eigenen Lebens, die in träumerischen Stunden für das wirkliche gehalten wird"[32], ihre Rolle als Schönheitskönigin. Das theatralische Paradigma wird ihr zum Spiegel des Lebens und zum Modell einer Identitätsfindung für die eigene Existenz:

Shakespeare wollte damit sagen, daß unser ganzes Leben nur ein Theaterspiel sei. Wir spielen uns immer selbst. Das Spiel auf der Bühne ist ein Theaterspiel unseres Theaterspiels . . . Aus den Leidenschaften, die uns so in Sehweite vorgeführt werden und eigentlich nur Lärm und Pantomimen sind, ahnen wir erst die wahren Begebenheiten der Seele. Je ferner wir uns selbst werden, desto tiefer sehen wir in uns. Wie in einem Spiegel erblicken wir dann unser Schicksal."[33]

Die Figur des Theaters durchzieht Elisabeths ganzes Leben. Körper- und Haarpflege verwandelt sie in persönliche Rituale, die Friseuse – als Regisseurin dieser Schönheitsinszenierungen – findet sie am Burgtheater. Mit ihr tauscht sie die Rolle, läßt sie die Kaiserin spielen, um unangenehmen Repräsentationspflichten zu entkommen. Die Burgschauspielerin Katharina Schratt wird zur offiziellen Geliebten ihres Gatten, und ihre Präferenz für das öffentliche Leben in Frankreich begründet Elisabeth damit, daß die Leute dort besser Theater spielten. Bei der Inszenierung ihrer Rolle als Schönheitskönigin in den Bildnissen Winterhalters inspiriert sich Kaiserin Elisabeth an der theatralischen Kunstform der Attitüde, die im 18. Jahrhundert durch Emma Hamilton berühmt geworden war. Johann Wolfgang von Goethe bewunderte diese Schauspielerin während seiner Italienreise in Neapel:

Der Ritter Hamilton, der noch immer als englischer Gesandter hier lebt, hat nun nach so langer Kunstliebhaberei, nach so langem Naturstudium den Gipfel aller Natur- und Kunstfreude in einem schönen Mädchen gefunden. Er hat sie bei sich, eine Engländerin von etwa zwanzig Jahren. Sie ist sehr schön und wohl gebaut. Er hat ihr ein griechisch Gewand machen lassen, das sie trefflich kleidet, dazu löst sie ihre Haare auf, nimmt ein paar Schals und macht eine Abwechslung von Stellungen, Gebärden, Mienen etc., daß man zuletzt wirklich meint, man träume. Man schaut, was so viele tausend Künstler gerne geleistet hätten, hier ganz fertig in Bewegung und überraschender Abwechslung.[34]

Die schöne Frau mit gelöstem Haar und effektvoller Draperie wird für den Moment der theatralischen Zurschaustellung zur sinnverwirrenden Illusion, die die Bereiche von Kunst und Natur, von Bühne und Wirklichkeit zur Deckung bringt. Die wechselnden Haltungen und Stellungen – die „Attitüden" – oszillieren zwischen Affektdarstellung und Nachstellung von Kunstwerken. Pygmalions Traum, die Parabel für die klassizistische Utopie der Verlebendigung von Kunst, wird unerwartet Realität: Die junge Frau erstarrt in ihren Posen zur lebenden Skulptur, unterstützt wird diese Illusion durch eine wirkungsvolle Lichtregie. Die Bühnendekoration besteht aus einem schwarz ausgeschlagenen Kasten und einem prächtigen Goldrahmen; sie zeigt die zwitterhafte Stellung der Attitüde zwischen Theater und Malerei.

Auf die Posen dieser mimetischen Schönheitsdarstellungen greift die österreichische Kaiserin in ihrer Selbstinszenierung zurück; die Portraits von Winterhalter halten die

Attitüden der schönen Elisabeth im Gemälde fest. Die ungewöhnliche Kaiserinnenrobe, das Seidennégligé im Bildnis mit verschlungenem Haar, gibt sich als griechisches Gewand zu erkennen. Der Schal im Bildnis mit gelöstem Haar, der graziös die zarte Schulter Elisabeths freilegt, erinnert an das exotische Requisit der Attitüdendarstellerin. Und das Gemälde als ganzes mit seinem prunkvollen Goldrahmen, dem dunklen Hintergrund und der hell beleuchteten Schönheit in melancholischer Pose scheint den Moment festzuhalten, wo fließende Bewegung, Arrangement von Körper und Kleidung zur ästhetischen Komposition eines Tableaus gerinnen. Auch die Lichtregie erinnert an die Praxis der Attitüde: Die Kaiserin wird nicht im Licht der kleinen Mondsichel am Himmel sichtbar, pathetisch illuminiert sie eine unsichtbare, aber sicherlich künstliche Lichtquelle. Auch das Staatsbildnis mit seinem Wechsel von Helligkeit und Schatten zeugt mehr von bühnentechnischer Ausleuchtung denn von einem atmosphärischen Ereignis.

Vorbildcharakter mußten die Attitüden für die österreichische Kaiserin vor allem wegen den Haarinszenierungen Emma Hamiltons haben. Die gelösten Haare der Engländerin bilden einen festen Topos in den Attitüdenbeschreibungen, der Schauspielerin selber galten sie sowohl als persönliches Schönheitsattribut als auch als künstlerisches Requisit. Der deutsche Kunsthistoriker Hirt bemerkte: „Ihre langen kastanienbraunen Haare, die in einem Nu nach jeder Art von Stellung sich richten . . . formieren ein in seiner Art eigenes Schauspiel.“[35] Ihre Sophonisben-Darstellung, wie sie Friedrich Rehberg festgehalten hat (Abb. Seite 141), mag einen Eindruck von der Wirkung dieser Haare als Ausdrucksmittel geben und deren Nähe zum – mehr portraithaften und weniger affektierten – Bildnis mit verschlungenem Haar illustrieren. Die „formierten“ Haare als Schönheitsattribut zwischen künstlerischem und organischem Requisit verbinden die theatralische Kunstform der Attitüde mit den Winterhalterschen Elisabeth-Bildnissen.

Gesellschaftliches Unterhaltungsspiel und aristokratisches Erziehungstheater bilden die Wurzeln der Attitüde. Ihr Reiz bestand jedoch wohl weniger in der schauspielerischen Darbietung als vielmehr in der erbaulichen Präsentation schöner Weiblichkeit. Orientalische Schals, ein mehr den Körper modellierendes als ihn verhüllendes griechisches Gewand und das gelöste Haar bilden die gattungsspezifischen Accessoires, mittels derer die Attitude weibliche Schönheit nach dem Szenario der hohen Künste in Bewegung setzt. So hält der Maler Wilhelm Tischbein fest, daß Emma Hamilton auch bei der Nachstellung der grausigsten Sujets nie ihre Schönheit abhanden kam:

Ebenso bei den Furien, deren Gesicht immer schön sein kann, wie es die Kunst erfordert, und doch ist der Schreck und der Abscheu darin zu sehen. So in der Medusa das Kalte, Abgestorbene, und dabei hat das Gesicht die schönsten Formen. Auch zeigt sich in dem schönen *Gesichte der Niobe der versteinerte Schmerz, so wie in dem* schönen *Kopfe der sterbenden Amazone (Hervorhebungen d. V.) . . . Das Gesicht der Lady Hamilton blieb immer schön, wie es war.*[36]

Aus der gelehrten Form der Attitüde, dem geistreichen, kulturellen Spiel des Klassizismus, wird schon früh im 19. Jahrhundert ein klischee-abhängiges Gesellschaftsspiel. Im Festwesen des Wiener Kongresses erlebt sie eine weitere Blüte, wenn die schönsten Damen des Hofes lebende Bilder aufführen. Weibliche Schönheitsdarstellungen durch Aristokratinnen und nicht erlesener Kunstgenuß stehen im Zentrum der Aufmerksamkeit. Die Attitüden der Lady Hamilton finden in Kupferstichsammlungen Verbreitung, nun werden die Hamiltonschen Posen und nicht mehr die klassischen Kunstwerke selbst kopiert. Die Attitüde erlangt schließlich einen zweifelhaften Ruf als Peep-Show des 19. Jahrhunderts.

Attraktiver gestaltet sich das Fortleben dieser Kunstform in der Literatur, wo die Mode der lebenden Bilder über Goethes „Wahlverwandtschaften" breit rezipiert und in Frankreich, im Kreise der Madame de Staël, zum orientalisierenden „Schaltanz" umgewandelt wird. Nicht um kokette Schönheitsdarstellung geht es den Schaltänzerinnen, sondern in den frei improvisierten Bewegungen zeigt sich ein neuer Typus Frau. Die mimischen und tänzerischen Fähigkeiten sind Ausdruck der „unabhängigen Frau, . . . die aus Protest gegen die heuchlerische bürgerliche Moral konsequent ihren Weg mit eigener ethischer Überzeugung geht"[37]. Der Protestcharakter des Schaltanzes, seine Konnotation orientalisch-arkadischer Entrückung von traditionellen

Frauenrollen, steht den Ritualen Elisabeths und ihrer Selbstinszenierung in den Winterhalterschen Gemälden sehr nahe.

Für ihre Rolle als rebellische Schönheitskönigin greift Elisabeth von Österreich auf die Kunstform der Attitüde zurück. In freier Interpretation variiert sie die Posen der Lady Hamilton, die wohl bekanntesten Schönheitsdarstellungen der damaligen Zeit. Die Winterhalterschen Portraits heben die Dynamik der Attitüde mit ihren wechselnden Stellungen im Tableau auf. Als „überhöhte „Anschauungsform“ des Wirklichen“[38] dient die Attitüde der artistischen Steigerung des Individuellen, sie hält den bedeutsamen Augenblick einer Biographie im Lebenden Bild fest. Der Zauber des Lebenden Bildes besteht im „Einfrieren“ lebendiger Personen, der Reiz dieser theatralischen Gattung dürfte auch im Auflösen der Posen bestanden haben und auf die Sublimität des transitorischen Moments im Übergang von Kunst zu Leben gezielt haben. Die Portraits der schönen Elisabeth – im Bild erstarrte Posen einer hohen Schauspielerin – entziehen sich dieser Rückverwandlung ins Leben und verschieben das Versprechen der Attitüde auf immer in die Phantasie des Zuschauers. Die Enthüllung im posenhaften Bild der Attitüde bildet jedoch nur den ersten Akt im Schauspiel kaiserlicher Selbstdarstellung; vollendet wird sie durch die Dramatik des Verschwindens. Enthüllung und Verschwinden unterliegen gleichenteils dem Imaginären, mehr noch, die Inszenierung als Schönheitskaiserin nimmt das Verschwinden schon vorweg. Schnell ist das Bühnenlicht gelöscht, und auch der Schatten auf dem Ballkleid kündet von der kurzen Sichtbarkeit der märchenhaften Kaiserin vor dem Einbrechen der Nacht, vor dem Fallen von Schleier und Vorhang. Der Auftritt von Elisabeth in Ballgala ist zugleich auch ihre Abschiedsvorstellung. Denn nur im Bild, im fiktiven Raum der Attitüde, gelingt Elisabeth von Österreich die Synthese zwischen individueller und repräsentativer Rolle, zwischen der dynastischen Identität als Kaiserin und einer ästhetischen Identität als Schönheitskönigin. Im manischen Schönheits- und Körperkult hatte Elisabeth ein Mittel gefunden, dem Wunsch nach individueller Existenz, der sich in ihrem Leben als Kaiserin nicht realisieren ließ, an der eigenen Person Form zu geben. Die Selbstinszenierung der jungen

Frau war als Gegenzeremoniell und Rebellion gegen die repräsentative Rolle gemeint. Durch die zeitgenössische Schönheitsideologie und den Wettbewerb mit der französischen Kaiserin Eugénie erhält der Persönlichkeitsersatz körperlicher Schönheit jedoch auch repräsentative und propagandistische Funktion. Diese ambivalente Symbolik der Schönheit, die sowohl Ausdruck einer Protestidentität als auch repräsentative Machtlegitimation ist, spiegelt sich in den gemalten, theatralischen Attitüden von Winterhalter. Nach ihrem spektakulären Auftritt auf der Bühne der Malerei entzieht sich die Kaiserin der Sichtbarkeit. Sowohl die Zurschaustellung als Attitüdenschönheit als auch das spätere Verschwinden Elisabeths rühren an das gleiche Tabu: Der Verpflichtung zur Sichtbarkeit im Rahmen von zeremonieller Repräsentation. In den Winterhalterschen Attitüden enthüllt sich die österreichische Kaiserin einer „anderen" Sichtbarkeit, inszeniert sich als Schönheit in ihrer Weiblichkeit. Gerade im Verstoß gegen die Darstellungsformen traditioneller Repräsentation gelingt jedoch für einen Augenblick die kunstvolle Arabeske: „Als der Ausdruck seinen Höhepunkt erreicht hatte, hielt die Bewegung inne und verwandelte sich für einen Moment in ein wunderbares Gemälde."[39] Die Winterhalterschen Portraits sind Ausdruck und Illustration der existentiellen Attitüde von Kaiserin Elisabeth von Österreich.

Die Einzigartigkeit dieser Gemälde ist auch der Grund, warum sie hier so breit behandelt werden. Während die frühen Darstellungen der „Rose aus dem Bayerland" dem Dilettantismus der Wiener Hofmalerei und den überalterten Gesten der traditionellen Herrscherinnendarstellung überlassen blieben, gehören die nach den siebziger Jahren entstandenen Bildnisse schon dem postumen Modus an. Sofern nicht collageartig frühere Bilder oder Photographien an die leere Stelle, den Ort des Verschwindens, montiert werden, entpuppen sich die Maler als mehr oder weniger phantasievolle Dramaturgen eines Imaginären. Durchaus reizvoll ist das leicht schwülstige Romako-Bildnis der Kaiserin zwischen Salonmalerei und dämonischer Jahrhundertwende, dem immerhin die Ehre zukam, die Kaiserin von Österreich als Inkunabel des Wiener Fin-de-siècle zu repräsentieren.[40]

Nach ihrem letzten Auftritt im Schauerspiel des Genfer Meuchelmordes, der zynischerweise das mythische Szenario der unglücklichen Kaiserin dauerhaft zementierte, entstand mit einiger Verzögerung das Denkmal im Wiener Volksgarten (Abb. Seite 206) als eine späte, symbolische Repatriierung der rebellischen Frau. Dem kaiserlichen Verschwinden mit

Das Kaiserin Elisabeth-Denkmal von Hans Bitterlich und Friedrich Ohmann (1907). Bildpostkarte. Um 1910

seiner Schnelligkeit und dem häufigen Ortswechsel wird ein im idyllischen Genre ruhendes Steinbild entgegengesetzt. Nicht die stolze, mädchenhafte Silhouette einer Standfigur, wie sie die Konkurrenzausschreibung nach dem Salzburger Vorbild wohl vor Augen hatte, keine Ganzfigur mit Schrittstellung wie das Klotzsche Budapester Denkmal, das kaiserlichen Abstieg vom repräsentativen Denkmalsockel suggerieren könnte, sondern eine sitzende, weltvergessene Elisabeth „in ihrer Frauenblüte" wird 1907 im Volksgarten enthüllt. Als frauliche Sitzfigur fordert die Skulptur den Vergleich mit der Landesmutter Maria Theresia, die oft genug den Leerraum füllen mußte, den die flüchtende Kaiserin im ideologischen Tableau hinterließ:

Das Maria Theresien-Denkmal von Caspar von Zumbusch (1888). Photographie. Um 1900

Vor nahezu zwei Jahrzehnten war es, gleichfalls knapp vor der herrlichen Zeit der Sonnenwende, als in Wien das Denkmal einer Kaiserin enthüllt wurde. Das war ein stolzes, prunkvolles und – ein politisches Fest. Galt es damals der Stammutter des Kaiserhauses, so war die heutige Feier der Erinnerung an die in aller Gedächtnis noch fortlebende edle und anmutsvolle Gemahlin unseres Kaisers gewidmet. Eine Familienfeier der Wiener, aus deren Initiative ja das Denkmal erstand, das heute im Volksgarten vor aller Augen sichtbar ward. Kein politisches Fest, keines von schwerem historischen Gepräge, dafür aber eines von größter Innigkeit . . .[41]

Maria Theresias Denkmalthron (Abb. Seite 207) stützten die „besten Männer ihrer Zeit", die ihrer geringeren Größe wegen dem Rock der mütterlichen Kaiserin enschlüpft zu sein scheinen. Elisabeth hingegen eskortieren nicht die Großen des Landes, sondern zwei ihrer geliebten Hunde. An Stelle eines repräsentativem Kleides trägt sie ein „zeitloses" Gewand, ihre Hände liegen müßig ohne Szepter im Schoß, ein Buch auf den Knien verweist auf ihre mehr literarische denn herrschaftliche Existenz. Sakral muten die Gesichtszüge der Kaiserin an – nicht zufällig erinnern sie an die idealisierte Totenmaske – und ein abgelegener Hain schließt „das Monument als Allerheiligstes"[42] vom weltlichen Prunk der Ringstraßenausstattung ab. Die von Friedrich Ohmann gestaltete Gartenanlage übernimmt die repräsentative Einbettung des Denkmals der österreichischen Kaiserin, ersetzt die Zeichen politischer Herrschaft durch die sakralen Symbole des Jugendstiles und stilisiert Elisabeth zur Kultfigur in der Ästhetik des Fin-de-siècle. Hier findet die seltsame Frau ihre ersehnte Heimat:

Die Kunst ist nur die Schöpfung unserer Sehnsucht nach der Existenz, wie sie uns sein sollte; sie entsteht aus unserem Heimweh nach dem einzigen Vaterland und ahnt dessen Formen.[43]

Friedrich Rehberg: Lady Emma Hamilton als „Lebendes Bild" der Sophonisbe. Umrißzeichnung. 1794

Anmerkungen

Kapitel *Ansichten einer Kunstfigur*

[1] Burckhardt, Jacob: Weltgeschichtliche Betrachtungen. Leipzig o. J., S. 210.
[2] Die Büste Katharinas wurde von Konrad Wredow, die Maria Theresias von August Eberhard gearbeitet.
[3] Zit. Max Scheler in: Bovenschen, Silvia: Die imaginierte Weiblichkeit. Exemplarische Untersuchungen zu kulturgeschichtlichen und literarischen Präsentationsformen des Weiblichen. Frankfurt 1979, S. 27.
[4] Ebd.
[5] Vgl. Malfèr, Stefan: Der österreichisch-ungarische Ausgleich von 1867. In: Elisabeth von Österreich. Einsamkeit, Macht und Freiheit. Katalog der 99. Sonderausstellung des Historischen Museums der Stadt Wien. 2. und erweiterte Auflage. Wien 1987, S. 24–28.
[6] Hamann, Brigitte: Elisabeth. Kaiserin wider Willen. Wien 1982. Hamanns Elisabeth-Biographie bildet die Grundlage dieser Studie. Ihre Arbeit liefert das biographische Grundgerüst der hier erfolgenden Überlegungen.
[7] Burckhardt, Jacob: Über erzählende Malerei. In: Ders.: Kulturgeschichtliche Vorträge. Leipzig o. J., S. 195.
[8] Vgl. Tissot, Ernest: Le livre des Reines. Paris 1896, S. 4.
[9] Ebd., S. 197.
[10] Daudet, Ernest: La chronique des nos jours. Paris[2] 1912, S. 3.
[11] Vgl. dazu Jacob Burckhardts Unterscheidung von tätiger und passiver Größe in: Ders., Weltgeschichtliche Betrachtungen (= Anm. 1).
[12] Vgl. Wysocki, Gisela v.: Frauen-Bilder im Aufbruch. Hinweise auf ihren Gebrauch. In: Kursbuch 47, März 1977, S. 91–115.
[13] Dazu vgl. etwa: Aus dem Leben unserer Kaiserin und Königin Elisabeth. Eine Gedächtnisschrift v. M. J. Tuw(o)ra. Linz 1898. Samarov, Georg: Der Krone Dornen. Historisch-romantische Bilder aus dem Leben und Leiden der Kaiserin Elisabeth von Österreich. 2 Bde., Heilbronn/Leipzig 1900. Perlen vom Silbernen Myrthenkranz. Biographische Bilder in Prosa und Dichtung aus dem Leben Ihrer kaiserlich-königlichen Majestäten Franz Joseph I. und Elisabeth. Entworfen und Zusammengestellt von Joseph Ferdinand Benda. Erste Gabe des österreichisch-schlesischen Preßvereins. Troppau 1879. Albon, Eugen d': Unsere Kaiserin. Wien 1890.
[14] Der Begriff „imaginierte Weiblichkeit" wird Silvia Bovenschens gleichnamiger Studie (= Anm. 3) entnommen. Die Autorin geht von der Diskrepanz aus, die zwischen den in der Realgeschichte befangenen Frauen und den von der Literatur phantasierten Frauen klafft. Erscheint erstere als „Objekt der männlichen Zugriffe und Beherrschung" (S. 32), so stellt sich letztere als „projiziertes weibliches Idealbild" dar.
[15] Bovenschen: Die imaginierte Weiblichkeit (= Anm. 3), S. 40.
[16] Zit. Grimm, Herman in: Scheuer, Helmut: Biographie. Studien zur Funktion und zum Wandel einer literarischen Gattung vom 18. Jahrhundert bis zur Gegenwart. Stuttgart 1979, S. 84.
[17] Ebd., S. 13 ff.
[18] Zum Niedergang der literarischen Form des „Herrscherlobs" vgl. Enzensberger, Hans Magnus: Poesie und Politik. In: Ders.: Einzelheiten II. Poesie und Politik. Frankfurt 1984, S. 113–139. Anhand von Goe-

the, Kleist und Fontane beschreibt Enzensberger die Phase des Gattungsverfalls im 19. Jahrhundert und kommt grundsätzlich auf die Problematik einer den Herrschenden dienenden poetischen Sprache zu sprechen: „Das Ende des Herrscherlobs, also einer extrem politischen Erscheinung in der Poesie, widersetzt sich jeder Erklärung aus der Politik . . . Es handelt sich um einen objektiven Sachverhalt: die poetische Sprache versagt sich jedem, der sie benutzen will, um den Namen der Herrschenden zu tradieren. Der Grund dieses Versagens liegt nicht außerhalb, sondern in der Poesie selbst“ (ebd., S. 126).

[19] Neben den österreichischen Biographien sind es besonders die sogenannten Trauerreden, die im Todesjahr den Markt überschwemmen, die vielen Nekrologe von Predigern, Gymnasiallehrern und anderen Honoratioren, die die ebenso komprimierten wie abgestandenen hagiographischen Formeln vorführen und die Versatzstücke der Elisabeth-Huldigung immer wieder neu zusammenstellen.

[20] Anon. (Margaret Cuncliff Owen = Mary Owen): The Martyrdom of an Empress. London 1899. (Hier verwendet die 10. Auflage von 1903). De Burgh, A. (Alborough, Edward Morgan): Elizabeth. Empress of Austria. A Memoir. London 1899.

[21] Vgl. Welcome, John: Die Kaiserin hinter der Meute. Elisabeth von Österreich und Bay Middleton. Übers. v. Hans Erik Hausner. Wien 1975, S. 186 ff.

[22] Tschudi, Clara: Elisabeth, Kaiserin von Österreich und Königin von Ungarn. Aus dem Norwegischen übers. v. Carl Küchler. Leipzig o. J. (1906). Smolle, Leo: Elisabeth. Kaiserin von Österreich und Königin von Ungarn. Ein Lebensbild. Wien 1904.

[23] Faucon, Charles: Trois malheureuses Impératrices de notre siècle. Paris 1891.

[24] Vgl. Sternberger, Dolf: Rede über die Idee der Schönheit. In: Ders.: Über Jugendstil. Frankfurt 1977, S. 11–20, S. 12.

[25] Vgl. Koppen, Erwin: Dekadenter Wagnerismus. Studien zur europäischen Literatur des Fin de Siècle. Berlin 1973, S. 219. (= Komparatistische Studien. Bd. 2).

[26] Ebd.

[27] Barrès, Maurice: Une Impératrice de la solitude. In: Ders.: Amori et Dolori Sacrum. Paris 1921, S. 151–229, S. 156.

[28] Ebd., S. 170.

[29] Vgl. ebd., S. 230.

[30] Ebd., S. 232.

[31] Ebd.

[32] D'Annunzio, Gabriele: Kaiserin Elisabeth. In: Hofmannsthal, Hugo v.: Reden und Aufsätze 1. 1891–1913. Gesammelte Werke. Hrsgg. v. Bernd Schoeller. Frankfurt 1977, S. 602–607, S. 606.

[33] Zit. Joris Karl Huysmans in: Koppen, Wagnerismus (= Anm. 25), S. 42).

[34] Vgl. Bahr, Hermann in: Die Zeit, 17. 9. 1898, zit. in: Hamann, Brigitte: Elisabeth in der Literatur des Fin de siècle. In: Elisabeth v. Österreich (= Anm. 5), S. 105 f.

[35] Zit. ebd. Felix Saltens Elisabeth-Nachruf ist abgedruckt in: Wunberg, Gotthart: Die Wiener Moderne. Literatur, Kunst und Musik zwischen 1890 und 1910. Stuttgart 1981, S. 97–99. Auch Jacques de la Faye, der in seiner eher traditionellen Elisabeth-Biographie (Faye, Jacques de la: Elisabeth von Bayern. Königin von Ungarn und Kaiserin von Österreich. Bearbeitet v. E. v. Kraatz. Halle 1914) die von Christomanos und Barrès gegebenen Impulse aufgreift, versichert sich stets der Dichtung als des eigentlichen Darstellungsmediums des kaiserlichen Lebens. Manchmal jedoch überbietet Elisabeth sogar die höchsten Leistungen der Literaturgeschichte: „Keine Feder vermöchte die herzzerreißende Intensität dieser Szene schildern, die weder Aischylos, noch Shakespeare in ihren Darstellungen gegeben haben.“ (ebd., S. 149)

Kapitel *Reise*

[1] Die illustrierte Festwoche Wiens. Hrsgg. von Johann Schmickl. Wien o. J., S. 12.
[2] Vgl. Corti, Egon Cäsar Conte : Elisabeth von Österreich. Tragik einer Unpolitischen. München 1975, S. 45.
[3] Villers, Alexander v.: Briefe eines Unbekannten. Hrsgg. v. Margarete Gideon. Zürich o. J., S. 465.
[4] Ebd., S. 464.
[5] Gedicht von Joh. N. Vogl zit. in: Tschudi, Clara: Elisabeth, Kaiserin von Österreich und Königin von Ungarn. Aus dem Norwegischen übers. v. Carl Küchler. Leipzig o. J., S. 27. Zit. auch in Benda, Perlen (= Anm. 9), S. 10.
[6] Zit. Wilhelm Lübke in Schoch, Rainer: Das Herrscherbild in der Malerei des 19. Jahrhunderts. München 1975, S. 179 (= Studien zur Kunst des 19. Jahrhunderts. Bd. 23).
[7] Zit. in: Hamann, Brigitte: Elisabeth von Österreich. Kaiserin wider Willen. München 1982, S. 67.
[8] In: Franz Joseph I. und seine Zeit: Cultur-historischer Rückblick auf die Francisco-Josephinische Epoche. Gedenkbuch zur Jubelfeier 1898. Hrsgg. v. Ignaz Schnitzer. 2 Bde. Wien o. J. (1898), Bd. 1, S. 41.
[9] Perlen vom Silbernen Myrthenkranz. Biographische Bilder in Prosa und Dichtung aus dem Leben Ihrer kaiserlich-königlichen Majestäten Franz Joseph I. und Elisabeth. Entworfen und Zusammengestellt von Josef Ferdinand Benda. Erste Gabe des österreichisch-schlesischen Preßvereins. Troppau 1879, S. 5.
[10] Aus dem Leben unserer Kaiserin und Königin Elisabeth. Eine Gedächtnisschrift von M. J. Tuwra. Linz 1898, S. 13 ff.
[11] Reise A. H. Ihrer k. k. Apostolischen Majestäten Franz Joseph und Elisabeth durch Kärnthen im September 1856. Wien 1859, S. 3.
[12] Ebd., S. 57.
[13] Vgl. Blaha, Helga: Österreichische Triumph- und Ehrenpforten. Maschin. Diss. Wien 1963.
[14] Kärnten-Reise (= Anm. 11), S. 1.
[15] Ebd., S. 23.
[16] Ebd., S. 17.
[17] Ebd., S. 26.
[18] Ebd., S. 11.
[19] Leipziger Illustrierte Zeitung vom 10. 1. 1857. Es mag erstaunen, daß bereits 1857 Transparente und Illuminationen die nur aus den Bauplänen ersichtlichen Umrisse der Votivkirche aufgreifen. Deren Grundsteinlegung – sie wurde aus Dank für die Errettung des Kaisers bei dem Attentat von 1853 gestiftet – erfolgte 1856.
[20] Hamann, Elisabeth (= Anm. 7), S. 117.
[21] Leipziger Illustrierte Zeitung vom 3. 1. 1857.
[22] Vgl. Mattenklott, Gert: Der übersinnliche Leib. Beiträge zur Metaphysik des Körpers. Hamburg 1982, S. 170.
[23] Kaiserin Elisabeth von Österreich. Eine Schilderung des Lebens, Wirkens und Sterbens unserer unvergeßlichen Kaiserin. Nach authentischen Quellen bearbeitet von F. A. Dorfmeister. Wien 1898, S. 30. Siehe dort auch die voranstehenden Zitate.
[24] Tschudi, Elisabeth (= Anm. 5), S. 159 ff.
[25] Kaiserin Elisabeth: Das poetische Tagebuch. Hrsgg. v. Brigitte Hamann. Wien 1984, S. 44.
[26] Zit. Ernest Tissot in Barrès, Maurice: Une Impératrice de la Solitude. In: Ders.: Amori et dolori sacrum. Paris 1921, S. 151–235, S. 188 ff.
[27] Elisabeth von Österreich. Tagebuchblätter von Constantin Christomanos. Hrsgg. v. Verena von der Heyden-Rynsch. Nebst Beiträgen von E. M. Cioran und anderen. München 1983, S. 1983, S. 90.
[28] Kaiserin Elisabeth im ungarischen Zigeunerlager. Anon. Leipzig o. J.(1905), S. 144.
[29] Hamann, Elisabeth (= Anm. 7), S. 571.
[30] Christomanos, Tagebuchblätter (= Anm. 27), S. 87.
[31] Wagner, Richard: Der Fliegende Holländer. In: Ders.: Die Musikdra-

men. Mit einem Vorwort von Joachim Kaiser. Hamburg 1971, S. 181–221, S. 192.
[32] Tschudi, Elisabeth (= Anm. 5), S. 61.
[33] Zit. Christomanos in: Hamann, Elisabeth (= Anm. 7), S. 579.
[34] Homer: Odyssee. Übers. v. Johann Heinrich Voss. Hrsgg. v. Peter von der Mühll. Basel 1980, S. 159.
[35] Jeziorkowski, Klaus: Der Virtuose des Durchschnitts. Der Salonautor in der deutschen Literatur des 19. Jahrhunderts, dargestellt am Beispiel Paul Heyse. In: Ders.: Eine Iphigenie rauchend. Frankfurt 1987, S. 114–130, S. 124.
[36] Vgl. Schoch, Herrscherbild (= Anm. 6), S. 38 ff.
[37] Ein flüchtiger Zug nach dem Orient. Reise der allerdurchlauchtigsten Gräfin Hohenembs im Herbste des Jahres 1885 an Bord der kaiserlichen Yacht „Miramar“ von August von Almstein. Wien 1887, S. 169.
[38] Ebd., S. 122 und S. X der Einleitung.
[39] Wurzbach, Constantin: Das Elisabethen=Buch. Festalbum denkwürdiger Fürstinnen. Wien 1854, S. 8.
[40] Garets, Comtesse de: Souvenirs d'une Demoiselle d'honneur. Auprès de l'Impératrice Eugénie. Publié par Marie Louyse des Garets. Paris 1928, S. 64.
[41] Ebd., S. 84.
[42] Christomanos, Tagebuchblätter (= Anm. 27), S. 91 ff.
[43] Baudelaire, Charles: Der Salon 1859. In: Ders.: Sämtliche Werke und Briefe in 8 Bden. Aufsätze zur Literatur und Kunst 1857–1860. Hrsgg. v. Friedhelm Kemp und Claude Pichois. München 1989, Bd. 5, S. 127–213, S. 196.
[44] Vgl. ebd., S. 198.
[45] Faye, Jacques de la: Elisabeth von Bayern. Kaiserin von Österreich und Königin von Ungarn. Bearbeitet v. E. v. Kraatz. Halle 1914, S. 178.
[46] Christomanos, Tagebuchblätter (= Anm. 27), S. 89.
[47] Schivelbusch, Wolfgang: Geschichte der Eisenbahnreise. Zur Industrialisierung von Raum und Zeit im 19. Jahrhundert. Frankfurt 1979, S. 15.
[48] Mattenklott, Übersinnlicher Leib (= Anm. 22), S. 174.
[49] Carmen Sylva: Die Kaiserin Elisabeth in Sinaia. Neue Freie Presse vom 25. 12. 1906.
[50] Graf Khevenhüller an Graf Kalnoky, aus Korfu, 19. 11. 1888, zit. in: Corti, Elisabeth (= Anm. 2), S. 359.
[51] Perquer, Alb.: Une Villégiature impériale en pays de Caux. Paris 1897, S. 18.
[52] Sztáray, Irma: Aus den letzten Lebensjahren der Kaiserin. Wien 1909, S. 21.
[53] Ebd., S. 12.
[54] Deleuze, Gilles/Guattari, Félix: Kafka. Für eine kleine Literatur. Frankfurt 1976, S. 37.

Kapitel *Zeremonien*

[1] Vgl. dazu das von Eugen d'Albon einer ungenannten fürstlichen Dichterin zugeschriebene Gedicht: „Die Landesmutter", in dem die folgenden Verse stehen: „Die Wunden wasche, den Rost, den Staub./ Laß deine Güte wie warme Quellen/ stets neu dir strömen aus Herzensgrund/ Und unerschöpflich in tausend Wellen/ Dein Volk erquicken mit Hand und Mund." (Albon, Eugen d': Unsere Kaiserin. Wien 1890.)

[2] Schönthan, Franz v.: Die Kaiserin. Wien 1903, S. 18. Die Hauptrolle dieses um den Geburtstag Maria Theresias beschäftigten Schwanks spielte geschmackvollerweise Katharina Schratt, die Freundin des Kaisers, der das Fach der Mère noble mehr als Elisabeth gelegen haben dürfte. Karl Kraus widmete diesem von Peinlichkeit umwitterten Theaterereignis eine Satire im 145. Heft der „Fackel" (S. 17–21).

[3] Ebd. S. 24.

[4] Vgl. Tschudi, Clara: Elisabeth, Kaiserin von Österreich und Königin von Ungarn. Aus dem Norwegischen von Carl Küchler. Leipzig o. J. (1906), S. 15, 16, 17.

[5] Faye, Jacques de la: Elisabeth von Bayern. Kaiserin von Österreich und Königin von Ungarn. Bearbeitet v. E. v. Kraatz. Halle 1914, S. 11.

[6] Ebd. S. 5.

[7] Vgl. Tschudi (= Anm. 4), S. 18.

[8] Eine überwiegend protokollarische Ansicht des offiziellen Lebens der Kaiserin besonders in: Albon, Kaiserin (= Anm. 1). Minutiös schildert er die Festzüge der Hochzeit, der Silbernen Hochzeit und der ungarischen Krönung. Seine Biographie gliedert sich vorwiegend in Zeremonialbilder auf.

[9] Vgl. Braungart, Georg: Hofberedsamkeit. Studien zur Praxis höfisch-politischer Rede im deutschen Territorialabsolutismus. Tübingen 1988, S. 157 ff.(= Studien zur deutschen Literatur. Hrsgg. v. Wilfried Barner, Richard Brinkmann und Conrad Wiedemann. Bd. 96).

[10] Zit. Ferdinandy, M. de: Die theatralische Bedeutung des spanischen Hofzeremoniells bei Kaiser Karl V.. AK und G. 47 (1965), in: Hofmann, Christina: Das spanische Hofzeremoniell von 1500–1700. Frankfurt 1985, S. 16 (= Erlanger Historische Studien. Bd. 8).

[11] So der Titel einer der bedeutendsten Zeremonialschriften des 18. Jahrhunderts: Lünig, Johann Christian: Theatrum Ceremoniale Historicum-Politicum, oder Historisch= und Politischer Schau=Platz aller Ceremonien. Bd. 1 und 2. Leipzig 1719 und 1720.

[12] Vgl. ebd., S. 292.

[13] Vgl. Vehse, Eduard: Geschichte des österreichischen Hofs und Adels und der österreichischen Diplomatie. Geschichte der deutschen Höfe seit der Reformation. 17. Bd. Zweite Abteilung: Österreich. Elfter Teil. Hamburg 1853, S. 207. Vehse moniert, daß der Kaiser zum erstenmal der Pflicht der Fußwaschung am Gründonnerstag im Stephansdom nicht nachgekommen sei (ein Versäumnis, das Elisabeth immer öfter zu verantworten haben wird) und legt dem Hof die Wiederherstellung der Etikette „in principe" nahe.

[14] Vgl. Braungart, Hofberedsamkeit (= Anm. 9), S. 152.

[15] Vgl. Elias, Norbert: Die höfische Gesellschaft. Untersuchungen zur Soziologie des Königtums und der höfischen Aristokratie. Frankfurt 1983, besonders Kapitel 5.

[16] Zit. v. Rohr, Julius Bernhard v.: Einleitung zur Ceremonialwissenschaft, in: Braungart (= Anm. 9), S. 152.

[17] Zit. Festetics in: Sisis Künstleralbum. Private Photographien aus dem Besitz der Kaiserin Elisabeth. Hrsgg. v. Werner Bokelberg. Erläutert und mit einer Einleitung versehen von Brigitte Hamann. Harenberg 1981, S. 12.

[18] Tschudi (= Anm. 4), S. 96.

[19] Ebd., S. 38.

[20] Carmen Sylva: Die Kaiserin Elisa-

beth in Sinaia. Neue Freie Presse, 25. 12. 1906.

[21] Vgl. zur Gewalt im Melodram: Przybos, Julia: L'entreprise mélodramatique. Paris 1987.

[22] Owen, Mary Cuncliffe (anon.): The Martyrdom of an Empress. London[10] 1899, S. 18.

[23] Montez, Lola: Memoir in Begleitung vertrauter Briefe Sr. Majestät des Königs Ludwig von Bayern und der Lola Montez. Hrsgg. v. August Papon. Aus dem Französischen. In 5 Bändchen. Stuttgart 1849, S. 94.

[24] Zit. Alfred Klaar in: Ehrenfels, M.: Charlotte Wolter. Wien 1887, S. 43.

[25] Zit. Taisey-Chatenois in: Mauget, Irenèe: Kaiserin Eugénie und ihr Hof. Deutsch v. Emma Brugmann. Halle 1913, S. 63.

[26] Carmen Sylva, Sinaia (= Anm. 20).

[27] Lippe, Rudolf zur: Vom Leib zum Körper. Naturbeherrschung am Menschen in der Renaissance. Reinbek bei Hamburg 1988, S. 213 und 246.

[28] Ebd., S. 244.

[29] Ebd., S. 216.

[30] Nietzsche, Friedrich: Die fröhliche Wissenschaft. In: Ders.: Werke II. Hrsgg. v. Karl Schlechta. Frankfurt 1979, S. 218–549, S. 439.

[31] Elisabeth von Österreich. Tagebuchblätter von Constantin Christomanos. Hrsgg. v. Verena von der Heyden-Rynsch nebst Beiträgen von E. M. Cioran u. a. München 1983, S. 76.

[32] Ebd., S. 37.

[33] Sztáray, Irma: Aus den letzten Jahren der Kaiserin Elisabeth. Wien 1906, S. 46.

[34] Hofmannsthal, Hugo v.: Ödipus und die Sphinx. In: Ders.: Dramen II. Gesammelte Werke. Hrsgg. v. Bernd Schoeller. Frankfurt 1979, S. 381–489, S. 401.

[35] Kaiserin Elisabeth im ungarischen Zigeunerlager. Anon. Leipzig o. J.(1905), S. 19.

[36] Faye, Kaiserin (= Anm. 5), S. 5.

[37] Hamann, Brigitte: Elisabeth von Österreich. Kaiserin wider Willen. München 1982, S. 370.

[38] Ebd. S. 371.

[39] Das Zeitalter Kaiser Franz Josephs 2. Teil 1880–1916. Glanz und Elend. Katalog des Niederösterreichischen Landesmuseums. Neue Folge Nr. 186, Wien 1986, S. 1.

[40] Ebd. 1 ff.

[41] Brief Graf Khevenhüllers an Graf Kalnoky. Haus-, Hof und Staatsarchiv.

[42] Christomanos, Tagebuchblätter (= Anm. 31), S. 164.

[43] Walker Bynum, Caroline: The Female Body and Religious Practice in the later Middle Ages. In: Feher, Michel (Hrsg.): Fragments for a History of the Human Body. Part One. Zone 3. New York 1989, S. 160–220. S. 163–165.

[44] Sztáray, Letzte Jahre (= Anm. 33), S. 36.

[45] „Obwohl Elisabeth persönlich materielle Genüsse nur gering schätzte, opferte sie dem Speisezettel doch manche Aufmerksamkeit, wenn sie mit dem Kaiser zusammen war. Jeden Morgen mußte der Küchenchef ihr denselben vorlesen; sie unterwarf ihn einer genauen Durchsicht und schlug bisweilen Änderungen vor." (Tschudi, Elisabeth (= Anm. 4), S. 143), auch Irma Sztáray muß ihr die Speisezettel vorlesen und die interessanten Menuprogramme für den Kaiser notieren (Sztáray, Letzte Jahre (= Anm. 33), S. 42.) Die Briefe Franz Josephs an seine Frau werden vom Thema des Essens und des Fastens in nahezu zeremonieller Weise regiert. Kaum ein Brief, der nicht mahnend auf die Diätpraxis der Kaiserin Bezug nimmt. Die Sprachlosigkeit der Ehepartner wird mithilfe dieses Themas überbrückt. Komödiantisch muten die Fastenkuren der kaiserlichen Freundin Katharina Schratt an, die sich offenbar im Zugzwang der Kaiserin ebenso ständig wie erfolglos Fastenkuren verordnet. Während der Kaiser die eine ermahnt, nicht zu verhungern, berichtet er ihr gleichzeitig von den Entfettungsversuchen der anderen.

[46] Tschudi, Elisabeth (= Anm. 4), S. 143.

[47] Owen, Martyrdom (= Anm. 22), S. 244.
[48] Christomanos, Tagebuchblätter (= Anm. 31), S. 49.
[49] Carmen Sylva, Sinaia (= Anm. 20)
[50] Vgl. Fillitz, Hermann: Die österreichische Kaiserkrone und die Insignien des Kaisertum Österreich. Mit einer Abhandlung: Das Heilige Römische Reich. Von Willy Lorenz. Wien 1959, S. 30 ff. (= Sammlung Die Kronen des Hauses Österreich. 1.)
[51] Christomanos, Tagebuchblätter (= Anm. 31), S. 47 ff.
[52] Faye, Elisabeth (= Anm. 5), S. 94.
[53] Starobinski, Jean: Die Tages-Ordnung. In: Reinhart Herzog/ Reinhart Kosellek (Hrsg.): Epochenschwelle und Epochenbewußtsein. München 1987, S. 429–453, S. 435 (Poetik und Hermeneutik, Bd. 12).

Kapitel *Schönheit*

[1] Vgl. Smolle, Leo: Elisabeth. Kaiserin von Österreich und Königin von Ungarn. Ein Lebensbild. Wien 1904, S. 14.
[2] vgl. Tschudi, Clara: Elisabeth, Kaiserin von Österreich und Königin von Ungarn. Übers. von Carl Küchler. Leipzig o. J. (1906), S. 22.
[3] Ebd., S. 20.
[4] Mary Cuncliffe Owen (anon.): The Martyrdom of an Empress. London 1903, S. 15.
[5] Vgl. Owen, Martyrdom (= Anm. 4), S. 15.
[6] Vgl. Baudelaire, Charles: Der Maler des modernen Lebens. In: Ders.: Sämtliche Werke/ Briefe in 8 Bden. Aufsätze zur Literatur und Kunst 1857–1860, Bd. 5. Hrsgg. und übers. v. Friedhelm Kemp und Claude Pichois in Zusammenarbeit mit Wolfgang Drost. München 1989, S. 213–259, S. 226.
[7] Vgl. zum Problem konventioneller Schönheitsschilderung: v. Matt, Peter: . . . fertig ist das Angesicht. Zur Literaturgeschichte des menschlichen Gesichts. München 1983, S. 99.
[8] Vgl. Owen, Martyrdom (= Anm. 4), S. 20.
[9] Vgl. das ästhetische Traktat zur Portraitmalerei von Franz Anton Nüßlein, das gerade für die Schönheitsgalerie Ludwigs I. von Bayern herangezogen wird. Zit. in: v. Hase, Ulrike: Joseph Stieler 1781–1858. Sein Leben und sein Werk. Kritisches Verzeichnis der Werke. München 1971, S. 104 (= Materialien zur Kunst des 19. Jahrhunderts, Bd. 5).
[10] Tschudi, Elisabeth (= Anm. 2), S. 36.
[11] Montez, Lola: Memoiren in Begleitung vertrauter Briefe Sr. Majestät des Königs Ludwig v. Bayern und der Lola Montez. Hrsgg. v. August Papon. Aus dem Französischen. In 5 Bändchen. Stuttgart 1849, 2. Bd., S. 36.
[12] Vgl. Starobinski, Jean: Die Erfindung der Freiheit 1700–1789. Übersetzt v. Hans Staub. Frankfurt 1988, S. 14.
[13] Vgl. Montez, Memoiren (= Anm. 11), S. 77.
[14] Vgl. Sztáray, Irma: Aus den letzten Jahren der Kaiserin. Wien 1909, S. 89.
[15] Ebd., S. 84.
[16] Vgl. dazu und zum voranstehenden Text die einleitenden Bemerkungen von Brigitte Hamann in: Sisis Schönheitsalbum. Private Photographien aus dem Besitz der Kaiserin Elisabeth herausgegeben von Werner Bokelberg. Erläutert und mit einer Einleitung von Brigitte Hamann. Dortmund 1980, S. 10.
[17] Vgl. dazu Musil, Robert: Der bedrohte Ödipus. In: Ders.: Nachlaß zu Lebzeiten. Gesammelte Werke in 9 Bden. Hrsgg. v. Adolf Frisé. Frankfurt 1978, Bd. 7, S. 528–530, S. 530.
[18] Elisabeth von Österreich. Tagebuchblätter von Constantin Christomanos. Hrsgg. v. Verena von der Heyden-Rynsch nebst Beiträgen von E. M. Cioran und anderen. München 1983, S. 67.
[19] Vgl. Alborough (A. De Burgh): Eli-

zabeth. Empress of Austria. A Memoir. London 1899, S. 16. Ein äquivalenter Satz der Kaiserin Eugénie bestätigt, daß es sich bei der „lebendigen Toten" um eine das individuelle Leben überschreitende Rolle handelt: „Ich bin 1870 gestorben", sagt sie in Anspielung auf die Niederlage von Sedan. (Zit. in Kurtz, Harold: Eugénie. Kaiserin der Franzosen, 1926–1920. Übers. v. E. M. Krauss. Tübingen 1964, S. 408)

[20] Vgl. Bronfen, Elisabeth: Die schöne Leiche. Weiblicher Tod als motivische Konstante von der Mitte des 18. Jahrhunderts bis in die Moderne. In: Berger, Renate/ Stephan, Inge (Hrsg.): Weiblichkeit und Tod in der Literatur. Wien 1987, S. 87–116, S. 96.

[21] Vgl. Owen, Martyrdom (= Anm. 4), S. 262.

[22] Ebd., S. 91.

[23] Vgl. Ebd., S. 107.

[24] D'Annunzio, Gabriele: Kaiserin Elisabeth. Übersetzt von Hugo v. Hofmannsthal. Zuerst erschienen in: Wiener Rundschau 1. Oktober 1898. Offenbar existieren zwei Fassungen dieser Übersetzung, deren Tenor zwar gleich ist, deren Sprache jedoch differiert. In der Zeitschrift „Die Zukunft", 25. Bd., Nr. 3, Berlin 1898 (Abgedruckt in: Hofmannsthal, Hugo v.: Reden und Aufsätze I. Gesammelte Werke. Hrsgg. v. Bernd Schoeller. Frankfurt 1979, S. 602–606, S. 606) lautet der zitierte Passus üppiger:
„Es ziemt sich, sie zu verherrlichen. Vielleicht wäre sie in der Vergeßlichkeit der Menschen untergesunken, wenn durch die Kraft des Stahles nicht ihr purpurnes Bild mit beängstigender Pracht aus dem Schatten hervorgesprungen wäre. Es ziemt sich, die Schönheit ihres Antlitzes zu verherrlichen, den Standbildern des geheimnisvollen Hermes verwandt, mit unbeweglichen Zügen unter dem Prunk herbstlichen Glanzes, der ihr geflochtenes Haar belud, und ihre Blässe, wie eine verhaltene Flamme bedrängt vom Schatten des Blutes, das in den großen Lidern ihrer Augen dunkelte, und das Schweigen ihrer scharfgepreßten Lippen, auf denen das Süße von ausgesogenen Früchten die Herbigkeit der Tränen linderte, und ihre Seele, ihre geheimnisreiche Seele, die im Kern jenes Haupt der Medusa trug, womit die Göttin Pallas ihren goldenen Schild wappnete, so daß er unverletzlich war."

[25] Vgl. Bahr, Hermann: Die Kaiserin. Abgedruckt bei: Hamann, Brigitte: Elisabeth in der Literatur des Fin de siècle. In: Elisabeth von Österreich. Einsamkeit, Macht und Freiheit. Katalog der 99. Sonderausstellung des Historischen Museums der Stadt Wien. Wien 1986, S. 105–111, S. 105. Bahrs Nachruf erschien zuerst in: Die Zeit, 17. September 1898. Eine Zusammenstellung jener Reize, die die Mona Lisa dem Fin de siècle bot, sowie eine Synopse derjenigen Texte, die Leonardos Gemälde in diesem Sinne beschwören, bietet: Renner, Ursula: Mona Lisa – Das „Rätsel Weib" als „Frauenphantom des Mannes" im Fin de siècle. In: Roebling, Irmgard (Hrsg.): Lulu, Lilith, Mona Lisa . . . Frauenbilder der Jahrhundertwende. Pfaffenweiler 1989, S. 139–157.

[26] Vgl. Ebd. S. 149.

[27] In seinem Versdrama „Der Tor und der Tod" (1893) verweist Hofmannsthal selbst auf den „herben Mund" der Gioconda (= Mona Lisa) – eine Wendung, die er in seine Übersetzung von d'Annunzios Nachruf übernimmt. Hinweis auf „Der Tor und der Tod" auch bei Renner, Mona Lisa (= Anm. 25), S. 142.

[28] Denkschrift zur Enthüllung des Kaiserin Elisabeth-Denkmales in Wien. Wien 1907, S. 15.

[29] Ebd.

[30] Kaiserin Elisabeth von Österreich. Eine Schilderung des Lebens, Wirkens und Sterbens unserer unvergesslichen Kaiserin. Nach authentischen Quellen bearbeitet von F. A. Dorfmeister. Wien, September 1898, S. 46. Eine ganz ähnliche Beschreibung der Wunde findet sich auch in

der Broschüre: Die Ermordung der Kaiserin Elisabeth von Österreich am 10. September 1898. Wien 1898, S. 9 ff.
[31] Vgl. dazu: Michelson, Annette: On the Eve of the Future: The Reasonable Facsimile and the Philosophical Toy. In: October. The first Decade, 1976–1986. Ed. by Annette Michelson, Rosalind Krauss, Douglas Crimp, Joan Copjec. Massachusetts 1987, S. 416–437. In ähnlicher, jedoch gewalttätigerer Weise hatten sich die Pariser Revolutionäre mit Marie Antoinette beschäftigt. Hier ist die Aggression gegen den schönen und luxuriösen weiblichen Körper mit der politischen Aggression gegen das Ancien régime verbunden. In ihrer Biographie der „Marie Antoinette" berichten die Brüder Goncourt von den Gewaltphantasien der Bürger gegen die gefangene Königin. In: Goncourt, Edmond u. Jules de: Geschichte der Marie Antoinette. Übers. v. Schmidt-Weißenfels. Wien[2] 1865.
[32] Sztáray, Letzte Jahre (= Anm. 14), S. 263 u. 265.

Kapitel *Trauer*

[1] Vgl. Das Kaiser-Jubiläums- und Rundgemälde. Sieben historische Dioramenbilder. Nach den Grundmotiven und Angaben des I. Schnitzer entworfen und gemalt von Prof. Ph. Fleischer. Wien 1898.
[2] Vgl. Wittmann, Hugo: Das Kaiserjubiläumsbild. In: Franz Joseph und seine Zeit. Cultur-Historischer Rückblick auf die Francisco-Josephinische Epoche. Gedenkbuch zur Jubelfeier 1898. Hrsgg. v. Ignaz Schnitzer. 2 Bde. Wien–München o. J.(1898), Bd. 2, S. 341.
[3] Ebd. S. 349.
[4] Vgl. Kaiser-Jubiläums- und Rundgemälde (= Anm. 1), S. 53.
[5] Vgl. etwa Daudet, Ernest: La chronique de nos jours. Paris[2] 1912, S. 1.
[6] Vgl. Faucon, Charles: Trois malheureuses impératrices de notre siècle. Paris 1891, S. 16.
[7] Kurtz, Harold: Eugénie. Kaiserin der Franzosen 1826–1920. Übers. v. E. M. Krauss. Tübingen 1964, S. 406.
[8] Faucon, Impératrices (= Anm. 6), S. 20.
[9] Mauget, Ireneé: Kaiserin Eugénie und ihr Hof. Übers. v. Emma Brugmann. Halle 1913, S. 158.
[10] Vgl. ebd., S. 36.
[11] Goncourt, E. und J.: „Journal, Mémoires de la vie litteraire". 2. Teil. Paris 1956, S. 536.
[12] Auch mit Maria Stuart, einer weiteren Geköpften unter den Königinnen, befaßt sich Eugénie. Harold Kurtz berichtet in seiner Biographie, daß sie die Erinnerungsstätte Holyrood in Schottland besuchte. Außerdem erzählt er von einem weiteren Intermezzo mit tödlicher Pointe: „Wie schade, daß Sie nicht geköpft worden sind", soll eine Journalistin zu Eugénie gesagt haben, „dann wären Sie in die Geschichte eingegangen." Vgl. Kurtz, Eugénie (= Anm. 7), S. 197 und S. 391.
[13] Kaiserin Elisabeth im ungarischen Zigeunerlager. Anon. Leipzig o. J.(1905), S. 57 ff.
[14] Wallersee, Marie Freiin v. La-

risch: Meine Vergangenheit. Wahrheit über Franz Joseph/Schratt/ Kaiserin Elisabeth/ Andrassy/ Kronprinz Rudolf/ Vetschera. Leipzig 1913, S. 106. Zum Thema der geköpften Monarchen des 19. Jahrhunderts und insbesondere bei Heinrich Heine vgl. Bodi, Leslie: Kopflos – ein Leitmotiv in Heines Werk. In: Internationaler Heine-Kongress 1972. Hamburg 1973, S. 227–244 (= Heine-Studien im Hoffmann und Campe Verlag). Bodi verfolgt u. a. die Assoziation von „Kopfabschlagen“ und abgelebten politischen Institutionen auch an der Gestalt Marie Antoinettes. Die melodramatischen Schauerstücke Eugénies sind in den satirischen Enthauptungsmythen Heinrich Heines vorweggenommen.

[15] Kraft, Herbert: Das Schicksalsdrama. Interpretation und Kritik einer literarischen Reihe. Tübingen 1974, S. 53.

[16] Tschudi, Clara: Elisabeth, Kaiserin von Österreich und Königin von Ungarn. Aus dem Norwegischen übersetzt von Carl Küchler. Leipzig o. J. (1906), S. 8.

[17] Faye, Jacques de la: Elisabeth von Bayern. Kaiserin von Österreich und Königin von Ungarn. Bearbeitet v. E. v. Kraatz. Halle 1914, S. 1.

[18] Samarov, Georg: Der Krone Dornen. Historisch-romantische Bilder aus dem Leben und Leiden der Kaiserin Elisabeth von Österreich. 2 Bde. Heilbronn/ Leipzig 1900, Bd. 1, S. 2.

[19] Ebd., S. 5.

[20] Vgl. Mauget, Kaiserin Eugénie (= Anm. 9), S. 9. Weissagende Zigeunerinnen treten ebenfalls auf in Owen, Mary: Martyrdom of an Empress. London 1903, S. 39, 40 und 145.

[21] Wurzbach, Constantin v.: Das Elisabethen=Buch. Festalbum denkwürdiger Fürstinnen. Wien 1854, S. 8.

[22] Faye, Elisabeth (= Anm. 17), S. 26.

[23] Tschudi, Elisabeth (= Anm. 16), S. 165.

[24] Vgl. dazu: Peroux, Joseph Nicolaus: Pantomimische Stellungen von Henriette Hendel-Schütz. Mit historischen Erläuterungen versehen vom Geh. Legationsrathe Vogt. Frankfurt o. J. Zur Geschichte der Lebenden Bilder allgemein: Holmström, Kristen Gram: Monodrama. Attitudes. Tableaux vivants. Studies on some trends of theatrical fashion 1770–1815. Uppsala 1967.

[25] Faye, Elisabeth (= Anm. 17), S. 168. Auch Mary Owen (= Anm. 20) spricht auf S. 155 von „poor Niobe, hunted by the restlessness of a pain too great to be explained in words“.

[26] Bätschmann, Oskar: Pygmalion als Betrachter. Die Rezeption von Plastik und Malerei in der zweiten Hälfte des 18. Jahrhunderts. In: Kemp, Wolfgang (Hrsg.): Der Betrachter im Bild. Kunstwissenschaft und Rezeptionsästhetik. Köln 1985, S. 183–224, hier S. 183 ff.

[27] Martin, Gunther: Kaiserin Elisabeth und die Hermesvilla. In: Hermesvilla. Lainzer Tiergarten. Zusammengestellt von Susanne Walther. Führer der Museen der Stadt Wien, Wien 1981, S. 47–50, S. 48.

[28] Faye, Elisabeth (= Anm. 17), S. 167: „Eine Statue, eine verschleierte Frauengestalt mit einem zur Erde geneigten Palmzweig in der Hand, erregte ihre Aufmerksamkeit. Die ganze Stellung und das Gesicht drückten ein solches Gefühl von Trauer aus, daß Elisabeth ganz erschüttert war. Eine von blauer Gaze verhüllte elektrische Ampel umgab den Marmor (!) wie mit Mondenschein. Wenn der Schlaf die verweinten Augen der untröstlichen Mutter floh, erhob sie sich und verharrte stundenlang, versunken in den Anblick dieser Verkörperung ihres Schmerzes.“

[29] Tschudi, Elisabeth (= Anm. 16), S. 109. Sie mag es von Mary Owen übernommen haben, die dieselbe Szene noch üppiger ausgestaltet: „Opposite the narrow white lacquered bed stands a matchless alabaster statue (!) representing a weeping Niobe. The pedestal of this

exquisite‹ materpiece is smothered in banks of delicately foliaged green plants, and was lighted all night, whether the Empress was there or not, by tiny opalescent globes containing perfumed candles. During her long attacks of insomnia the poor bereft mother found a sort of comfort in contemplating this, her counterpart, and used to lie with her lovely eyes fixed on the white form so pathetically pure and beautiful. The bed stood in the middle of the room, protected at the upper end by a huge screen, the central leaf of which consisted of an admirably painted picture of the Blessed Virgin.“ (Owen, Martyrdom (= Anm. 19), S. 157.)

[30] Paulton, Harry: Niobe. Schwank in 3 Akten. In freier Bearbeitung von Oskar Blumenthal. Wien 1894.

[31] Vgl. Bätschmann, Pygmalion (= Anm. 26), S. 186.

[32] Vgl. Nostiz-Rieneck, G.(Hrsg.): Briefe Kaiser Franz Josephs an Kaiserin Elisabeth 1859–1898. 2 Bde. Wien–München 1966, Bd. 2, S. 208.

[33] Elisabeth von Österreich. Tagebuchblätter von Constantin Christomanos. Hrsgg. v. Verena von der Heyden-Rynsch nebst Beiträgen von E. M. Cioran und anderen. München 1983, S. 44.

[34] Ebd., S. 93 f.

[35] Ebd., S. 96.

[36] Ebd., S. 109.

[37] Nietzsche, Friedrich: Die Geburt der Tragödie oder Griechentum und Pessimismus. In: Ders.: Werke I. Hrsgg. v. Karl Schlechta. Frankfurt 1980, S. 7–135, S. 32.

[38] Ebd., S. 37.

[39] Vgl. ebd., S. 114.

[40] Nietzsche, Tragödie (= Anm. 37), S. 42.

[41] So übernimmt Nietzsche von Schopenhauer in seiner Tragödienschrift wiederholt das Bild von dem „Schleier der Maja“, der während der dionysischen Feier zerrissen „vor dem geheimnisvollen Ureinen“ herumflattere (S. 25, siehe auch S. 23)

[42] Christomanos, Tagebuchblätter (= Anm. 33), S. 143.

[43] Ebd., S. 160.

[44] Ebd., S. 118.

[45] Ebd., S. 144.

[46] Ebd., S. 172.

[47] Nietzsche, Tragödie (= Anm. 37), S. 121.

Kapitel *Verschwinden*

[1] Zit. in: Kurtz, Harold: Eugénie. Kaiserin der Franzosen. Übers. v. E. M. Krauss. Tübingen 1964, S. 409.

[2] Garets, Comtesse de: Souvenirs d’une Demoiselle d’honneur. Auprès de l’Impératrice Eugénie publiée par Marie Louyse de Garets. Paris 1928, S. 126.

[3] Vgl. zum Altersbild Eugénies: Daudet, Lucien: Kaiserin Eugenie. Übers. v. Adele Müller. Frauenfeld 1913, S. 10–23.

[4] Vgl. Welcome, John: Die Kaiserin hinter der Meute. Elisabeth von Österreich und Bay Middleton. Übersetzt von Hans Erik Hausner. Wien 1975, S. 129. Welcome berichtet von straffenden Bädern der Kaiserin in stark erhitztem Spezialöl.

[5] Eugen d’Albon berichtet in seiner Huldigungsschrift dennoch von einem Photo, das Kaiserin im Jahr 1884 von sich habe machen lassen, ein Photo indessen, das der Nachwelt nicht überliefert ist und das auch sonst in einem wenig zeremoniösen Zusammenhang entstand: Am 23. September 1884 habe sie sich zusammen mit einigen Mitgliedern ihrer Familie auf dem Kahlenberg bei der Zahnradbahnstation von dem amerikanischen Schnellphotographen Karl Pretscher photographieren lassen – „ein Gruppenbild, wie es wohl noch nicht in der anspruchslosen Bude aufgenommen worden ist“ – und habe das gelungene Bild gleich mit sich fort genommen. Auch hier die Entmach-

tung des Hofmalers und Hofphotographen, die Persiflage überkommener „Repräsentation" in der Jahrmarktbude. Ein Juxbild, nicht ein Portrait d'apparat, wird hier angefertigt und sogleich entführt. Wenn es nicht wahr ist, so ist es gut erfunden, weist es doch gleichzeitig auf die Vorliebe der Kaiserin für „abseitige" Vergnügungen, für den Jahrmarkt und den Zirkus.

[6] Bei der ungarischen Krönung tritt andererseits die chimärische Unwirklichkeit zeremonieller Großveranstaltungen im 19. Jahrhundert deutlich zutage. Bereits die Augenzeugen empfanden, daß das Operettenhafte überwiege. Der ungeheure Glanz der Kostüme, der folkloristische Aufwand vermochte über die Hohlheit des Geschehens und über seine mangelhafte und später dann verhängnisvolle Begründung nicht hinwegzutäuschen.

[7] Vgl. Hamann, Brigitte: Kaiserin wider Willen. München 1982, S. 322.

[8] Elisabeth von Österreich. Tagebuchblätter von Constantin Christomanos. Hrsgg. v. Verena von der Heyden-Rynsch. München 1983, S. 74.

[9] Vgl. Kurtz, Eugénie (= Anm. 1), S. 423

[10] Grázian, Balthasar: Handorakel und Kunst der Weltklugheit. Übersetzt von Arthur Schopenhauer. Stuttgart 1986, S. 56.

[11] Vgl. Sombart, Nicolaus: Die „schöne Frau". In: Kamper, Dietmar/ Wulf, Christoph (Hrsg.): Der Schein des Schönen. Göttingen 1989, S. 346–380, S. 347.

[12] Vgl. Starobinski, Jean: Das Leben der Augen. Übers. v. Henriette Beese. Frankfurt 1984, S. 5.

[13] „Erfand Poppäa die Verschleierung der Schönheit ihres Gesichts denn zu einem anderen Zweck als dem, sie ihren Liebhabern zu einem um so höheren Preis anzubieten?" (zit. Montaigne ebd.)

[14] Ebd.

[15] Vgl. Christomanos, Tagebuchblätter (= Anm. 8), S. 72.

[16] Hofmannsthal, Hugo v.: Das Tagebuch eines Willenskranken. In: Ders.: Reden und Aufsätze I. Gesammelte Werke. Hrsgg. v. Bernd Schoeller. Frankfurt 1979, S. 106–118, S. 111.

[17] Faye, Jacques de la: Elisabeth von Bayern. Kaiserin von Österreich und Königin von Ungarn. Bearbeitet v. E. v. Kraatz. Halle 1914, S. 91.

[18] Tschudi, Clara: Elisabeth, Kaiserin von Österreich und Königin von Ungarn. Aus dem Norwegischen übersetzt von Carl Küchler. Leipzig o. J. (1906), S. 126 ff.

[19] Ebd., S. 20. Ihre Schilderung der Szene ist nahezu identisch mit der Schilderung in: Die Kaiserin Elisabeth im ungarischen Zigeunerlager. Anon. Leipzig o. J., S. 22: „Auf der nahen Landstraße rollte ein eleganter Reisewagen, in dem der jugendliche Herrscher von Österreich-Ungarn, Kaiser Franz Joseph, mit seinem Adjutanten fuhr. Letzterer brach plötzlich in den bewundernden Ruf aus: „Sehen Sie dort, Majestät!" Franz Joseph zog sein Fernglas hervor und erblickte auf der Ziegenweide das wunderbare, idyllische Bild." Constantin Christomanos, der hier als jugendlicher Verehrer der Kaiserin in den Roman aufgenommen ist, nähert sich dem geliebten Objekt in derselben Weise: „ein junger, elegant gekleideter Mann, der sein Fernglas fleißig an die Augen führte, um es auf die Holde zu richten." (ebd., S. 19.)

[20] Zit. Michelet in Barthes, Roland: Michelet. Übers. v. Peter Geble. Frankfurt 1980, S. 189.

[21] Daudet, Ernest: La chronique des nos jours. Paris^2 1912, S. 131.

[22] Christomanos, Tagebuchblätter (= Anm. 8), S. 102. Ebenfalls bei Tschudi, Elisabeth (= Anm. 4), S. 153.

[23] Vgl. Tissot, Ernest: Le Livre des Reines. Paris 1896, S. 193. Tissots Überlegungen werden wortwörtlich in das „Journal de Santé" vom 9. 10. 1898 (also einen Monat nach Elisabeths Tod) übernommen, wo das Eisenbahnereignis unter dem Stichwort „Hygiene" diskutiert wird. Im

selben Zusammenhang werden „gesunde Lebenshaltungen“ empfohlen. – Die Auswirkungen technologischer Entwicklung auf „weibliche Schönheit“ werden von Paul Virilio untersucht und im Laufe der Untersuchung noch zu Wort kommen.
[24] Larisch-v. Wallersee, Marie v.: Meine Vergangenheit. Die Wahrheit über Kaiser Franz Joseph/Schratt/Kaiserin Elisabeth/Andrassy/Kronprinz Rudolf/Vetschera. Leipzig 1913, S. 29.
[25] Rider Haggard, Henry: SHE. In: Ders.: Three Adventure Novels. New York 1951, S. 1–240, S. 69.
[26] Ebd., S. 97.
[27] Ebd., S. 83.
[28] Ebd., S. 108.
[29] Ebd., S. 117.
[30] Ebd., S. 177.
[31] Hamann, Elisabeth (= Anm. 7), S. 408.
[32] Christomanos, Tagebuchblätter (= Anm. 8), S. 74.
[33] Haggard, SHE (= Anm. 25), S. 96.
[34] Virilio, Paul: Ästhetik des Verschwindens. Übers. v. Marianne Karbe und Gustav Roßler. Berlin 1986, S. 103.
[35] Ebd., S. 90.
[36] Ebd., S. 60.
[37] Baudelaire, Charles: Die künstlichen Paradiese. Nach der Übersetzung von Max Bruns bearbeitet von Walter Hess. Reinbek bei Hamburg 1964, S. 7.

Kapitel *Bildnisse der Kaiserin Elisabeth*

[1] Schoch, Rainer: Das Herrscherbild in der Malerei des 19. Jahrhunderts. München 1975, S. 18–22.
[2] Eméric-David, Toussaint-Bernard: Tableaux d’apparat. In: Revue Universelle des Arts, II, 1856, S. 296.
[3] Zit. A. Stevens in: Franz Xaver Winterhalter et les cours d’Europe. Musée du Petit Palais, Paris 1988, S. 36.
[4] Ebd., S. 191.
[5] Zit. Fr. Th. Vischer in: Schoch: Herrscherbild (= Anm. 2), S. 142.
[6] Corti, Egon Cäsar Conte: Winterhalter. Ein deutsch-französischer Maler. In: Velhagen & Klasings Monatshefte, 53. Jg., 2. Bd. Berlin 1938/39, S. 138.
[7] Ebd.
[8] Wild, Franz: Nekrologe und Verzeichnisse der Gemälde von Franz & Hermann Winterhalter. Zürich 1894.
[9] Hamann, Brigitte (Hrsg.): Elisabeth. Bilder einer Kaiserin. Portraits of an Empress. München 1986.
[10] Corti: Winterhalter (= Anm. 6), S. 137.
[11] Goncourt, Edmond und Jules de: Tagebücher. Aufzeichnungen aus den Jahren 1851–1870. Frankfurt am Main 1983, S. 251.
[12] Corti, Egon Cäsar Conte: Elisabeth von Österreich. Tragik einer Unpolitischen. München 1975, S. 116.
[13] Zit. Hans Wilczek in: Hamann, Brigitte: Elisabeth. Kaiserin wider Willen. München 1989, S. 284–285.
[14] Elisabeth von Österreich. Tagebuchblätter von Constantin Christomanos nebst Beiträgen von E. M. Cioran und anderen. Hrsgg. v. Verena von der Heyden-Rynsch. München 1983, S. 49.
[15] Kaiserin Elisabeth: Wunsch. In: Dies.: Das poetische Tagebuch. Hrsgg. v. Brigitte Hamann. Wien 1984, S. 303.
[16] Droste-Hülshoff, Annette von:

Sämtliche Werke. München 1973, Bd. 1, S. 68/69.
[17] Christomanos, Tagebuchblätter (= Anm. 14), S. 153/154.
[18] Vgl. Pahlen, Kurt: Oper der Welt. Zürich 1963, Nr. 53.
[19] Christomanos, Tagebuchblätter (= Anm. 14), S. 70.
[20] Kaiserin Elisabeth: Titanias Klage. In: Hamann, Tagebuch (= Anm. 15), S. 56.
[21] Zit. Moritz von Schwind in: Busch, Werner: Die notwendige Arabeske. Wirklichkeitsaneignung und Stilisierung in der Kunst des 19. Jahrhunderts. Berlin 1985, S. 240.
[22] Corti, Winterhalter. (= Anm. 6), S. 138.
[23] Zit. Plinius in: Henkel, Arthur/ Schöne, Albrecht (Hrsg.): Emblemata. Handbuch zur Sinnbildkunst des XVI. und XVII. Jahrhunderts. Stuttgart 1967, S. 341–342.
[24] Ebd.
[25] Schoch: Herrscherbild (= Anm. 1), S. 142.
[26] Kaiserin Elisabeth: Sehnsucht nach Corfu. In: Hamann, Tagebuch (= Anm. 15), S. 308.
[27] Winterhalter, Musée de Petit Palais (= Anm. 3), S. 217.
[28] Eitelberger von Edelberg, Rudolph von: Gesammelte kunsthistorische Schriften. Wien 1884, Bd. 3, S. 213.
[29] Ebd., S. 218.
[30] Vgl. Eméric-David: Tableaux d'apparat (= Anm. 2).
[31] Vgl. Habermas, Jürgen: Strukturwandel der Öffentlichkeit. Darmstadt und Neuwied 1962.
[32] Elisabeth von Österreich. Einsamkeit, Macht und Freiheit. 99. Sonderausstellung des Historischen Museums der Stadt Wien, Hermesvilla, Lainzer Tiergarten. Wien 1986/87, S. 37.
[33] Christomanos, Tagebuchblätter (= Anm. 14), S. 69.
[34] Goethe, Johann Wolfgang von: Italienische Reise. München 1986, S. 195/96.
[35] Zit. Hirt in: Holmström, Kirsten Gram: Monodrama, Attitudes, Tableaux vivants. Studies on some trends of theatrical fashion 1770–1815. Uppsala 1967, S. 116.
[36] Tischbein, Wilhelm: Aus meinem Leben. Berlin 1922, S. 245/246.
[37] Holmström, Monodrama, Attitudes, Tableaux vivants (= Anm. 35), S. 144.
[38] Vgl. Norbert Miller: Mutmaßungen über lebende Bilder. Attitüde und „tableau vivant" als Anschauungsform des 19. Jahrhunderts. In: Motte-Haber, Helga de la (Hrsg.): Das Triviale in Literatur, Musik und Bildender Kunst. Frankfurt am Main 1972, S. 115.
[39] Holmström, Monodrama, Attitudes, Tableaux vivants (= Anm. 35), S. 175.
[40] Vgl.: Vienne 1880–1938. L'apocalypse joyeuse. Centre Pompidou, Paris 1986.
[41] Neues Wiener Abendblatt, 4. Juni 1907, S. 1.
[42] Ohmann, Friedrich: Entwurf für ein Denkmal der Kaiserin Elisabeth. In: Der Architekt, IX. Jg., Jänner 1904.
[43] Christomanos, Tagebuchblätter (= Anm. 14), S. 84.

Literatur

Auswahlbibliographie der verwendeten Quellen

D'Albon, Eugen: Unsere Kaiserin. Wien 1890.

Ein flüchtiger Zug nach dem Orient. Reise der allerdurchlauchtigsten Gräfin Hohenembs im Herbste des Jahres 1885 an Bord der kaiserlichen Yacht „Miramar" von August von Almstein. Wien 1887.

D'Annunzio, Gabriele: Kaiserin Elisabeth. Übers. v. Hugo von Hofmannsthal. In: Hugo von Hofmannsthal: Reden und Aufsätze I. Gesammelte Werke. Hrsgg. v. Bernd Schoeller. Frankfurt 1979, S. 602–606.

Bahr, Hermann in: Die Zeit, 17. 9. 1898, zit. in: Hamann, Brigitte: Elisabeth in der Literatur des Fin de siècle. In: Elisabeth v. Österreich: Perlen vom Silbernen Myrthenkranz. Biographische Bilder in Prosa und Dichtung aus dem Leben Ihrer kaiserlich-königlichen Majestäten Franz Joseph I. und Elisabeth. Entworfen und Zusammengestellt von Joseph Ferdinand Benda. Erste Gabe des österreichisch-schlesischen Preßvereins. Troppau 1879.

De Burgh, A. (Alborough, Edward Morgan): Elizabeth. Empress of Austria. A Memoir. London 1899.

Carmen Sylva: Die Kaiserin Elisabeth in Sinaia. Neue Freie Presse vom 25. 12. 1906.

Elisabeth von Österreich. Tagebuchblätter von Constantin Christomanos. Hrsgg. v. Verena von der Heyden-Rynsch. nebst Beiträgen von E. M. Cioran u. a. München 1987.

Daudet, Ernest: La chronique des nos jours. Paris^2 1912.

Daudet, Lucien: Kaiserin Eugénie. Übers. v. Adele Müller. Frauenfeld 1913.

Ehrenfels, M.: Charlotte Wolter. Wien 1887.

Elisabetha Amalia Eugenia Imperatrix Austriae. Leichenbegängnis am 17. September 1989. Wien 1989.

Kaiserin Elisabeth von Österreich. Eine Schilderung des Lebens, Wirkens und Sterbens unserer unvergeßlichen Kaiserin. Nach authentischen Quellen bearbeitet von F. A. Dorfmeister. Wien 1898.

Die Ermordung der Kaiserin Elisabeth von Österreich am 10. September 1898. Wien 1898.

Denkschrift zur Enthüllung des Kaiserin Elisabeth Denkmals in Wien. Wien 1907.

Kaiserin Elisabeth: Das poetische Tagebuch. Hrsgg. von Brigitte Hamann. Wien 1984.

Kaiserin Elisabeth im ungarischen Zigeunerlager. Anon. Leipzig o. J. (1905).

Faucon, Charles: Trois malheureuses Impératrices de notre siècle. Paris 1891.

Faye, Jacques de la: Elisabeth von Bayern. Kaiserin von Österreich und Königin von Ungarn. Bearbeitet v. E. v. Kraatz. Halle 1914.

Reise A. H. Ihrer k. k. Apostolischen Majestäten Franz Joseph und Elisabeth durch Kärnthen im September 1856. Wien 1859.

Franz Joseph I. und seine Zeit: Cultur-historischer Rückblick auf die Francisco-Josephinische Epoche. Gedenkbuch zur Jubelfeier 1898. Hrsgg. v. Ignaz Schnitzer. Bd. 1. Wien o. J. (1898).

Garets, Comtesse de: Souvenirs d'une Demoiselle d'honneur. Auprès de l'Impératrice Eugénie. Publié par Marie Louyse des Garets. Paris 1928.
Greis, John: Austria. Eine Festgabe zur Feier der Entbindung der Kaiserin. Wien 1855.
Ein Andenken an Weiland Kaiserin Elisabeth. Hrsgg. von Kohn pseud. Nolston. Wien 1899.
Larisch-v. Wallersee, Marie v.: Meine Vergangenheit. Die Wahrheit über Kaiser Franz Joseph/Schratt/Kaiserin Elisabeth/Andrassy/Kronprinz Rudolf/Vetschera. Leipzig 1913, S. 29.
Mauget, Irenèe : Kaiserin Eugénie und ihr Hof. Deutsch v. Emma Brugmann. Halle 1913.
Montez, Lola: Memoir in Begleitung vertrauter Briefe Sr. Majestät des Königs Ludwig von Bayern und der Lola Montez. Hrsgg. v. August Papon. Aus dem Französischen. In 5 Bändchen. Stuttgart 1864.
Owen, Mary Cuncliffe (anon.): The Martyrdom of an Empress. London[10] 1899.
Perquer, Alb.: Une Villégiature impériale en pays de Caux. Paris 1897.
Rostok, Robert: Erinnerungsblätter an weiland ihre Majestät Kaiserin Elisabeth. Prag 1903.
Salten, Felix: Elisabeth. In: Gotthart Wunberg (Hrsg.): Die Wiener Moderne. Literatur, Kunst und Musik zwischen 1890 und 1910. Stuttgart 1981, S. 97–99.
Samarov, Georg: Der Krone Dornen. Historisch-romantische Bilder aus dem Leben und Leiden der Kaiserin Elisabeth von Österreich. 2 Bde, Heilbronn/Leipzig 1900.
Die illustrierte Festwoche Wiens. Hrsgg. von Johann Schmickl. Wien o. J.
Singer, Franz Ignaz Ritter v.: Die Jubeltage von Brünn und Prag. Wien 1854.
Sisis Künstleralbum. Private Photographien aus dem Besitz der Kaiserin Elisabeth. Hrsgg. v. Werner Bokelberg. Erläutert und mit einer Einleitung versehen von Brigitte Hamann. Harenberg 1981.
Sisis Schönheitsalbum. Private Photographien aus dem Besitz der Kaiserin Elisabeth herausgegeben von Werner Bokelberg. Erläutert und mit einer Einleitung von Brigitte Hamann. Harenberg 1980.
Smolle, Leo: Elisabeth. Kaiserin von Österreich und Königin von Ungarn. Ein Lebensbild. Wien 1904.
Szalay, Imre: Das Königin Elisabeth Gedenkmuseum. Budapest 1907.
Sztáray, Irma: Aus den letzten Lebensjahren der Kaiserin. Wien 1909.
Tissot, Ernest: Le Livre des Reines. Paris 1896.
Tschudi, Clara: Elisabeth, Kaiserin von Österreich und Königin von Ungarn. Aus dem Norwegischen übers. v. Carl Küchler. Leipzig o. J.
Aus dem Leben unserer Kaiserin und Königin Elisabeth. Eine Gedächtnisschrift von M. J. Tuw(o)ra. Linz 1898.
Villers, Alexander v.: Briefe eines Unbekannten. Hrsgg. v. Margarete Gideon. Zürich o. J.
Wurzbach, Constantin: Das Elisabethen=Buch. Festalbum denkwürdiger Fürstinnen. Wien 1854.